格言联璧全鉴

〔清〕金兰生◎著
东篱子◎解译

中国纺织出版社有限公司
国家一级出版社
全国百佳图书出版单位

内 容 提 要

《格言联璧》是一部格言书，以金科玉律之言，作暮鼓晨钟之警；以圣贤之智慧济世利人；以先哲之格言鞭策启蒙后人。其中不乏为人处世的智慧法则，治家教子的谆谆教诲，修身养性的至理箴言，字字珠玑，句句中肯，雅俗共赏，发人深省。

为了方便读者阅读和深入理解《格言联璧》，作者在本书中对原典学问类、存养类、持躬类、摄生（附）、敦品类、处事类、接物类、齐家类、从政类、惠吉类和悖凶类这十一个大类的内容逐句进行翻译，对难解的字词进行解释；对文中的名言名句进行了精彩解读，进一步让读者体会本书的内涵。

图书在版编目（CIP）数据

格言联璧全鉴：珍藏版 /（清）金兰生著；东篱子解译．—北京：中国纺织出版社有限公司，2019.8
ISBN 978-7-5180-6357-4

Ⅰ.①格… Ⅱ.①金… ②东… Ⅲ.①格言—汇编—中国—古代②《格言联璧》—译文 Ⅳ.①H136.33

中国版本图书馆 CIP 数据核字（2019）第 130359 号

策划编辑：段子君　　责任校对：陈　红　　责任印制：储志伟

中国纺织出版社有限公司出版发行
地址：北京市朝阳区百子湾东里 A407 号楼　邮政编码：100124
销售电话：010—67004422　传真：010—87155801
http://www.c-textilep.com
E-mail：faxing@c-textilep.com
中国纺织出版社天猫旗舰店
官方微博 http://weibo.com/2119887771
北京华联印刷有限公司印刷　各地新华书店经销
2019 年 8 月第 1 版第 1 次印刷
开本：710×1000　1/16　印张：20
字数：260 千字　定价：68.00 元

前言

《格言联璧》是清代金缨所著的一本格言集。金缨，又名金兰生，浙江山阴人。《格言联璧》一书也叫《觉觉录》，说得更准确一点，《格言联璧》是《觉觉录》的缩编本。不论是哪一本，它们都有一个共同的特点：准确地传递出了编者的意图——希望它们能“自觉”“觉人”，以箴言警句开化和警醒众生，以圣贤智慧惠济众生。

所谓“格言”，是指那些可以作为人们行为规范的言简意赅的名言隽语，常常是一定时代社会核心价值观或者社会主流思想观念的集中体现，无疑具有鲜明的时代特征。《格言联璧》虽然是古代人的行为规范言论，但不管在哪个时代，都有着积极的社会价值。所以《格言联璧》一书自刊行之后，广为流传，在社会上产生了极大影响，“几乎家置一编，人人诵习”。《格言联璧》在语言形式上做到了简练、通俗，将谆谆教诲、世道人情、修身箴言，以雅俗共赏、简练精当的文字表述出来，可谓字字珠玑，句句中肯，发人深省。本书内容是通过雅俗共赏的方式逐渐渗透社会各个阶层的——这是本书的社会价值所在。

《格言联璧》分学问、存养、持躬、敦品、处事、接物、齐家、从政、惠吉、悖凶十类，另将“持躬类”所附的“摄生类”单独列出成编，将全书共分为十一类。在内容编排上除原文、译文之外，为了阅读方便，编者还特意将《格言联璧全鉴》（珍藏版）按照原书的内容结构划分段落，在需要出注的内容下给出简明扼要的注释，并有选择地围绕内容作跟进解读，让读者更深地理解格言的内涵和现代意义。

《格言联璧全鉴》平装本自出版以来，广受读者欢迎和喜爱。为满足大家的收藏、馈赠需要，现特以精装形式推出，敬请品鉴。

解译者

2019 年 5 月

目录

◎学问类——读书是最高尚的行为 / 1

◎存养类——懂得守护本心的方法 / 25

◎持躬类——修身养性的具体做法 / 53

◎摄生（附）——学会爱护自己的生命 / 117

◎敦品类——养成让人敬仰的品德 / 131

◎处事类——掌握处理事务的方式 / 143

◎接物类——学习与人交往的学问 / 161

◎齐家类——传承古代治家的智慧 / 209

◎从政类——造福黎庶的为官之道 / 227

◎惠吉类——明白修身行善的意义 / 249

◎悖凶类——了解趋利避害的哲理 / 279

◎参考文献 / 313

学问类

——读书是最高尚的行为

“学问”之所以为《格言联璧》十一类之首，是因为在中国古代，儒家为社会建立起一套以“修身、齐家、治国、平天下”为人生目标的核心价值观。在作者看来，读书学习是最高尚的行为。所以本篇所选取的格言从多个角度论述了读书活动，既强调了读书的重要性，又强调了读书的态度、方法。读书要做到心灵明澈、意念沉潜、志气奋发、躬行体认，这些宝贵的读书、问学经验同样值得我们认真汲取。

【原典】

古今来许多世家[1]，无非积德；天地间第一人品，还是读书。

【注释】

①世家：古代泛指门第高、世代做大官的人家。

【译文】

从古至今许多世家的名誉，都是靠积德行善而获取的；天地间最高尚的品质，还是通过读书取得的。

【跟进解读】

在古人看来，读书是获取高尚品德的第一途径。其实，在现代社会中，读书更重要，知识的更新速度越来越快，不努力学习，就会被淘汰。人若要拥有某种优势，就必须不停地学习。电脑巨头罗斯·佩罗说：“凡是优秀的、值得称道的东西，每时每刻都处在刀刃上，要不断努力才能保持刀刃的锋利。”

所以不管你有多能干，曾经把工作完成得多么出色，如果你一味沉溺在对昔日表现的自满当中，“学习”便会受到阻碍。要是没有不断学习、不断追寻各个领域的新知识以及不断开发自己的创造力的精神，你就会丧失基本的生存能力。因为，现在的社会对于缺乏学习意愿的人很是无情。一旦拒绝上进，人就会迅速退化，所谓“不进则退”，转眼之间就被抛在后面，被时代所淘汰。

【原典】

读书即未成名，究竟人品高雅；修德不期获报，自然梦稳心安。

【译文】

勤奋刻苦读书，即使不能考取功名，毕竟还可以使人的品行高洁优雅，气度不凡；积德行善，并不是期望获得回报，而是能时时刻刻以恬然安静的生活为目标，自然会心安理得，感到满足。

【原典】

为善最乐，读书便佳。

【译文】

助人为乐做善事，是人生最愉悦的事；勤奋读书求学问，来提高自己的修养和能力，是最让人赞赏的事。

【跟进解读】

为什么“读书便佳”？很显然，勤奋读书可以求学问，可以提高自己的修养和能力。不断提高自己的能力和素质，使自己能够适应新的环境要求，一个重要的途径就是向他人学习。学习他人的经验，学习他人的智慧，学习他人的教训，学习他人一切可以作为借鉴的东西。实践告诉我们，善借外智，才能开阔思路；善借外力，才能攀上高峰。否则，结果只有一个：停滞不前。所以，把休闲时间用来阅读和学习不仅是一种正确的选择，也是目光高远的体现。

【原典】

诸君到此何为，岂徒学问文章？擅一艺①微长，便算读书种子？在我所求亦恕，不过子臣弟友，尽五伦②本分，共成名教③中人。

【注释】

①艺：六艺，即礼、乐、射、御、书、数六种技能。

②五伦：即“五常”，封建礼教称君臣、父子、兄弟、夫妇、朋友之间的五种关系。

③名教：以正名定分为中心的封建礼教。

【译文】

诸位到学院来做什么？难道只是为了求取学问，学习写文章吗？如果只会做学问或写文章的一些雕虫小技，就可以算作是真正的读书人吗？其实没有这么简单，我在此所求的是懂得宽恕，不过是学一学为子、为臣、为弟、为友之道，好尽一尽做人的本分，和大家一起成为恪守礼教的正人君子。

【跟进解读】

一个真正成功的人往往能长时间维持自己的成功。那么，他们的成功是靠什么维系下来的呢？细究起来固然有诸多因素，但是其中最耀眼的闪光点是成功者孜孜不倦的学习精神。对成功者而言，金钱不是他们最重要的财富，知识才是最可靠的财富，是唯一可以随身携带、终身享用不尽的资产。于是成功者会把学习视为一生的课题，通过不断地学习各个方面的知识来充实大脑。

【原典】

聪明用于正路，愈聪明愈好，而文学功名益成其美；聪明用于邪路，愈聪明愈谬，而文学功名适济其奸。

【译文】

如果一个人的聪明才智用在正道上，那么他越聪明就越有益于社会，而他的学问、功名就越能够使他的美

德传颂天下；如果一个人的聪明用在邪道上，那他越聪明其行为就会显得越荒谬，而他所谓的学问和功名就会使他的奸诈恶行更加变本加厉。

【原典】

战虽有陈，而勇为本；丧虽有礼，而哀为本；士虽有学，而行为本。

【译文】

两军战场交锋，虽然要讲究阵法战术，但是关键要以勇猛的士气为根本；办理丧事，虽然要求礼节周全，但是最重要的要以哀戚为根本；有知识的文人墨客，虽然才高八斗，但是关键要以品行修养为根本。

【原典】

飘风[①]不可以调宫商[②]；巧妇不可以主中馈[③]；文章之士不可以治国家。

【注释】

①飘风：旋风。

②宫商：古代五音指宫、商、角、徵、羽，此处泛指音乐。

③中馈：饮食家务等事项。旧称妇女之职为主持中馈。

【译文】

飘扬回旋的风不能调和乐器的音调；心灵手巧的妇人未必就能主持好家务；学富五车的学士，只会吟诗作文，是不可以让他们来治理国家的。

【跟进解读】

"金无足赤，人无完人"，就是说，世界上本来就没有十全十美的人，金子也没有十足之赤。人，总是既有优点又有缺点的。"尺有所短，寸有所长"，每样事物都有其值得赞赏的地方，优秀的事物同样也有自身的缺陷，而有缺陷的事物也必有自身之所长。

我们应该明白有缺陷并不是一件坏事，那些自认为自身条件已经足够好以至于自我满足、不必改变现状的人往往缺乏进取心，缺少超越自我、追求成功的意志。相反，承认自己的缺陷，正确认识自己的长处与短处，却可以使我们时刻处在一种清醒的状态下，遇事也容易做出最理智的判断。在人世间，人是注定要与“缺陷”相伴，而与“完美”相去甚远的。所以不完美也是一种完美，承认自己的不完美是一种豁达、成熟，更是一种智慧！

【原典】

经济[1]出自学问，经济方有本源；心性[2]见之事功，心性方为圆满。舍事功更无学问，求性道不外文章。

【注释】

①经济：经世济民。

②心性：佛教称不变的心体为心性。

【译文】

经世济民的才能，从学问中来，经世济民的能力才有根本；修心养性的成果只有体现在建功立业上，才称得上功德圆满。舍弃了建功立业就不可能有学问，而要想追求修心养性就不外乎文章了。

【原典】

何谓“至行”？曰“庸行”。何谓“大人”？曰“小心”。何以“上达”？曰“下学”。何以“远到”？曰“近思”。

【译文】

有人问：“什么是最高尚的品行？”回答说：“平常生活中的言行修养就是。”有人问：“什么样的人称得上德高望重的圣人？”回答说：“小心谨慎、知书达理的人就是。”有人问：“怎样做学问才能有所进步？”回答说：“聪明好学，不耻下问。”有人问：“怎样做能达到远大的目标？”回答说：“体察人情世故，从近处着想。”

【跟进解读】

大音希声，大象无形，最高的品行是中庸之道，要上知天命必须下学人事，而要远达目标必须首先从近的地方着想，这些都是圣人在经过了实践之后得出的结论。虽然不是一般的人所能理解的，但是一定要牢记于心，当细咀嚼，为己所用。如果通晓了以上道理，推而广之，就会明白：要想品德高

尚，从小心谨慎做起；要想学有所成，从敏而好学、不耻下问做起；要想追求高远的精神境界，从细微之处做起。其实人从来不是生而知之，都是学而知之，人刚出生时就如一张洁白的纸，既没有任何污点也没有色彩，而是经过了后天的勾勒描画才成了一幅或美丽迷人或污秽肮脏的画卷。就如古今中外很多德高望重的名人志士，他们最初也并非就是一个高尚的人，而是经过了后天家庭、学校、社会的培养教导，最终才成了一名被人尊重的人；还有很多可能走向犯罪道路的青少年，在老师、家长苦口婆心的劝说引导下回心转意，成了一名有益于人民的精英，可见一个人的品行受周围人的影响很大。想让孩子成为德才兼备的人才，就要努力给孩子创造一个良好的成长环境。

【原典】

竭忠尽孝，谓之人；治国经邦，谓之学；安危定变，谓之才；经天纬地，谓之文；霁月光风[①]，谓之度[②]；万物一体，谓之仁。

【注释】

①霁月光风：霁，开朗；光，与霁同义。霁月光风，比喻心胸光明坦荡。

②度：器度，胸襟。

【译文】

能够做到竭尽忠孝，才可称得上是仁义的人；能够做到治国经邦，才可称得上有济世之学；能够平定叛乱、扭转乾坤，才可称得上是有用之才；能够经营天地自然万物，才可称得上风流文章；能够有豁达宽广的胸怀，才可称得上有儒学大家的风度；能够与自然万物和谐相处，和平共生，才可称得上有君子的仁德之心。

【原典】

以心术为本根，以伦理为桢干，以学问为菑畬[①]；以文章为花萼，以事业为结实，以书史为园林；以歌咏为鼓吹，以义理为膏粱，以著述为文绣；以诵读为耕耘，以记问为居积，以前言往行为师友；以忠信笃敬为修持，以作善降祥为受用，以乐天知命为依归。

【注释】

①菑畬（zī yú）：良田。

【译文】

把认识事物的方法视为根本，把人伦道德视为树干，把学问知识视为田地；把文学作品视为花萼，把事业功业视为果实，把经史书籍视为园林；把歌功颂德当作音乐，把仁义伦理当作食物，把著书立说当作彩绣；把诵文读书当作耕耘，把记问之学当作积藏，把圣贤言行当作良师益友；把敬忠笃信当作修身守道，把行善降祥当作享受，把乐天知命当作依托依靠。

【原典】

凛闲居以体独，不动念以知几[1]，谨威仪以定命，敦大伦以凝道，备百行以考德，迁善改过以作圣。

【注释】

①几：几微，先兆。

【译文】

一个人清闲居住时也要小心谨慎，严于律己，来独善其身，勤于思考勤于动脑来了解自己内心的想法，谨慎谦恭待人处世来安于天

命，敬伦理道德来成就圣贤之道，把自己的所有言行举止作为检验道德的标准，及时改正自己的错误，一心向善，来成为德才兼备的圣贤。

【跟进解读】

“静以修身，俭以养德。”就是说，用静来修养自己的身心，用节俭来培养自己的品德。说明恬静、节俭是“修身”“养德”必不可少的条件。恬静、节俭可以达到“修身”“养德”的目的。一个人恬静、节俭，就没有私心杂念，不计名利，索取得少，消费得少，一心为民，一心为国，他的道德就必然高尚。“由俭入奢易，由奢入俭难”，就是说，由节俭到奢侈很容易，由奢侈到节俭就很困难。说明节制物欲、保持节俭的重要。“俭”与“奢”在人的生理直觉上，后者确实比前者感到“舒服”“痛快”，所以“奢易”“俭难”。正是“由俭入奢易”，所以要节制物欲，严于律己，见到奢侈行为不动心，不眼红，不追求，而以俭为美。正因为“由奢入俭难”，所以奢侈行为沾不得。如果奢侈成习，一旦失去奢侈的条件，就会感到苦不堪言，甚至导致犯罪，落得身败名裂。人的品德由一言一行凝聚而成，要想拥有高尚的品德，就要注意自己的一言一行，严于律己。如果懒散怠慢，就会功亏一篑，失去成为圣贤的机会。

【原典】

收吾本心在腔子里，是圣贤第一等学问；尽吾本分在素位[①]中，是圣贤第一等工夫。

【注释】

①素位：现在所居之职位。

【译文】

把良知放在心中是圣贤之士的最高学问；尽自己的本分为人处世，是圣贤之士的最高功夫。

【跟进解读】

良好的道德修养涵盖很多方面，那么什么才是最重要的？看看圣贤是怎么做的：把“仁心”“本分”看成是最高学问和修养的最高境界，他们将“仁心”和“本分”当作自己最重要的品德。因此，我们也一定要将“仁心”和“本分”当成自己最重要的道德修养。

“仁”的最初含义是指人与人的一种亲善关系。儒家把“仁”定义为“爱人”，《论语》中解释说：“夫仁者，己欲立而立人，己欲达而达人”“己所不欲，勿施于人”。孔子把“仁”作为最高的道德原则、道德标准和道德境界。他第一个把整体的道德规范集于一体，形成了以“仁”为核心的伦理思想结构，包括孝、弟（悌）、忠、恕、礼、知、勇、恭、宽、信、敏、惠等内容。中国人一贯把仁义看作道德行为的最高准则。其“仁”，指人心，即人皆有之的“恻隐之心”，仁爱之心。

一个人无论身处哪个阶层，在生活中扮演什么角色，都要有一颗仁心，因为“仁”可以起到化解矛盾、和谐人生的作用。

【原典】

万理澄澈，则一心愈精而愈谨；一心凝聚，则万理愈通而愈流。

【译文】

能够悟透万物的事理，心里就会越明白而专一；能够专心致志于一处，对万物的事理就会越明了畅达。

【原典】

宇宙[①]内事，乃己分内事；己分内事，乃宇宙内事。

【注释】

①宇宙：指上下四方，古往今来。

【译文】

如果能够把宇宙间的万事万物当作自己的事，那么自己的事也就成了宇宙间的万事万物了。

【原典】

身在天地后，心在天地前；身在万物中，心在万物上。

【译文】

身体虽然处在天地万物的后面，但心灵却要在自然万物的前面。身体虽然处在天地万物中，但心灵却要在天地万物之上。

【原典】

观天地生物气象，学圣贤克己工夫。下手处是自强不息，成就处是至诚无妄。

【译文】

观察天地万物自然的景象，学习先哲圣贤严于律己的功夫。在实践中身体力行，自强不息，最终必会达到至诚的道德境界。

【跟进解读】

一个人只要心中有了坚定的信念，有追求的目标，能够自强不息、坚持不懈地追求事业，就会有成功的希望。只要肯奋斗，不管遇到顺境也好逆流也罢，都不改变自己的前进方向，就离成功更近了。只要下定决心，坚持不懈，战胜一切挫折，就会前程似锦。如果不能潜心钻研学问，不能持之以恒，就如同逆水行舟，丝毫懈怠，都可能被水流冲回来，只有奋力划动船桨，才能保证人生的风帆一直向前，才能成就一番大业。

【原典】

以圣贤之道教人易，以圣贤之道治己难；以圣贤之道出口易，以圣贤之道躬行难；以圣贤之道奋始易，以圣贤之道克终难。圣贤学问是一套，行王道必本天德；后世学问是两截，不修己只管治人。

【译文】

用圣贤的道理教导别人容易，自己实践却是件困难的事；把圣贤的道理表达出来容易，但是要身体力行地实践就困难了；按照圣贤的道理开始奋斗容易，但是要坚持到底就困难了。圣贤的道理与实践相结合，施行仁政必须从自己的品德性情做起；后世则相反，学问与实践不能统一，不知道修养自身的品德，而只管治理别人。

【原典】

口里伊周[①]，心中盗跖[②]。责人而不责己，名为挂榜圣贤；独凛明旦，幽畏鬼神，知人而复知天，方是有根学问。

【注释】

①伊周：伊尹、周公。两人都曾摄政。史并称伊周，视为圣贤。

②盗跖：相传春秋末期起义领袖，后引申为强盗。

【译文】

口中说着伊尹和周公的名字，满口仁义道德，但内心想着偷盗的事，只知指责别人，从不严以律己，这样的人被称为“挂榜圣贤”，但本人却是虚伪之士。在白天能谨慎谦恭，行光明正大之事，在黑暗中仍能够震慑鬼神，通晓人事又知天命，方是有根学问。

【原典】

无根本的气节，如酒汉殴人，醉时勇，醒来退消，无分毫气力；无学问的识见，如庖人炀灶，面前明，背后左右，无一些照顾。

【译文】

没有立身处世的高尚气节，就像同醉汉打人，醉的时候勇猛彪悍，可等醒

来后勇气就消失到九霄云外了，就如没有了丝毫的力气；没有学问做后盾的见识，就像厨师在炉火前面烹饪，面前明亮，而背后左右没有火光，都是黑暗。

【原典】

理以心得为精，故当沉潜，不然，耳边口头尔；事以典故为据，故当博洽，不然，臆说杜撰也。

【译文】

用心体会事情中所蕴含的道理才能领悟精确得当，这就要求人们做事要沉着稳重，如果凡事不用心，事过之后就会忘得干干净净。事理要以典故为解说的依据，这就要求人们必须博览群书，知识渊博，否则就会主观臆断，随意编造。

【跟进解读】

要想自己知识渊博，就需要勤奋，博览群书，学习圣人的经典，丰富自己的大脑，提高自己的修养。有些典籍只可意会不可言传，所以要想让它为己所用，就要有很深的文化底蕴。有些道理用语言形容不出来，必须用心去领会其中的奥妙。如果骄傲自大，自认为知识渊博，不专心致志地学习，学问势必浅薄，即使得出了新的结论也是浅显的，甚至庸俗的。所以要想学习到圣贤的精华，必须养成良好的学习习惯，勤奋读书的习惯。只有专心致志地学习，抱着严谨的治学态度，才会从学问中提炼出独特而新颖的真知灼见来。

【原典】

只有一毫粗疏处，便认理不真，所以说惟精。不然，众论淆之而必疑。只有一毫二三心，便守理不定，所以说惟一。不然，利害临之而必变。

【译文】

即使有一丝的粗心疏略之处，便可导致认识真理不准确，所以才有了精确的要求。不然，众说纷纭的时候便会产生疑惑。哪怕有一点三心二意，就可能会动摇坚守事理的决心，所以要求专心致志。不然，面临利害关系时就必然会发生动摇。

【跟进解读】

老子说："天下大事必作于细，天下难事必作于易。"意思是：做大事必须从小事开始，天下的难事，必定从容易的做起。善于解决难题的人总是具备更周密的思维和拥有更善于发现契机的慧眼。他们会留意任何一个细微的变化，把握每一个细小的环节，利用这些细节化繁为简，变难为易，让一个个难题因此迎刃而解。

【原典】

接人要和中有介，处事要精中有果，认理要正中有通。

【译文】

接人待物要平和而有气节，处理世事要精明而果断，认识事理要正直诚实而通情达理。

【原典】

在古人之后，议古人之失则易；处古人之位，为古人之事则难。

【译文】

生在古人之后的人议论古人的过失就容易，若是处在古人的位置上做古人之事就比较困难。

【原典】

古之学者，得一善言，附于其身；今之学者，得一善言，务以悦人。古之君子，病其无能也，学之；今之君子，耻其无能也，讳之。

【译文】

古代的学者，得到一句善言便会身体力行；而如今的学者，得到一句善言必定要先用来取悦他人。古代的君子，害怕别人耻笑自己无能，就勤奋地学习，来增长自己的知识；如今的君子，对于自己的无能也感到非常羞耻，但他们不是努力求学问，而是极力地掩饰避忌。

【跟进解读】

古人的求知精神令人十分敬佩，如：凿壁借光、牛角挂书、负薪挂角，这种刻苦求知的精神仍然值得我们学习。书到用时方恨少，所以要养成勤奋读书的习惯。俗话说，知识好比宝石，求知如同采金。在人的成长过程中，求知的体验常伴随左右：悬梁刺股、囊萤映雪是一种求知，李白、徐霞客漫游名山大川是一种求知，陈景润攻克哥德巴赫猜想是一种求知，学生学做家务事是一种求知，甚至五岁的小孩趴在地上观察蚂蚁搬食也是一种求知。求知的方法、途径很多，我们一定要打破光从书中求知的观念，保持与时俱进的思想，让自己的知识丰富起来，使自己的能力提高起来。

【原典】

眼界要阔，遍历名山大川；度量要宏，熟读五经[①]诸史。

【注释】

①五经：即《诗经》《尚书》《礼记》《易经》《春秋》五部儒家经典。

【译文】

若是想拥有开阔的眼界，则需要游览名山大川；若是想拥有宽宏的气度，则需要熟读四书五经和史书。

【原典】

先读经，后读史，则论事不谬于圣贤；既读史，复读经，则观书不徒为章句。

【译文】

先读经书后读史籍，那么议论起事理来就不会与圣贤的观点相悖；已经读过史籍然后又去读经书，那么读书就不能仅仅为了摘章引句。

【原典】

读经传则根底厚，看史鉴则议论伟；观云物则眼界宽，去嗜欲则胸怀净。

【译文】

读经书阅传注，就是为治学打下坚实的基础；看史籍鉴古今，就能使宏论滔滔切中要害；游山川看胜景，就会使志气凌云眼界宽阔；戒嗜好弃私欲，就会使胸广心净一尘不染。

【跟进解读】

《四书》《五经》是中国传统文化的重要组成部分，是儒家思想的核心载体，更是中国历史文化古籍中的宝典。博览经书阅读传注，可以丰富自己的文化知识，就能给治学打下坚实的基础；只有拥有了雄厚的文化底蕴，阅览史籍鉴古论今时，才能准确地理解，正确地判断，客观地评价，获得独到的见解。儒家经典之作是研究学问的基础，通古辨今是宏韬伟略的基础，游览灵山秀水是开阔眼界的基础，摒弃恶习私欲是胸怀坦荡的基础。不良的嗜好会使人误入歧途，私欲杂念会让人变得唯利是图、争权夺利，只有戒掉这两方面，才有可能做好其他的。

【原典】

一庭之内，自有至乐；六经[①]以外，别无奇书。

【注释】

①六经：指《诗》《书》《礼》《乐》《易》《春秋》。

【译文】

小小的庭院之内，自有令人赏心悦目的乐事；诸书中除了六经之外，就没有更奇特的书了。

【跟进解读】

家中的小庭院是人们的乐园，虽然小，但这个小庭院可以包容我们，是我们无拘无束的心灵家园，无论庭院之外是多么地喧嚣，无论你工作多疲惫，回到家里就会放松，就会释然。因为有了自己的庭院之家，我们不畏艰辛，在外面拼搏，哪怕身体疲惫不堪，但是心里仍然会充满幸福。当我们在外面拼不动了，我们就会在温馨的家中舒服地休息。因为有庭院之家，在无边无际的大海上我们才不会绝望。家是一只船，它带给我们温馨。家是温暖的港湾，带给人们温暖。

【原典】

读未见书，如得良友；见已读书，如逢故人。

【译文】

阅读没有见过的书，就像认识一位良师益友；重温读过的书，就像重逢老朋友。

【跟进解读】

重温过去的书，犹如重逢故友，此时更多的是心得体会，虽然没有了结识新朋友时的激动之情和新鲜之感，但是很有默契。这就如同故友相逢后，无须用过多的言语来表达离别之情，一个眼神，或是一个微笑，就足以达到心灵间的和谐。喜欢阅读的人，当他阅读未见过的好书，就如同遇到了良师益友，喜悦的心情可想而知。从古至今，人们一直都慨叹良友难寻，能交到知心的良友，是人生的一大幸事。热爱阅读的人，能读到一本如此好的新书，真是如饮蜜汁。可见读书对人的影响很大。

【原典】

何思何虑，居心当如止水；勿助勿忘，为学当如流水。

【译文】

无论有多少思虑，心境应当平静如水；不要冒进不要忘记，读书应当似流水永不停息。

【跟进解读】

大千世界，红尘滚滚，自然界的现象千变万化，人世间的事情更是繁缛复杂，一定要头脑清醒、淡定，方可保持良好的心态，拥有恬静的心情。心情受情绪的影响，所以要学会控制自己的情绪，不要让情绪泛滥，致使自己成为情绪的奴隶。要学会用理智控制情绪，理智地面对生活中的纷纷扰扰，该思虑的事情思虑，但不要陷入思虑的迷宫。无论是求学问，还是面对生活和工作中的问题，都要保持沉着冷静的心态，凡事都要深思熟虑，万万不可急躁冒进，否则就可能一失足成千古恨，导致满盘皆输的后果。求知做学问则要孜孜不倦，坚持不懈，因为始终如一地坚持下去，

才会学有所成，获得真知。如中途有丝毫的倦怠，学问的长进就可能停滞不前，甚至倒退。

【原典】

心不欲杂，杂则神荡而不收；心不欲劳，劳则神疲而不入。

【译文】

心境不要杂乱，杂乱就会精神恍惚而不能专心；心不能劳累，心太劳累则精神疲倦，就没有精力投入到学生、生活中。

【原典】

心慎杂欲，则有余灵；目慎杂观，则有余明。

【译文】

心中的私欲杂念不要过多，那么自然心灵清明；眼睛不看过多杂乱的东西，那么自然眼睛明亮。

【跟进解读】

内心摒弃私念杂欲，就会心如明镜，开阔坦荡，做事情就会条理清楚，一气呵成。如果能保持心明眼亮，就没有办不好的事情。如果能做到心明眼亮，就会看问题敏锐，就能辨别是非。人生在世，潮起潮落，要掌握好人生的航舵，在顺风的时候不得意忘形，在惊涛骇浪中处变不惊，镇静自如，保持平静的心态。

【原典】

案上不可多书，心中不可少书。鱼离水则身枯，心离书则神索。

【译文】

书桌上不能放太多的书，但心中的书则不能少。鱼离开水就会干渴而死，心离开书就会神思枯竭。

【跟进解读】

书本里的知识绝不仅仅局限于文字表面所表达的内容。如果通过阅读，你能够得到一些启发，那么你就获得了读书所带来的真正价值。假如你并不是真的想要读书，假如你的阅读动机并不是对知识的渴望、对浩瀚文明的探索，那么你永远不可能从书中获得多少收益。但是，如果你能够从作者的思想中汲取养分，那么你干枯的心灵就会因此而得到滋润；你身上的潜能也会如同土壤中久盼甘霖的种子一样，开始萌芽生长。

【原典】

志之所趋，无远勿届①，穷山距②海，不能限也；志之所向，无坚不入，锐兵精甲，不能御也。

【注释】

①届：到达。

②距：通“巨”，巨大。

【译文】

志向所指的地方，就没有到达不了的，即使高山大海也是不能阻挡的；志向所指的地方，就没有攻破不了的，即使装备精良的军队也是无法抵御的。

【跟进解读】

做任何事情都要有目标，有了目标才会有方向，才不迷茫。人的一生，求学、参加工作、干一番事业等，都要有明确的目标，否则就会感到如行驶在无边无际的海洋上，却迷失了航向。求学要有远大的志向，有了远大的志向，学习就不会盲目，学习起来也会有条不紊。弄清楚哪些应该了解哪些应该掌握哪些应该烂熟于心，这样就会提高学习效率。刚刚参加工作的人，如果没有自己的职业规划，就会感觉工作没有意义，也不知道自己能干什么，适合干什么。这样的后果就是频繁更换工作，没有了发展方向。总之，一个人如果要干事业，除了需要从小事做起外，重要的是对自己的人生有一个规划。因为有了规划，就会一点点地朝目标靠近，一点点去改变自己的现状。每一点细小的变化，都是一种进步；每一点细小的进步，都是一种成功。社会上的行业千千万，不是每一行都适合自己，但总有适合自己的行业。要好好去选择，终究会找到自己的最佳位置。

【原典】

把意念沉潜得下，何理不可得？把志气奋发得起，何事不可为？

【译文】

若能使意念沉静下来，有什么事理不可通达明彻呢？若能把意志振奋起来，有什么事情不可做成功呢？

【跟进解读】

烦恼皆由心生，所以一定要内心淡定。黄河水也有清澈的时候。有一年夏天，新东方创始人俞敏洪沿着黄河岸边旅行，他用随身拿的矿泉水瓶子灌了一瓶黄河水。泥浆翻滚的水，被灌到瓶子里十分浑浊。可是过了一段时间，他猛然发现瓶子里的水开始变清，浑浊的泥沙沉淀下去，上面的水变得越来越清澈，泥沙全部沉淀后只占整个瓶子的五分之一，而其余的五分之四则变成了清清的河水。他透过瓶子里的水悟到了很多：生命中幸福与痛苦也是如此，要学会沉淀生命。学会沉淀生命、沉淀心情，你的人生就会收获更多的幸福快乐。做学问也是如此，一定要静心，要专心致志。心浮气躁，自以为是，那么对事物蕴含的真理也只能是一知半解，只有抱着一颗沉稳谦虚的心态，才会得到深刻的道理。真正的求学之人表面虽然沉默寡言，但是内心却洞晓事理，通过潜心研习，使自己的学问日有长进。

【原典】

不虚心，便如以水沃石，一毫进入不得；不开悟，便如胶柱鼓瑟①，一毫转动不得。

【注释】

①胶柱鼓瑟：用胶把弦柱粘住后弹瑟，弦柱不能转动，无法调弦。比喻拘泥而不知变通。

【译文】

学习不虚心，犹如用水去浇灌石头，一点水也吸不进去；学习不开窍，犹如用胶柱鼓瑟，固执拘泥，一点也不知变通。

【原典】

不体认，便如电光照物，一毫把捉不得；不躬行，便如水行得车、陆行得舟，一毫受用不得。

【译文】

读书如果不认真理解，犹如闪电照物，一照而过，一点要点都抓不到；读书如果不身体力行，犹如走水路却得到车，走陆路却得到船一样，一点也用不上。

【原典】

读书贵能疑，疑乃可以启信[①]；读书在有渐，渐乃克底有成[②]。

【注释】

①启信：引起思考。

②克底有成：能够达到成功。克，能够；底，达到。

【译文】

读书最可贵的在于能提出疑问，有了疑问就可以启发思考、获得真知；读书贵在循序渐进，只有循序渐进，才能坚持到底、终有所成。

【跟进解读】

热爱读书是件令人赞许的事情，善于提出问题是值得鼓励的事情。在读书的过程中能够发现问题就是收获，能够提出问题就是进步。死板地读书是不会有多少收获的，顶多多认得几个字；专心致志地读书就会发现问题，产生怀疑的精神，怀疑的精神是觉悟的先机，有了疑问就会产生思考和询问，才会去探究学问，才会得出独到的见解。读书需要循序渐进，俗话说："一口吃不成胖子，胖子是一口一口吃出来的。"正是体现了循序渐进的特征。如果只是略懂皮毛，却不求甚解，停止了进一步探索的脚步，就会与真知失之交臂。这就如同一个人行走在沙漠中，只要他再多坚持一会儿，就可以看到前面的水源，挽救自己的生命，可惜的是在最后一刻他放弃了前行，失去了生命。生死与成败往往都在一步之间，积聚力量迈出最后一步，你可能就会胜利成功，幸运地活下来，否则，就是失败甚至死亡。读书求学要坚持不懈、

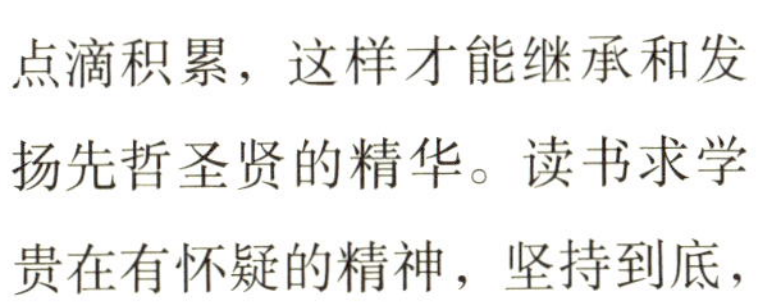

点滴积累，这样才能继承和发扬先哲圣贤的精华。读书求学贵在有怀疑的精神，坚持到底，这样才能学有所成。

【原典】

看书求理，须令自家胸中点头；与人谈理，须令人家胸中点头。

【译文】

读书求得的道理，必须让自己认可信服；与别人谈论道理，必须叫人家点头心服。

【跟进解读】

读书要明辨是非，要有正确的判断力，这样才能做到取其精华去其糟粕，这样才能学习到先哲圣贤的精髓。读书使人进步，读书使人通情达理。读书就是为了明理，如果看过之后不解其中道理，没有任何收获，自己又怎会满意呢？所以说读书的目的就是心有所得，学习到令自己心服口服的道理才会满意。与人谈论道理，要讲自己真正相信的道理。有些人整天讲一些自己都不相信的话，希望别人相信，李敖先生把这种人称为“放屁狗”。他们这么做的成功概率事实上并不低，甚至可能很高；但是，万一被揭穿的话，风险也很大，名誉扫地只是起点而已，还可能有万劫不复的各种可能性。尽管“自己真正相信”与“事实上真正正确”并不总是一回事儿，但是毕竟因为“自己真正相信”，所以必然身体力行；于是，那些自己真正相信的道理会因为自己已经反复实践过而更可能是正确的或起码有一定道理。总之，讲道理的关键是自己所说的道理能够让对方接受，所说的言辞不能空穴来风，毫无根据，而是言之有理，言之有据，道理讲得透彻明白，使人心服口服，这样才算是达到了说理的目的。

【原典】

爱惜精神，留他日担当宇宙；蹉跎岁月，问何时报答君亲！戒浩饮，浩饮伤神。戒贪色，贪色灭神。戒厚味，厚味昏神。戒饱食，饱食闷神。戒妄动，妄动乱神。戒多言，多言损神。戒多忧，多忧郁神。戒多思，多思挠神。戒久睡，久睡倦神。戒久读，久读枯神。

【译文】

珍爱自己的精神，留待以后担当宇宙、人生的重任；虚度光阴，将来拿什么报答君王、父母的恩情？戒酗酒，酗酒导致精神受伤。戒好色，好色导致精神灭绝。戒美味，美味导致精神昏沉。戒过饱，过饱导致精神烦闷。戒多动，多动导致精神混乱。戒多话，多话导致精神受损。戒多忧，多忧导致精神郁结。戒多思，多思导致精神受扰。戒多睡，多睡导致精神疲倦。戒久读，久读导致精神劳苦。

存养类

——懂得守护本心的方法

“存养”思想，源于孟子，是建立在“性善说”基础之上的。宋明理学秉承了孟子的“存养”说，加以完善和体系化，从而建立起一套修身养性的基本方法。它认为，每个人都秉承着上天赋予的善良本心，此称为“性分”，也就是说每个人都有成为尧舜的潜质，只要将自己的“性分”守护好，就可以成为尧舜那样的圣人。因此，本篇许多格言都是围绕如何“存养”展开的，格言所强调的就是，一个人如何去守护自己的本心，并用它来对抗各种欲念、诱惑，以省察、节制、涵养、谦退之法，培养自己的浩然之气，成就圣贤之道。

【原典】

性分不可使不足，故其取数也宜多：曰穷理，曰尽性，曰达天，曰入神，曰致广大、极高明。情欲不可使有余，故其取数也宜少：曰谨言，曰慎行，曰约己，曰清心，曰节饮食、寡嗜欲。

【译文】

充分发挥人的本性禀赋，因为人的天性良知是不可缺的，这样就会有很多可取之处：譬如穷究事理，尽其本性，明白自然规律，全神贯注，就可使身心收放自如，造就宽广的胸怀和高尚的品德。人的情欲不可以太盛，所以可取之处也有许多：如谨慎言行，严以律己，清心寡欲，节俭衣食，减少嗜好与欲望等。

【跟进解读】

人们对人生一般抱有两种心态：一些人是享受主义者，认为人活着就应该及时行乐，享受生活。甚至有些人纵情放任，一味地索取，为了自己的享乐，贪赃枉法，杀人放火，最终走向犯罪，后悔莫及。另外一些人是拼搏主义者，认为人活着就是要做一些有意义的事情，人生短暂，光阴如梭，稍纵即逝；他们会珍惜时光勤奋学习，奋力拼搏，追求自己的事业，事业的成就，就是他们最大的乐趣。

【原典】

大其心，容天下之物；虚其心，受天下之善；平其心，论天下之事；潜其心，观天下之理；定其心，应天下之变。

【译文】

心胸宽广，便会包容天下事物；拥有虚心严谨的态度，便会接受天下的真知美德；心态平和，才能谈论天下的优劣得失；潜心钻研，才能探讨天下的学说事理；坚定信念，才能应对天下的风云变幻。

【跟进解读】

人生在世，既有快乐又有烦恼，如何使自己幸福快乐，一定要有宽广的胸怀，要心地宽厚，沉淀烦恼痛苦，享受幸福快乐。为人处世要豁达大度，要宽厚仁慈。

佛陀常常告诫弟子们，“比丘常带三分呆”，就是要弟子们大智若愚，凡事不要太计较，即使遭到了别人的非礼也要宽恕他们，因为宽恕别人也是升华自己。所以圣严法师说：“佛的宽恕，是一种净化。当我们手捧鲜花送给他人时，首先闻到花香的是我们自己；而当我们抓起泥巴想抛向他人时，首先弄脏的就是我们自己的手。”

现实中，宽恕别人并不困难，但也不容易，关键看我们的心灵是如何选择的。用佛陀的话说：“对愤怒的人，以愤怒还牙，是一件不应该的事。对愤怒的人，不以愤怒还牙的人，将可得到两个胜利：知道他人的愤怒，而以正念镇静自己的人，不但能胜于自己，也能胜于他人。”这就是宽恕的力量。

【原典】

清明以养吾之神，湛一以养吾之虑，沉警以养吾之识，刚大以养吾之志，果断以养吾之才，凝重以养吾之气，宽裕以养吾之量，严棱以养吾之操。

【译文】

神智清楚来培植我们的神思，用心专一来培养我们的思虑，深沉警惕来培养我们的胆识，刚正大度来培养我们的志气，办事果断来培养我们的才干，端庄稳重来培养我们的气质，胸怀开阔来培养我们的抱负，严峻肃然来培养我们的节操。

【跟进解读】

完善自我的工具就掌握在我们自己手中。我们所要做的就是充分地利用这些工具。一把生锈的斧头，如果我们想要使用它，就得花费更多的力气。同样，如果你拥有的机会有限，那么你就要花费更多的精力，付出更多的努力。一开始，进步可能会来得很慢，但是只要坚持，就能够获得胜利。

“直线是向前伸展的，而感知则需要不断深入发掘。”我们可以将这句话看作是塑造心智的一条规则。只要我们辛勤地付出了，那么在适当的时候我们就会有所收获。反之，如果没有付出相应的努力，那么我们自然无法实现心中的梦想。

【原典】

自家有好处，要掩藏几分，这是涵育以养深；别人不好处，要掩藏几分，这是浑厚以养大。

【译文】

自己的优点长处，要掩藏几分，这是通过涵养化育来培养深沉的品格；别人有缺点短处，要替他遮掩几分，这是用淳朴敦厚来培养自己宏大的风度。

【跟进解读】

中国有句俗语：枪打出头鸟。其意是说人出名容易被攻击。所以行事不要太声张，低调一些，以保护自己。

《菜根谭》中有这样一句名言：“路径窄处，留一步与人行；滋味浓时，减三分让人尝。此是涉世一极安乐法。”这句话的意思是说，凡事要谦让，做人要低调。告诫人们在道路狭窄的地方，给他人留出一条路来，与人方便；

有好东西，不要自己独吞，要懂得与他人分享。何谓低调？低调是一种人生姿态，是俯下身躯却胸怀大志的行动，是谦逊有礼却雄心万丈的气概，是退让有节却勇于进取的情怀。低调不是低微，也不是低贱，更不是低人一等，处处退缩。掌握这些原则，也就理解了低调做人的真谛。低调做人正是藏在匣中的宝剑，一旦出鞘必定是光华夺目，寒芒闪闪；低调做人正是雪压枝头的梅花，春来之日必定会迎风怒放，霞彩满天。

但是，低调绝非与世无争，那些惧怕面对复杂社会而隐逸世外的人，我们只能说他们是消极避世，而非真正的低调。真正懂得低调的人即使暂时隐逸，也是暗中养精蓄锐，等待时机，以图获取更大的成功。

【原典】

以虚养心，以德养身，以仁养天下万物，以道养天下万世。

【译文】

用谦虚清静来养护自己的心性，用品行道德来养育自己的身心，用仁爱之心爱戴天下万物，用道德来教导子孙后世。

【跟进解读】

谦虚是修身养性的好品质，谦虚的人肯学别人的长处，学别人友善的行为，那么就会得到善行，日积月累，就会形成自己的高尚品德。尤其是进德修业的人，一定要学会谦虚为人，这样自己的德业才会迅速进步。

满招损，谦受益。骄傲自满是我们前进中的绊脚石，它就像有色眼镜一样，使我们看不到别人的闪光点，自以为是，止步不前。骄傲自大的人会在自己与外界之间竖起一道无形的“城墙”，使自己与外界产生隔膜，从而变得狭隘、自私、目中无人，如井底之蛙，看不到更广阔的世界。

星云大师也曾说过：“越是成熟的麦穗，头垂得越低。成熟的果实，开花可以向上，结果却都是向下。”有了成就，谦虚更该如影随形，因为具有谦虚的胸怀，才能使人永远保持正确的前进方向，才能一步一步接近胜利的巅峰。

【原典】

涵养冲虚[①]，便是身世学问；省除烦恼，何等心性安和！

【注释】

①冲虚：比喻怀抱淡泊空虚。

【译文】

涵养虚心便是安身立命的学问；排除烦恼心性便自然安静祥和。

【跟进解读】

宋代大文豪苏东坡与佛印禅师是好朋友，两人经常在一起畅谈佛学。令苏东坡不服气的是，自己的文才与佛印不相上下，佛学功底也不浅，但总是被佛印禅师占了上风。所以他百般用心，总琢磨着怎么才能赢过禅师。

一天，两人对坐默默坐禅，东坡脑筋下转，突然诘难佛印禅师曰：

“请问禅师，你看我此时坐禅的样子像什么？”

佛印禅师心平气和地答道：“依我观之，居士好比一尊清净无染的佛啊！”

东坡听后，现出满怀得意的样子。

此时，佛印禅师反问道：“居士看我此时坐禅的样子像什么？”

苏东坡正在忘形之时，看到佛印一身褐色僧服，便揶揄道：“和尚活像一堆牛粪。”

佛印禅师听了，不怒反笑，默然不语，然后怡然自得地闭目养神。

东坡很是得意，回家后迫不及待地向妹妹苏小妹炫耀了一番，并且说：“今天总算占了佛印禅师的上风。”

苏小妹听后，首先禁不住“呸”了一声，问他：“且问哥哥，是佛名贵呢，还是牛屎名贵？”

苏东坡瞪大眼睛，不明白妹妹的话是什么意思。

苏小妹笑道：“哥哥！你今天输得最惨啊！佛说‘相由心生’，因为佛印禅师内心清净，心里想的是佛，不杂妄念，所以禅师视一切众生皆是佛。而你心中妄念纷飞，全是污秽不净的念头，所以你把六根清净的佛印禅师，竟然看成了一堆牛粪，难道你这还不算输得很惨吗？”

东坡听了瞠目结舌，方才恍然大悟。

万法为心造，一个人的心性有多高，修养有多高，看出来的境悟就有多高。拥有一颗澄明宽容的心，就会拥有一个宽容的世界。如果心灵是阴暗的，那么眼中的世界也不会光明。

【原典】

颜子四勿[①]，要收入来，闲存工夫，制外以养中也。孟子四端，要扩充去，格致工夫，推近以暨远也。

【注释】

①颜子四勿：非礼勿视，非礼勿听，非礼勿言，非礼勿动。语出《论语·颜渊》。子曰："克己复礼为仁。一日克己复礼，天下归仁焉。为仁由己，而由人乎哉？"

【译文】

颜子的"四勿"应牢记于心，在悠闲无事的时候，要克服外在的诱惑，培养心中的正气。孟子的仁、义、礼、智"四端"也要尽力补充，下功夫研究事物的原理而获取知识，并影响他人。

【原典】

喜怒哀乐而曰未发，是从人心直溯道心[①]，要他存养；未发而曰喜怒哀乐，是从道心指出人心，要他省察。

【注释】

①道心：道德之心。

【译文】

喜怒哀乐的情绪能不表现于外，这是由人性的自然而直接追溯圣贤克己的功夫，要他学习克制人性的涵养。没有表现出人的本性却说出了喜怒哀乐之情，这是由圣贤克己的功夫指出人性的缺失，要他学会反省检查自己。

【跟进解读】

有涵养的圣贤，喜怒哀乐不表现出来，这是一种修养，不是什么人都可以做到的。有的人能把情感的变化深藏于心底，从不轻易向外表露，这是因为他们能够控制住自己的情感。有的人喜怒哀乐皆挂在脸上，一点情感也隐藏不住，沉不住气。性情浮躁，做事难免要吃亏。所以一定要提高自己的修养，让自己变得沉着冷静。有些人没有表现出喜怒哀乐的情绪，但对于情绪的变化却用言语表达得十分贴切，这是因为他们从多变的情绪中早已悟出了感悟的丰富性，并时刻反躬自问，从而使自己能更加通晓世事。

【原典】

存养宜冲粹，近春温；省察宜谨严，近秋肃。

【译文】

存心养性宜谦虚专一，像春天一般温和；反省检查自身宜谨慎严格，像秋天一般肃然。

【原典】

就性情上理会，则曰涵养：就念虑上提撕[①]，则曰省察；就气质上销镕，则曰克治。

【注释】

①提撕：警觉，提醒。

【译文】

对性情上的领会便是修身养性，对每一个念头警觉就是反省明察，在气质上的修炼融汇就是克制自己。

【跟进解读】

一个人要学会控制自己的情绪，做到凡事处之泰然，方可提高自己的涵养。

现实生活中，一个人如果没有自制力，听任感情发泄，那会有什么结果呢？任凭情感的潮流激荡、冲动、涌撞，不用意志的堤坝加以控制，潮流便泛滥开来，悲剧就可能发生。

不久前，电视上报道了一则刑事案件：某男子跟邻居争论场地里一棵小树的归属问题。双方言高语低，越说越激动。男子怒从心头起，找来一把刀，将邻居一家四口全杀死了。当他被逮捕归案后，自己都闹不明白：我怎么会为了一棵树闯出这么大的祸呢？其实，不是一棵树的问题，而是率性而为的习惯在支配他的行为。有了这种习惯，一棵树，都可能将人引向毁灭。

有一句俗话说得好："看得破，忍得过。"一个人只要知"常"、把握住道的本源，就懂得做人，就懂得做事。知"常"便能"容"，胸襟可以包容万象，盖天盖地。因为有此胸襟，智能的领域扩大，不可限量。对普通人来说，要达到此种境界，恐怕很难，但起码要学会"叫停"，让事情停留在危险的边缘。

【原典】

一动于欲，欲迷则昏；一任乎气，气偏则戾。

【译文】

一旦动了欲念，被欲望所迷惑就会变得昏庸，一旦任性动气，气盛就会变得暴戾。

【跟进解读】

人心不足蛇吞象，人的欲望是无止境的，不要让自己成了贪欲的牺牲品。怎么才能使自己不贪婪，这需要不断修养。性情的修养，不是为了别人，而是为自己增强生活能力。难道有人不愿意成为生活中的强者吗？过度贪婪会断送人们的前程甚至是生命，所以要从小就培养人们克制贪欲的品质。远离贪欲，就会免受贪欲的害处，让自己做一个清心寡欲的人。放纵任性是没有教养的表现，脾气暴躁是一种卑劣的品质。管仲说："善气迎人，亲如弟兄；恶气迎人，害于戈兵。"所以性格暴躁就容易惹事生非，越烦恼人就越爱生气，内心难于平静，充满了烦躁，生活中没有快乐没有幸福，痛苦的终究是自己。

【原典】

人心如谷种，满腔都是生意，物欲锢之而滞矣。然而生意未尝不在也，疏之而已耳。人心如明镜，全体浑是光明，习染熏之而暗矣。然而明体未尝不存也，拭之而已耳。

【译文】

人心好像是谷种，满腔充满着盎然的生机，只因物欲或心中的欲望禁锢了生机的发展，而使之停滞了。然而生机不是不在了，只不过是距离远了一些罢了。人心好像明镜一样，全身都是光明，只因沾染了污垢而使之变暗了。然而光明之体不是不存在了，只因少了擦拭而已。

【原典】

果决人似忙，心中常有余闲；因循人似闲，心中常有余忙。

【译文】

办事果断的人外表看起来好像忙碌，其实心中常有悠闲的时候；疏懒闲散的人外表看起来好像很清闲，其实心中常有许多顾虑。

【原典】

寡欲故静，有主则虚。

【译文】

欲望少因此能恬淡平和，有主见因此处世谦虚。

【跟进解读】

在当下，人们越来越浮躁，似乎很难静下心来去干一件大事。而成就一番事业的往往是能静下心来的人，这也算是一个客观规律。人为的静心颇不容易，它需要一个人具有坚定的目标，坚忍的意志。或许每个人都有自己“远大的目标”，有些人缺乏持之以恒的耐性，最终导致一事无成。而缺乏耐力的原因就是静不下心来，禁不住来自外界的诱惑。不为外界的事物所诱惑就称为心静。心情要保持平和，为人处世要做到谦虚，就需要刻苦修炼自己的涵养。

【原典】

无欲之谓圣，寡欲之谓贤，多欲之谓凡，徇欲之谓狂。

【译文】

没有欲望的人称为圣人，欲望少的人称为贤人，欲望多的人称为凡人，纵欲的人称为狂人。

【跟进解读】

保持心地清净寡欲，是人们修身养性所追求的目标。佛教说人应该无欲无求，四大皆空，没有七情六欲，以得到心灵的平静。人生本来就有喜怒哀乐，修身养性是为了让自己人生的幸福快乐多一些，痛苦烦恼少一些。要使自己内心平静，必须清心寡欲。清心寡欲需要刻苦修炼。如果心上打扫不净，就无法穷通事理，易被身外之物所扰，产生过多的私心杂念，而使自己为利益所驱，不能自主行事。总之，要求人们做到清心寡欲，无欲无求，最终目的让人们知足常乐，拥有幸福远离痛苦。

【原典】

人之心胸，多欲则窄，寡欲则宽。人之心境，多欲则忙，寡欲则闲。人之心术，多欲则险，寡欲则平。人之心事，多欲则忧，寡欲则乐。人之心气，多欲则馁，寡欲则刚。

【译文】

人的心中欲念多心胸就会变得狭窄，欲念少心胸就会变得宽广。人的心境欲念多就会变得忙乱，欲念少心境就会变得悠闲。人的内心欲念多就会变得险恶，欲念少内心就会变得平和。人的心事多欲就会变得忧愁，欲念少内心就会变得快乐。人的心气欲念多就会变得软弱，欲念少内心就会变得刚强。

【跟进解读】

现代人生活在节奏越来越快的年代，成就感的诱惑始终存在，有太多的诱惑，太多的欲望，也有太多的痛苦，因此我们身心疲惫不堪。人生看不破“贪欲”二字，就会终身受到羁绊。古人就此为我们开具了一副快慰人生的良方：养拙，无妄。养拙是幸，无妄是福。所以，不妨做个痴人，看淡名利，当一个人有了这样一份淡泊的心境，人生才会多几丝温暖和几分安宁。

人性中有喜、怒、哀、惧、爱、恶、欲七情，所以生活中才会有财、色、利、贪、懒等潜伏在我们的周围，像看不见的灰尘一样无孔不入。时间长了，不去清扫，人的心上就会积上厚厚的一层，灵智被蒙蔽，善良被遮挡，纯真亦不复见。

【原典】

宜静默，宜从容，宜谨严，宜俭约，四者切己良箴。忌多欲，忌妄动，忌坐驰[①]，忌旁骛，四者切己大病。常操常存，得一恒字诀；勿忘勿助，得一渐字诀。

【注释】

①坐驰：身不动而心有旁骛。

【译文】

宜安静沉默、从容不迫、严谨及勤俭节约，这些都是激励自己的良言。忌多欲、盲目行事、心不专一，以此避免自己的缺失。在实践这些修养的过程中，能体会到“恒”字的秘诀。而在不间断的过程里，能体验出“渐”字的秘诀。

【跟进解读】

安静沉默、从容不迫、谨慎严肃及勤俭节约是规谏劝诫自己的良言，也是一种优秀的品质。在喧嚣的社会中能够保持安静的心态，在快节奏的工作中保持从容不迫的品质，在生活水平提高中保持勤俭节约的美德，真的很可贵。希望人人都能过上舒适的生活，不为世俗的纷扰所困惑。其实过什么样的生活，都由自己选择，要使自己生活幸福，就不能随波逐流，要有坦然淡定的心态。人生本来就有喜怒哀乐、聚散离合，要好好修炼自己的涵养，追求幸福快乐，远离烦恼痛苦。

【原典】

敬守此心，则心定；敛抑其气，则气平。

【译文】

严格谨慎坚守善良的本性，就会心灵安定；收敛抑制浮躁的脾气，就会心气祥和。

【原典】

人性中不曾缺一物，人性上不可添一物。

【译文】

人性的内涵中不能缺少一分善性，而人性的需求中不能多添一分欲念。

【跟进解读】

“人之为善，百善而不足；人之为不善，一不善而足。”这是杨万里的名言，意思是人做好事，做一百件也不够；人做坏事，做一件就足够了。

善行有时会获得意想不到的结果，甚至有时我们都无法察觉。英国的威廉·渥兹涯斯说过：“一个好人生命中最珍贵的那一部分，就是他微小、默默无闻、不为人知的、发自仁慈与爱的善行。”所以，当你在面对他人的时候，不论在你面前的是一个不名一文的乞丐，还是一个身价百万的富豪；也不论他是个不谙世事的孩童，还是耄耋之年的老者，你都要对他们持有一颗慈善的心。给人一个微笑，帮人一个小忙……你的成功，就藏在这些善意的行动中。

【原典】

君子之心不胜其小，而气量涵盖一世；小人之心不胜其大，而志意拘守一隅。

【译文】

君子心中的欲望很小，但气量宏大可以涵盖一切；小人心中的欲望很大，但因心胸狭窄却拘泥一角。

【跟进解读】

君子是才德出众的人。宋代王安石在《君子斋记》中说“故天下之有德，通谓之君子。”严以律己、宽以待人是君子的品质，君子之所以气度宏大，是因为他心中的私欲杂念很少，能够宽容理解他人，宽容理解可以使人们的关系和谐。宽容是人类性情的空间，这个空间很宽广。小人与君子恰恰相反，纵容自己，苛求别人。小人心中因欲望膨胀，而心胸狭窄。为人不能过于苛刻，过于自私，否则使他走上绝路的必定是他自己；处世不可精明太甚，一心想占尽天下好事，否则孤立他的也必定是他自己。

【原典】

怒是猛虎，欲是深渊。

【译文】

愤怒犹如伤人猛虎，欲望犹如无底深渊。

【跟进解读】

心理学家认为：心存怨气的人会发怒，如果怒气不化解则会抑郁成疾，而长期抑郁不消，就等于慢性自杀。愤怒是无助无能的表现，是心情烦躁的表现，于人于己都是有百害而无一利，经常愤怒会使人的身体受害，引发疾病，如心慌、气短、胸闷等。俗话说，怒伤肝，恐伤肾，思伤脾，忧伤肺。可见愤怒会伤害身心，所以要学会控制情绪，遏制愤怒。

愤怒是用别人的过错来惩罚自己，愤怒只会让自己失去理智，丧失冷静，

愤怒的人是永远体会不到快乐的。快乐和宽容就像是一对孪生姐妹，密不可分。如果丧失了宽容之心，生活就会被无休止的愤怒所充满，人将终日生活在心灵的幽暗之中。生活中少一分愤怒，就会多一分快乐。

【原典】

忿如火，不遏则燎原；欲如水，不遏则滔天。

【译文】

愤怒的情绪好像火焰，不及时阻挡就会燃烧掉一切；欲望好像洪水，如果不遏制就会淹没一切。

【原典】

惩忿如摧山，窒欲如填壑。惩忿如救火，窒欲如防水。

【译文】

控制愤怒要像摧毁山陵般坚定，救火一样迅速。斩断欲念要像填塞深沟般努力，阻挡洪水一样急切。

【原典】

心一松散，万事不可收拾；

心一疏忽，万事不入耳目；心一执著，万事不得自然。

【译文】

心如果松散了，则什么事都做不好；若用心疏忽，什么事都不能专心致志；若用心固执，什么事都不可见其本来面目了。

【原典】

一念疏忽，是错起头；一念决裂，是错到底。

【译文】

一念粗心大意，就会导致错误的开始；一念不能善，始善终就会一错到底。

【跟进解读】

粗心大意常常会使自己犯错，“失之毫厘，差之千里。”就是因为粗心疏忽造成的。做事情一定要态度端正，一心一意，方可取得成果。如果心乱如麻，就先平静自己的心情，然后再做手里的事情。俗话说，磨刀不误砍柴工，就是告诉我们做事情不能急于求成，要注重提高工作效率。无论是高深精密的科学研究，还是平常生活中的小事，都要认真地对待，如稍有疏忽就可能会影响到整个事情的进程，甚至会半途而废。做事不但要专心，而且要有恒心。如果不能战胜挫折，不能坚持到底，将永远与成功失之交臂，遗憾终生。

【原典】

古之学者，在心地上做功夫，故发之容貌，则为盛德①之符；今之学者，在容貌上做功夫，故反之于心，则为实德②之病。

【注释】

①盛德：美德。

②实德：实际的道德品行。

【译文】

古时候的学者在内心涵养上下工夫，所以从内在到容貌上都是德高望重的；现在的学者只在外表上下工夫，对于内心涵养而言便是德性的缺失。

【跟进解读】

很多时候，我们总觉得将自己伪装起来才活得安全，用伪装来作为自己人生的盾牌，到头来才发现，不仅没有得到自己想要的，还丢了自己最初拥有的。那么，当初为什么就不能尊重自己的本性，做那个最真的自己？也许正是因为没有彻悟。

【原典】

只是心不放肆，便无过差；只是心不怠忽，便无逸志。

【译文】

只要心不放纵便不会犯错误；只要心不懈怠不疏忽，就没有不能坚持的志向。

【原典】

处逆境心，须用开拓法；处顺境心，要用收敛法。

【译文】

身处逆境时，就要开拓思维开动脑筋；身处顺境时，就要收敛言行约束自己。

【跟进解读】

要学会正确看待人生的顺境与逆境。尤其在遇到逆境的时候，定要淡定，不能悲观畏惧，要乐观面对，发散思维，变不利因素为有利因素。

弘一大师说：“人生中有许多不顺利的地方，对于这些我们应该把它们看作是真实受益之处。而声色名利、美食华服等在顺境中得到的东西，都应该看作是毒药毒箭等一些能置人于死地的东西。”在弘一大师看来，顺境对人来说比逆境更可怕。孟子说：“生于忧患，死于安乐。”逆境能够锻炼一个人的毅力，培养人吃苦耐劳的精神，激发他们内在的潜能，从而获得成功。顺境容易使人迷惑，迷惑在安逸舒服的生活当中，从而失去斗志，安于现状，不思进取，从而被历史的潮流所淘汰。

【原典】

世路风霜，吾人炼心之境也；世情冷暖，吾人忍性之地也；世事颠倒，吾人修行之资也。

【译文】

人生仕途的沧桑是磨炼我们意志的环境，世情的冷暖炎凉是锻炼我们克制性情的地方，人情世故的是非颠倒是磨炼我们修身实践的依据。

【跟进解读】

人生充满了酸甜苦辣，人生要经历春夏秋冬，人生需要经历炎热的夏天和严寒的冬天。人生就是磨炼心智的过程。譬如，温室中的花经不起风吹雨打，生命脆弱；梅花香自苦寒来，梅花独傲寒霜中，还能够绽放精彩的生命，生命坚强。要使自己变成生活的强者，就必须在挫折中磨炼坚强的意志。挫折是每个人生活中都会遇到的，只是形式、大小不一而已。只有经历过挫折才能激发勇气，才能像雄鹰一样勇敢地在天空中翱翔。我们要学会正视挫折，在挫折面前不能畏惧，而应该用“吃一堑，长一智”的心态鼓舞自己，在挫折面前勇往直前，这样我们才会成为生活的强者。

【原典】

青天白日[①]的节义，自暗室屋漏中培来；旋乾转坤的经纶，自临深履薄[②]处得力。

【注释】

①青天白日：比喻清白、光明磊落。

②临深履薄：比喻小心谨慎。

【译文】

光明正大的行为，是从拒绝诱惑克服困难中得来；扭转天地的治世能力，是从如履薄冰的谨慎挫折中得来。

【跟进解读】

人们都喜欢追求物质享受，不希望自己吃苦。所以，生活是越方便越好，越轻松越好。弘一大师曾经对别人说过这样一段话：“若诸位有空，可以到我房间里来看看，我的棉被面子，还是出家以前所用的；还有一把洋伞，也是1911年买的。这些东西，即使有破烂的地方，请人用针线缝缝，仍旧同新的一样，由我尽情受用！不过，我所穿的小衫裤和罗汉草鞋一类的东西，却需五六年一换，除此以外，一切衣物，大都是在家时候或是初出家时候缝的。”弘一法师的生活十分俭朴，他把物质享受放到了最不重要的位置上，可见，大师并没有把生活的苦放在心上。佛家一贯提倡清修——不问凡尘琐碎之事，在清静、清贫中修行，修炼个人的道德，修炼自己的内心世界。所以，佛家看淡清苦。

的确，艰苦的生活对人来说是一种磨炼，是锻炼一个人意志品质的一个重要方式，同样也是培养人们具有远大的人生志向和浩然正气的途径。能够忍受住苦难生活的磨炼，在人生道路上遇到任何艰难险阻都不会害怕了。

【原典】

名誉自屈辱中彰，德量自隐忍中大。

【译文】

人的名望与声誉，在委屈侮辱中才能得以显扬，德行与度量在强力克制忍耐中才能得以发扬光大。

【跟进解读】

孟子云："天将降大任于斯人也，必先苦其心志，劳其筋骨，饿其体肤，空乏其身，行拂乱其所为，所以动心忍性，增益其所不能。"自古人们就看到，苦难不是磨灭人意志的工具，而是激发人成长的阶梯。弘一大师的人生经历正好诠释了孟子的话，他一生历经苦难，受尽折磨，但他从来没有怨言，并不以此为苦，而是把吃苦看作人生前进的阶梯，最终取得巨大成就，修成正果。

【原典】

谦退是保身第一法，安详是处事第一法，涵容是待人第一法，恬淡是养心第一法。

【译文】

谦虚礼让是保护自身的最佳方法，安静祥和是立身处世的重要方法，涵养宽容是屈己待人的最好方法，恬静淡泊是培养心境的重要方法。

【原典】

喜来时，一检点。怒来时，一检点。怠惰时，一检点。放肆时，一检点。

【译文】

沾沾自喜的时候要对自身检查约束，愤怒的时候要对自身检查约束，懒惰的时候要对自身检查约束，放纵的时候要对自身检查约束。

【跟进解读】

退一步海阔天空，有时候，换个思维想一想，对于生活中一些无关紧要的小事，愤怒实在是没有必要，凡事总能找到解决的途径，愤怒只会使事情陷入僵局。正如一句俗语：一个愤怒的人对着围满镜子的四周咆哮不已，结果镜子里所有的人都向他龇牙咧嘴。你怎样对待别人，别人就会怎样对待你。告别愤怒，让宽容化解恩怨，人生苦短，多留些快乐的日子给自己吧！

【原典】

自处超然，处人蔼然，无事澄然，有事斩然，得意淡然，失意泰然。

【译文】

个人独处时能超然世外，与人共处时能和蔼可亲，无事可做时能宁静，有事时能果断，得意时能淡泊，失意时能顺其自然。

【跟进解读】

一个人居住的时候，要体验孤独寂寞，同时也是享受宁静；身处繁华的都市，喧闹的街巷，耳目里全是嘈杂。在宁静的环境中可以陶冶人平和的心性，与人相处时就会显得和蔼可亲。享受宁静，与人和睦相处有利于修养心性，是对生活的无限热爱与追求。得意时能够淡然，不张扬炫耀，失意时不绝望，不气馁，这是为学成事的最佳状态。

【原典】

静能制动，沉能制浮，宽能制褊，缓能制急。

【译文】

安静能克服妄动，沉稳能克服浮躁，宽和能克服褊狭，舒缓能克服急躁。

【原典】

天地间真滋味，惟静者能尝得出；天地间真机括[①]，惟静者能看得透。

【注释】

①机括：括，矢末。机括本言张弩发矢，以括入机，机动即发。这里指奥妙、自然规律。

【译文】

天地间万事万物的真谛，只有心静的人才能品出；天地间蕴含的玄机奥妙，只有心静的人才能悟透。

【原典】

有才而性缓，定属大才；有智而气和，斯为大智。

【译文】

有才能而且性情舒缓的人，将来一定能成为有用的人才；有智慧而且心性平和的人，就可称得上大智慧者。

【跟进解读】

有才干性情沉稳的人，将来一定会有所作为。俗话说："大勇若怯，大智若愚。"有智慧的人都很沉稳，比较内敛。沉着稳重的性格，是从经历的一件件事情中锻炼出来的，不是心里想变得沉着稳定，就可以迅速拥有沉着稳定的品质。所以，无论做小事还是做大事都要提醒自己沉着镇定，切忌操之过急，克制忧心过分。如果一遇到问题就慌了手脚，不知从何处着手，或者是为了追求速度盲目从事，不注重效果，结果很可能把事情越办越糟。人人都知道，心急吃不了热豆腐，因此，要冷静、心平气和地去考虑事情，寻求解决问题的最佳方法。有大智慧的人懂得何时当进，何时当退，所以能表现得胸有成竹。

【原典】

气忌盛，心忌满，才忌露。

【译文】

脾气忌讳过于旺盛，心志忌讳过于自满，才情忌讳过于外露。

【跟进解读】

与人交往要忌讳盛气凌人。盛气凌人就是逞强一时，痛苦一世。盛气凌人的人别人敬而远之，所以就没有人来归附，没有人愿意与之交往，长此以往，就会成为孤家寡人，只能孤芳自赏，孤独无助。没有利益关系的时候与人交往，依然盛气凌人，只会尝到别人的盛气凌人，"以其人之道还治其人之身"说的就是这个道理。要想得到别人的友好相待，就要学会自己先以礼待人。尊重别人就是尊重自己，同样的道理，与人友善就是于己友善。要学会收敛盛气凌人的态度，学会敞开胸怀宽以待人，不断地提高自己的涵养，完善自己的人格。

【原典】

有作用者，器宇[1]定是不凡；有智慧者，才情决然不露。

【注释】

①器宇：人的仪表。

【译文】

一个有作为的人，他的外表和风度一定与众不同；一个有智慧的人，他的才华和思想一定深藏不露。

【跟进解读】

苏轼《贺欧阳少师致仕启》中有这样一句名言：“大勇若怯，大智若愚”。真正的大智大勇未必要大肆张扬，卖弄聪明，不是徒有其表而要看实力。具有大智慧的人，看起来反倒如同糊涂人，其实不是真糊涂而是假糊涂，这就是“大智若愚”。大智若愚的人给人的印象是：宽厚敦和，平易近人，不露锋芒，甚至有点木讷和傻气。其实在“若愚”的背后，隐含的是真正的大智慧大聪明。

有些人总爱自作聪明，生怕被人当作傻瓜，处处表现自己，处处争权夺势，其实常常是在上演一幕幕作茧自缚、引火烧身、自掘坟墓的悲剧。这些人可能会一朝得逞，一时得势，但玩的终究是小聪明小把戏，是大愚若智。

大智若愚者藏才隐德，谦虚谨慎，以弱制胜，他们用表面的愚笨来保护自己，为自己赢得发展和提高的时间和环境，并能统观全局，站在比别人更高的角度上把握事态发展的脉络；因而他们常常是任重而道远的承担者，比常人更能抓住成功的机会。

【原典】

意粗性躁，一事无成；心平气和，千祥骈集[1]。

【注释】

①骈集：聚集。

【译文】

意念粗疏，性情急躁，将来一事无成；心态平淡，脾气温和，所有的吉祥就会汇聚。

【原典】

世俗烦恼处，要耐得下；世事纷扰处，要闲得下；胸怀牵缠处，要割得下；境地浓艳处，要淡得下；意气忿怒处，要降得下。

【译文】

处于世俗烦恼中，要能忍耐；处于世事纷扰中，要能清闲；处于心胸牵挂中，要能割舍；处于境地浓艳中，要能淡定；处于情绪愤怒中，要能镇定。

【跟进解读】

生活中人人都有烦恼，面对烦恼要沉着冷静，想办法化解烦恼，驱赶烦恼，远离烦恼，把烦恼抛到九霄云外，学会坦然面对生活中的纷纷扰扰。面对生活，要明白舍得之理：先有舍才有得，不舍不得，小舍小得，大舍大得，舍即是得。舍是得的基础，欲得之必先予之。譬如，春天播种要舍得种子，秋天方可收获硕果。无舍尽得谓贪，人生之大害也。领悟了舍得之道，对于为人处世都有莫大的益处。事物究竟是什么，不在于身外的影响，关键的是看我们怎样去看待它。喜可以看成忧，忧也可以看成喜。凡事拿得起，放得下，你才会发现幸福的所在，犹如命运是掌握在自己的手里而不是被他人操控一样。俗话说，日出东海落西山，愁也一天，喜也一天；遇事不钻牛角尖，人也舒坦，心也舒坦。

【原典】

以和气迎人，则乖沴[①]灭；以正气接物，则妖氛消；以浩气临事，则疑畏释；以静气养身，则梦寐恬。

【注释】

①乖沴（lì）：狂暴、乖戾。

【译文】

用心平气和待人，便不会有不顺心的事；用公平正直对待万事万物，便不会有不祥之气；用浩然正气处理事情，便不会有疑难恐惧的事；用恬静安然养身，便睡觉做梦也会甜美安详。

【跟进解读】

恭敬可修身，平静可消躁。对人要以诚相待，热情相迎，就会给人留下好的印象，得到别人的肯定、敬仰、欣赏等，成为人们乐于交往的朋友，建立深厚的友谊或合作的关系。和气迎人是一个人对待别人应具备的基本态度。所谓和气，就是态度温和、言语谦逊、关系融洽、待人宽厚，传达的是善意，表现的是友好。自古迄今，人们对“和气”倍加推崇、竭力赞美，比如，“和气生财”“和为贵”“和气好比修条路、惹人等于筑堵墙”等。和气能化干戈为玉帛，和气待人是一种智慧。对于别人的非议不理不睬，能够坦然地继续自己的事情，有此心态者，在动心忍性处必能窥见其高尚的人格和品质。

【原典】

观操存在利害时，观精力在饥疲时；观度量在喜怒时，观镇定在震惊时。

【译文】

看一个人的气节操守，在其利害得失的时候；看一个人的精神气力，在其饥饿疲倦的时候；看一个人的胸怀度量，在其喜怒哀乐的时候；看一个人的沉着镇定，在其遇到惊险恐惧的时候。

【跟进解读】

古人云，家贫出孝子，国乱识忠臣；国乱思良将，家贫思贤妻。家庭贫困的时候越能显示出儿孙的孝顺或者不孝，国家动乱的时候越能显示出臣民的忠诚或者不忠。国家动乱的时候国君才想起了忠臣良将，家庭贫困的时候丈夫才会想起贤惠的妻子。贫困的时候，儿孙自身难保，饥不果腹，如果还能惦记着父母的温饱，努力侍奉父母不挨饿不受寒，难道这不是真正的孝子吗？国难当头，甚至危及社稷江山，如果有文臣武将仍旧争着当先锋勇猛地去杀敌平乱，忠心耿耿地保护着濒临覆灭的王朝，难道这不是真正的忠臣吗？同样的道理，观察一个人的气节高下、精力盈亏、度量大小等，不能只在处于顺境时考察，更要在逆境中观察，这样才能比较全面地了解人的德才品性。

【原典】

大事难事看担当，逆境顺境看襟度；临喜临怒看涵养，群行群止看识见。

【译文】

遇到大事与难事，可以看出一个人担负责任的能力；经历顺境和逆境，可以看出一个人胸襟气度的宽广与狭隘；遇到喜事怒事，可以看出一个人涵养的深浅；与同辈相处，可以看出一个人的学识见解。

【跟进解读】

一个不知对自己人生负有什么责任的人，甚至无法弄清他在世界上的责任是什么。有一位小姐向托尔斯泰请教，为了尽到对人类的责任，她应该做些什么。托尔斯泰听了非常反感。因此想到：人们为之受苦的巨大灾难就在于没有自己的信念，却偏要做出按照某种信念生活的样子。当然，这样的信念只能是空洞的。

更常见的情况是，许多人对责任的关系确实是完全被动的，他们之所以把一些做法视为自己的责任，不是出于自觉的选择，而是由于习惯、时尚、舆论等原因。譬如说，有的人把偶然却又长期从事的某一职业当作了自己的责任，从不尝试去拥有真正适合自己本性的事业；有的人看见别人发财和挥霍，便觉得自己也有责任拼命挣钱花钱；有的人十分看重别人，尤其是上司对自己的评价，于是谨小慎微地为这种评价而活着。由于他们不曾认真地想过自己的人生，在责任问题上也就是盲目的了。

【原典】

轻当矫之以重，浮当矫之以实，褊当矫之以宽，执当矫之以圆，傲当矫之以谦，肆当矫之以谨，奢当矫之以俭，忍当矫之以慈，贪当矫之以廉，私当矫之以公，放言[①]当矫之以缄默，好动当矫之以镇静，粗率当矫之以细密，躁急当矫之以和缓，怠惰当矫之以精勤，刚暴当矫之以温柔，浅露当矫之以沉潜，溪刻[②]当矫之以浑厚。

【注释】

①放言：纵情谈论。

②溪刻：言辞刻薄。

【译文】

轻佻要用稳重矫正，浮躁要用踏实矫正，褊狭要用宽宏矫正，固执要用圆润矫正，傲慢要用谦虚矫正，放肆要用谨慎矫正，奢侈要用勤俭矫正，残忍要用慈祥矫正，贪心要用廉洁矫正，自私要用大公无私矫正，话多要用缄默矫正，好动要用镇静矫正，粗心要用细心矫正，急躁要用舒缓矫正，懈怠懒惰要用勤劳矫正，刚强暴躁要用温柔矫正，肤浅暴露要用沉着矫正，尖酸刻薄要用淳朴宽厚矫正。

【跟进解读】

“静坐常思自己过”不失为一句最好的处世格言。南怀瑾说过：“要知道‘静坐常思自己过’是一种反思的功夫，也就是自我批评的本领。倘若有错且不能自省，别人是无法劝谏的，事情便会朝着更糟的方向发展。假如我们能够时常静下心来，思考一下自己做事或待人方面是否有亏缺的地方，自然就会少些对别人的抱怨与指责了，多些安宁和快乐。”

现实中很多人想有一个完美的自己，但就是找不到途径。这里，大师给我们拿出了一个完善自我的办法。可以说，反省不仅仅是完善自己的方法，更能滋生成就自己的巨大力量。一个懂得反省的人，能给自己带来巨大的改变，活出一个全新的自己。

持躬类

——修身养性的具体做法

“持躬”的意思是身体力行，就是要将修身养性的具体方法落实到个人的生活实践中。“学问”“存养”两类已反复强调了修身的重要性，并提出了一系列修身的方法，本篇则将重心落在了“躬行”。许多格言都是生活经验的总结，是贤者生活方式的展现，充满了睿智，富于才思。其中许多内容主张振聋发聩，如：“勇力振世，守之以怯。富有四海，守之以谦。”“不自重者取辱，不自畏者招祸，不自满者受益，不自是者博闻。”“心不妄念，身不妄动，口不妄言，君子所以存诚。内不欺己，外不欺人，上不欺天，君子所以慎独。不愧父母，不愧兄弟，不愧妻子，君子所以宜家。不负天子，不负生民，不负所学，君子所以用世。”这些格言即使今天读来，也给人以力量，给人以鼓舞，给人以智慧。

【原典】

聪明睿知，守之以愚；功被天下，守之以让；勇力振世，守之以怯；富有四海，守之以谦。

【译文】

聪慧通达的人，保持着敦厚拙朴的态度，不可锋芒外露；功高盖世的人，要保持谦逊礼貌的态度，不可居功自傲；勇猛无敌的人，要保持谦虚的态度，不可无所忌惮；拥有巨财的人，要保持谦虚的态度，不可张扬放肆。

【跟进解读】

古人云："得江山容易，守江山难。"一个人要把自己的事业继续下去，光凭勇气是不够的，还需要智谋和度量。有些国君可以稳坐江山，有些国君却坐得岌岌可危，江山摇摇欲坠，究竟为什么呢？皇帝虽然贵为九五之尊，掌握着臣民的生死之权，但是要懂得恰当运用权力。滥用权力，表面上伤的是臣民，实际上害的是皇帝本人，因为这样做是自己挖自己的墙脚。对于人的性情来说，也是这样的道理。聪明而通情达理的人不在少数，但能够始终保持明智却是很难的。有的人年轻的时候浴血奋战，取得了无数的功名，但是自恃功高，目中无人，结果很可能因自己的轻狂落个身败名裂的下场。

【原典】

不与居积人争富，不与进取人争贵，不与矜饰人争名，不与少年人争英俊，不与盛气人争是非。

【译文】

不和囤积钱财的人争较财富多少，不和热心仕途的人争较地位高下，不和骄傲自夸的人争较名声大小，不和年轻力壮的人争较仪容风度，不和逞强好胜的人争较胜负高低。

【跟进解读】

争强好胜，要把握度，不是什么事情什么时候都可以争强好胜的。为人处

世一定要把握好争强好胜的尺度。俗话说，忍一时风平浪静，退一步海阔天空。与人相处不盛气凌人，不与人争是非短长，并不是说不与人讲道理，并不是说一味地软弱忍让，而是说当对方以盛气对待我们时，我们能以心平气和的心态应付。宋朝的程明道与王安石因变法一事产生了分歧，王安石勃然大怒。但是程明道和颜悦色地说：天下的事不能只凭某一人的观点来评定，希望你能够以公正平和之心对待。王安石为之深深叹服。不与盛气之人争，恰恰是运用和气克制住了对方的盛气，让对方心服口服，甘拜下风。

【原典】

富贵，怨之府也；才能，身之灾也；声名，谤之媒也；欢乐，悲之渐也。

【译文】

钱财地位，往往成为产生怨恨的温床；才华能力，常常就是招致灾祸的根由；名望声誉，往往成为引来谤毁的媒介；欢心快乐常常就是走向悲凉的开始。

【原典】

浓于声色，生虚怯病；浓于货利，生贪饕病[①]；浓于功业，生造作病；浓于名誉，生矫激病。

【注释】

①贪饕：贪得无厌。

【译文】

迷恋歌舞女色的心太强烈了，就会生出虚怯的毛病来；追逐钱财利益的心太强烈了，就会生出贪得无厌的毛病来；热衷功名成就的心太浓重了，就会生出造作的毛病来；追求声誉名望的心太浓重了，就会生出言行偏激的毛病来。

【跟进解读】

欲望是罪恶的深渊。要学会克制心中的欲望。沉迷于声色会使人虚弱，沉迷于钱财就会使人贪得无厌，沉迷于功名会使人矫揉造作，沉迷于名誉会使人言行偏激。

在现实中，有些已婚男女就因为色欲太盛，才抛弃家庭找情人，搞外遇；有些成年男女就是因为色欲太盛，才频繁性爱，最终导致身心疲惫，甚至染上疾病；有些青少年就是因为色欲太盛，才沉溺于手淫，影响自己的身心健康。古人正是看到了这个现实，才向人们提出戒色的警示。

从中医学观点看，性生活太滥，就会耗损肾精，肾精为先天之本，久而久之，必然短命。所以适当的节欲是必要的。

【原典】

想自己身心，到后日置之何处；顾本来面目，在古时像个甚人。

【译文】

揣摩自己的身心，百年后将被后人安放在什么位置上；省察自己的本来面目，在历史上和哪一位古代人物相似。

【原典】

莫轻视此身，三才①在此六尺②；莫轻视此生，千古在此一日。

【注释】

①三才：即天、地、人。

②六尺：指身躯。

【译文】

不要轻视自己的身体，所有的才智都能在我们身上得到表现；不要轻视自己的生命，千古的功德都会在此生中得以建立。

【跟进解读】

要爱护自己的身体，身体是父母给的，不爱惜自己的身体就是对父母的不孝。要珍惜自己的身体，身体是革命的本钱，不珍惜自己的身体怎么能担当建功立业的大任？身体是一切才华道德、荣华富贵的载体，没有身体的存在就不会拥有才华道德、荣华富贵。所以要爱护和珍惜自己的身体，为报答父母之恩，为建功立业。要想建功立业就要珍惜时间，勤奋学习，艰苦奋斗，积累德学。如果从某日积德行善的话，则可能就会在一生中建立不朽的功业。只要活着的时候多做有益于社会的事，我们就会从中得到无比的快乐，离开人世的时候才能无怨无悔。如果蹉跎岁月，即使活到百岁也是行尸走肉，也会愧对此生。

【原典】

醉酒饱肉、浪笑恣谈，却不错过了一日？妄动胡言、昧理从欲，却不作孽了一日？

【译文】

喝酒吃肉胡言浪笑，岂不白白浪费了一天的时光？毫无顾忌的言行举止，肆意放纵欲望，岂不度过了罪恶的一天？

【原典】

不让古人，是谓有志；不让今人，是谓无量。

【译文】

敢于和有功德的古人一争高下，这是有志气；在今人面前卖弄文采，这是没有气量。

【原典】

一能胜予，君子不可无此小心；吾何畏彼[①]，丈夫不可无此大志。

【注释】

①吾何畏彼：《孟子·滕文公上》："彼丈夫也，吾丈夫也，吾何畏彼哉？"

【译文】

任何一个人都可能胜我，作为君子不能没有这种戒心；我何必畏惧他人，大丈夫不能没有这种志向。

【跟进解读】

无论做什么事情都要勇敢，不要畏惧。勇气是自信的坚强后盾，有勇气，做起事情来就不会缩手缩脚，才能克服困难，勇往直前。战场上的将军百战百胜，除了武艺高强，还要勇猛过人。三国时期的吕布，武功高强，勇猛过人，凭借方天画戟和赤兔马，杀敌如砍草，一人能敌千人。战场上一对一挑战是很正常的现象，并不能体现他的勇敢与强大，如果能够以一抵百，甚至凭一人之力胜过千人，这才能真正称得上勇敢与强大。譬如考试评级别，分为优、良、中、差四等，许多人都在为得到"良"这一等级而兴奋，却没有看到比自己更高一级的"优"等。没有最好，只有更好，人生在世要不断地追求进步，向更高的目标迈进。

【原典】

怪小人之颠倒是非，不知惟颠倒方为小人；惜君子之受世折磨，不知惟折磨乃见君子。

【译文】

责怪小人颠倒是非，而不知只有颠倒是非的人才是小人；怜惜君子受尽世事折磨，而不知只有在磨炼之中才能见到君子。

【跟进解读】

自然界的昆虫有益虫和害虫之分，人类同样也是良莠不齐，有"君子""小人"之分。在人际交往中，只要你留心观察便不难发现，在你的周围就有不少阴险"小人"。他们造谣生事、挑拨离间，甚至会在你的上司、同事或家人面前诬陷你、诽谤你，实在令人防不胜防。

古人云："宁可终岁不读书，不可一日近小人。"充分说明古人对"小人"是多么深恶痛绝。事实上，大到一个国家小到一个单位，只要有小人存在，就会"鸡犬不宁"。因此，你要想避免自己受到伤害，就必须认清"小人"的丑恶嘴脸，慧眼识破"小人"的招数，为自己构筑一道防火墙，以便做到防患于未然！

然而，对大多数人来说，要分清谁是"君子"、谁是"小人"并不是一件容易的事。因为"小人"没有特别的样子，脸上也没写上"小人"二字，不像京剧中的脸谱，生旦净末丑，一目了然。有些"小人"甚至还长得又帅又漂亮，有口才也有内才，一副大将之才的样子。

【原典】

经一番挫折，长一番识见；容一番横逆，增一番器度；省一分经营，多一分道义；学一分退让，讨一分便宜；去一分奢侈，少一分罪过；加一分体贴，知一分物情。

【译文】

经历一番挫折，就会增长一分见识；容忍一番横行逆流，就会增加一分度量；节省一分利益的经营，就会增长一分道义；学习一分退让，就会得到一分好处；去掉一分奢侈，就会减少一分罪过；增加一分认识，就会多懂一分人情世故。

【跟进解读】

要成为生活的强者，就要学会面对挫折和容忍灾难。现实生活中，人人都可能因为某种原因而遇到各种各样的挫折，它是每个人都无法避免的。挫折虽然会给我们带来精神上的烦恼和痛苦，但能使我们适应困难，经受挫折，得到锻炼，增强适应社会的能力。生活中的挫折与逆境是对人的考验，这些不幸的遭遇虽然让人受到伤害，却铸造了人的坚强；虽然让人遭受屈辱，却使人更加珍惜自尊……所以，当生活中遇到挫折的时候，千万不要心生怨恨，因为那是人生的一种考验，只要能坚持下去，就是向精彩的人生迈进了一步。

【原典】

不自重者取辱，不自畏者招祸；不自满者受益，不自是者博闻。

【译文】

不懂得自爱自尊就是自取其辱，没有畏惧心的人常常会招惹祸端，不骄傲自满的人就能受益匪浅，不自以为是的人才能拥有渊博的知识，高深的见识。

【跟进解读】

自尊自爱是一种对自我的关注与肯定，是一个人的快乐之源，更是成功之始。自尊自爱就是要肯定自己，认同自己。就是要告诉自己“我能行”，就是要表现出自信。自信是自尊自爱的前提，有了自信，你会更加有激情，也就更快乐。当然，自信也是成功的一半。我们不难看到，不管是下海的弄潮儿，还是政界的叱咤风云人物，或是奥运会领奖台上的运动健儿，他们的成功之花都少不了自信的浇灌。人要自尊自爱，在鲜花与赞美中保持清醒的头脑，不能迷失方向。人要有傲骨，更要虚心。保持一颗平常心，正视自己的成绩，发现自己的不足，才能让自己取得更大的进步。

【原典】

有真才者，必不矜才；有实学者，必不夸学。

【译文】

真正有才能的人不依恃才能，真正有学问的人不夸耀文采。

【跟进解读】

一个真正有才能的人，不会觉得自己知识很渊博，因为他明白学海无涯，要想成为真正才华横溢的人，就要活到老学到老，与时俱进。真正有学问的人，往往是虚心谦恭的人，喜欢夸夸自谈，没有耐心的人，是求不到真才实学的。只有谦虚的人，才能得到高人的真诚指导，刻苦钻研，从而获得真知灼见，逐渐修炼成真正有学问的人。生活中要学会谦虚的态度求学处世。谦虚是一种美德，有真才实学的人往往虚怀若谷，谦虚谨慎；而不学无术、一知半解的人，却常常骄傲自大，自以为是，好为人师。

【原典】

盖世功劳，当不得一个矜字；弥天罪恶，当不得一个悔字。

【译文】

即使有盖世的功劳，也不能居功自大，骄傲自满；即使犯了滔天大罪，只要及时悔改也是可贵的。

【跟进解读】

真正功高盖世的人往往懂得矜持，懂得自尊自爱。强者之所以谦虚，是因为他博大。他能让对手心悦诚服，得到更多的人喜欢、尊敬和拥护。在现实生活中，当我们取得出色的成绩时，应勉励自己再接再厉，不可浅尝辄止，更不能骄傲自满，骄傲就会使自己心浮气躁，不求进取，甚至还会使勤奋刻苦所取得的成就付之东流。

【原典】

诿罪掠功，此小人事。掩罪夸功，此众人事。让美归功，此君子事。分怨共过，此盛德事。

【译文】

争功诿过是小人的卑劣行径，掩藏过失、夸耀功劳是凡人的本色，把好事和功劳谦让给他人，这是君子的高尚品德，为他人排忧解难，分担过错，这就是成就美德善行的事情。

【跟进解读】

小人往往重视自己轻视别人，争功诿罪是小人的卑劣行为，是令人深恶痛绝的。生活中有不少小人，他们看到好处便趋之若鹜，碰到责任就推得一干二净，生怕与自己有联系；有了过错极力掩盖，有了功劳就到处炫耀，这是庸人的表现。小人、庸人都不懂谦虚处世，不懂谦虚是缺乏修养的表现。谦让美誉与功劳表面看起来自己吃亏，其实我们获得了更多的赞誉与利益，提升了自身的品德修养；与他人共同分担烦恼与过错，这不但对自己没有多大的损失，而且还可以减轻他人的痛苦，这样的好事何乐而不为呢？

【原典】

毋毁众人之名，以成一己之善；毋没天下之理，以护一己之过。

【译文】

不要诋毁众人的成就，来成就自己的一点好处；不要埋没天下的事理，以遮掩自己的过失。

【原典】

大著肚皮容物，立定脚跟做人。实处著脚，稳处下手。

【译文】

宽宏大度地包容一切事物，脚踏实地地为人处事。脚踏实地，沉着做事。

【跟进解读】

生活中，宽容是一种美，因为有了宽容才使许多人有了浪子回头的决心。因为宽容才使那颗犯错的心有了安全的回旋余地。当你选择宽容时，对整个社会，乃至所有的众生，都是有大功德的。圣严法师曾说过：“佛教徒相信，天下没有不能感化的坏人，如果能够给犯错的人一个改过自新的机会，这个人可能会是‘浪子回头金不换’，变成社会大善人。”这就是宽容的功德。

人非圣贤，孰能无过。对于犯罪有过失的人，不能一味地责备指责，应

当给他们一些宽恕，给他们改正错误的机会。对于犯过失的人，他们应得到应有的惩罚，但视情况而定，不能一味地惩罚，给他们几次悔过自新的机会。对于那些有良知的人，决心悔过自新的人，我们要给予宽容，给予他们重新做人的机会。宽容还可以化干戈为玉帛，如果用宽容的心态对待仇视自己的人，就能够化解仇恨。这样的人才是高尚的人，才是一个伟大的人。

【原典】

读书有四个字最要紧，曰阙疑好问；做人有四个字最要紧，曰务实耐久。

【译文】

读书最重要的就是能阙疑好问，做人最重要的就是踏踏实实持之以恒。

【原典】

事当快意处须转，言到快意时须住。

【译文】

事情在最得意处要警惕乐极生悲，话说到最得意时要警惕言中有失。

【原典】

物忌全胜，事忌全美，人忌全盛。

【译文】

事物忌讳到达顶点，事情避免极其完美，人则忌讳飞黄腾达。

【跟进解读】

物忌全胜，所谓树大招风。事忌全美，所谓乐极生悲。人忌全盛，所谓名高遭谤。如果不切实际地过分追求完美，就可能陷入两难的境地，不但达不到目的，自己还会付出许多徒劳的精力。金无足赤，人无完人，想象中的完美是不存在的，实际生活中的完美多是以达到我们的满意度为标准的，所以做事的最好标准是得到社会公众的认可和支持，切不可为了哗众取宠或攀比付出不必要的牺牲。做人也是如此，如果过分享受安逸的生活，就会消磨奋斗的意志，长此以往就会失去前进的动力；过分地指责批评他人，就会失去良好的人际关系；过分地追逐功名利禄，就会忽略法律准绳的约束，甚至不择手段，把自己推向犯罪的深渊。总之，为人处世要明白一个道理：物极必反，过犹不及，要学会把握分寸。

【原典】

尽前行者地步窄，向后看者眼界宽。

【译文】

一味前行的人路途会越来越狭窄，常常回头看的人眼界会越来越宽阔。

【原典】

留有余不尽之巧，以还造化①。留有余不尽之禄，以还国家。留有余不尽之财，以还百姓。留有余不尽之福，以贻子孙。

【注释】

①造化：创造化育，即自然。

【译文】

把一些多余的技巧归还给大自然，把一些用不完的俸禄奉献给国家；把一些用不完的财富馈赠给百姓，把一些用不尽的福泽遗留给子孙。

【跟进解读】

乐善好施，自己用不了的东西送给需要的人，殊不知付出永远比索取快乐。自己可以获取快乐，别人可以获取生活必需品。只想占便宜的人，不会得到别人真心帮助的。朋友之间总是担心自己吃亏，友谊是不会长久的。如果不愿让对方分享你的成果，就不能要求对方分担痛苦，那就相当于没有朋友。坐享其成会让自己变得一无所有。我们要通过自己的奋斗去创造生活，与人分享自己的快乐。为人处世要敢于吃亏，交朋友敢于吃亏，总会交到真朋友的，与人合作，敢于吃亏，多干活，时间长了，就会积累好人缘，人人愿意与你合作，这样的人生才是有价值的。肯吃亏表面看来是一种损失，其实那是一种投资，时间可以证明一切。

【原典】

四海和平之福，只是随缘；一生牵惹之劳，总因好事。

【译文】

四海之内太平和谐，这样的幸福只是可遇不可求、随缘而得的；一生牵挂招引烦恼和辛苦，总是因为好生事端。

【原典】

花繁柳密处拨得开，方见手段；风狂雨骤时立得定，才是脚跟。

【译文】

面对花繁柳密的诱惑而能拨得开，这才是聪明之举；面对艰难坎坷而能脚踏实地，这才是意志坚定之人。

【原典】

步步占先者，必有人以挤之；事事争胜者，必有人以挫之。

【译文】

做任何事情都要争先的人，必定会遭受他人排挤；做任何事情都争强好胜的人，必定会遭受他人打击。

【原典】

能改过，则天地不怒；能安分，则鬼神无权。

【译文】

能改过自新，天地都不会动怒；能安分守己，鬼神也无可奈何。

【跟进解读】

有了错误必须有所觉悟，然后改之，才能走上光明之路。若是有错而不思悔改，或者口是心非，那只能在错误的道路上越走越远。所以，人只有了解自己的缺点，正视不足，才能让自己不断地发现自我，挑战自我，完善自我。利用这样的方式去做人，就会快速完善自己，成为很多人喜欢乃至爱戴的人。

生活中不要害怕犯错误，如果害怕犯错误，就会缩手缩脚，裹足不前。俗话说，浪子回头金不换。人不怕犯错误，怕的是知错不改，可贵的是知错能改。知错能改的人有两方面的进步，一是认识到了自己的错误，明白了错在什么地方，这是一种醒悟；二是改正，是心灵觉悟后的具体行动，只有改正才能看出一个人更上一层楼的地方，才是惊喜所在。

【原典】

言行拟之古人，则德进。功名付之天命，则心闲。报应念及子孙，则事平。受享虑及疾病，则用俭。

【译文】

一言一行都效法古代圣贤，就会道德长进；功名利禄，听任天命安排，就会心意闲适；因果报应，考虑子孙福祸，就会办事公正；口体之享，考虑疾病袭来，就会生活勤俭。

【跟进解读】

圣贤前辈的学识德行，是我们学习的榜样，效法古代圣贤的言行就会增进道德。圣贤前辈的言行是我们为人处世的行为准则，虚心向其学习，必能增进我们的学识德业。关于功名利禄，如能顺其自然不极力攀援，便能获得一份温馨恬静。要重视因果报应，当自己所做的事危害到他人或社会时，就要学会换位思考，想到同样的事情可能有一天会降临到自己的子孙身上，从而教育世人要多做善事，多积善德，荫

庇子孙。过度享受安逸的生活会使我们乐不思蜀，忘却了幸福生活源于辛苦，甚至自身还滋生了许多弊病，如散漫懈怠、空虚乏味、懒惰等，这些都提醒我们要迷途知返，养成勤俭节约的良好习惯。从生活中渐渐养成勤奋刻苦、俭朴节省的习惯。

【原典】

安莫安于知足，危莫危于多言。贵莫贵于无求，贱莫贱于多欲。乐莫乐于好善，苦莫苦于多贪。长莫长于博识，短莫短于自恃。明莫明于体物，暗莫暗于昧几。

【译文】

最大的安逸莫过于知足常乐，最大的危险莫过于言语过多。最可贵的莫过于无欲无求，最卑贱的莫过于欲望过多。最快乐的事情莫过于乐善好施，最苦恼的事情莫过于贪得无厌。最大的长处莫过于博学多识，最大的缺点莫过于骄傲自大。最明晰的事莫过于能体察物情，最大的昏暗莫过于不明白事情的预兆。

【跟进解读】

知足常乐，说起来容易做起来难，不经历一番刻苦的磨炼是做不到的，没有恒心是实现不了的。心中没有杂念，没有过多的要求，安然享受生活的快乐趣味，便是最安然的事情。多做行善积德，广结善缘的事，心底便会坦然宁静，生活也会因此而快乐无比。过分追逐名利，贪婪没有止境，往往会导致自己的身心疲惫不堪，哪里会有什么快乐可言？做事光明正大，评论事情公正无私，便能体察万事万物之理，如果违背自己的良心，做些徇私舞弊、独断专行之事，必会造成许多冤假错案，导致自己寝食难安，甚至落个奸佞小人的臭名。

【原典】

能知足者，天不能贫。能忍辱者，天不能祸。能无求者，天不能贱。能外形骸者，天不能病。能不贪生者，天不能死。能随遇而安者，天不能困。

能造就人材者，天不能孤。能以身任天下后世者，天不能绝。

【译文】

懂得知足的人，上天不会使他陷入贫困。能忍辱负重的人，上天不会让他遭受祸害。能够无所无求的人，上天不会让他沦于贫贱。不重视外在华丽表现的人，上天不会让他遭受疾病折磨。不贪生怕死的人，上天不会让他去世。能够随遇而安的人，上天不会让他生活拮据困顿。能够培养栋梁之才的人，上天不会让他孤独无靠。能够担负天下后世重任的人，上天不会让他走上绝路。

【跟进解读】

人通常无法满足，总想要自己没有得到的，这就是贪欲在作怪，贪欲是人性的阴暗面，应该努力去克服它。

人赤条条来到这世俗的尘世中，原本洁净的心却被这尘世中的欲望和杂念所污染，世俗中欲望和杂念的尘埃包裹着我们的身体，越积越多，变成了沉重的脱不去的污垢，我们的心灵也因此而沉重。给你的心灵洗个澡吧！洗去上面的尘埃和污垢，这样我们的心灵才会敞亮轻松。我们常常为诸多的俗事所累、所困，容易被欲望和杂念牵着鼻子走，这样就会与快乐南辕北辙，掉转车头就会往快乐方向走。

【原典】

天薄我以福，吾厚吾德以迓[①]之。天劳我以形，吾逸吾心以补之。天危我以遇，吾享吾道以通之。天苦我以境，吾乐吾神以畅之。

【注释】

①迓：迎接。

【译文】

如果上天给我的福分浅薄，那么我就多做善事来培养高尚的道德去迎接它。如果上天让我的身体遭受辛苦，那么我就放松自己的身心去保养身体。如果上天降灾祸使我遭受困窘，那么我就修养道德打开困窘使心境顺畅。如果上天使我的境遇苦不堪言，那么我就力求精神愉快去疏导它。

【原典】

吉凶祸福，是天主张。毁誉予夺，是人主张。立身行己，是我主张。

【译文】

人的吉凶祸福，是由上天主宰的。人的毁誉和予夺，是由别人决定的。立身的言行和道德，是由我决定的。

【跟进解读】

在我们的人生历程中，我们希望自己变成一个什么样的人呢？只做一个普通的农民、工人，还是做一个成功的企业家、领导者呢？有人说，运气、靠山、出身是成就美好人生的关键，不然，也只能做普普通通的人。其实并不是这样，一个人追求什么样的人生，往往取决于他自己，因为命运都由我们自己主宰，实现自己的人生价值，没有人可以取代我们，人生要靠自己去奋斗。

【原典】

要得富贵福泽，天主张，由不得我；要做贤人君子，我主张，由不得天。

【译文】

要想得享富贵和福泽，这要看天意，由不得自己；要想成为贤能君子，主要靠自己，由不得天意。

【跟进解读】

只要符合客观事物发展规律，我们依然可以发挥人的主观能动性。“生死由命，富贵在天”是封建社会人们的看法，是某些人为了维护自己的利益而宣扬的一种天命思想。这种思想有其局限性，有迷信色彩。荣华富贵可以通过自己的双手去创造，命运掌握在自己的手里。诸子百家中的荀子就曾提出过“人定胜天”的观点，值得我们学习。对于自身的道德培养主要还是靠我们的刻苦修为，能勤学好问，具有高尚的情操和博学多识的才能，就可与圣贤君子试比高。

【原典】

富以能施为德，贫以无求为德，贵以下人为德，贱以忘势为德。

【译文】

富裕的人以舍得施恩为美德，贫穷的人以无所欲求为美德，显贵的人以平易近人为美德，平凡的人以蔑视权贵为美德。

【跟进解读】

“富以能施为德”是一种富贵当仁的高尚品德，也是富人获取幸福快乐的一种方式。俗话说，付出永远比索取快乐。助人为乐，是一种高贵的品德。人生在世，要有高尚的精神境界：“富贵不能淫，贫贱不能移，威武不能屈，此之谓大丈夫”，就是古代圣贤君子坚持的道德标准。意思是富贵不能使我放纵享乐，贫贱不能使我改变志向，威武不能使我卑躬屈膝，这样的人才称得上大丈夫。虽然身份高贵，但是不仗势欺人，恃强凌弱；虽然生活贫困，但是要志向坚定；虽然身份低微，但是不向恶势力卑躬屈膝，虽然生活富裕，也不忘救济他人，这样的人可以说是时代精神的实践者和倡导者。

【原典】

护体面，不如重廉耻。求医药，不如养性情。立党羽，不如昭信义。作威福，不如笃至诚。多言语，不如慎隐微。博声名，不如正心术。恣豪华，不如乐名教。广田宅，不如教义方[①]。

【注释】

①义方：义，法度；方，道理。

【译文】

爱护自己的体面，不如注重廉耻。求医用药，不如培养性情。结党营私，不如昭示信义。作威作福，不如诚恳笃实。过多的表白，不如谨慎小心。巧取声名，不如矫正心念。恣意于奢侈淫逸，不如从名教中自取其乐。广置田宅，不如给儿孙多积善存德。

【原典】

行己恭，责躬[①]厚，接众和，立心正，进道勇，择友以求益，改过以全身。

【注释】

①躬：身。

【译文】

行为恭敬谦虚，待人亲切宽厚，与人处事平和，心意公平正直，学圣贤之道勇于进取，择友要对自身有益，改过自新来完善自己的身心。

【跟进解读】

德才兼备是一种崇高境界。德才兼备的人为人恭敬谦逊，做事正直敦厚，交往的是志同道合的朋友，追求学问孜孜不倦，十年磨一剑。骄傲自满是失败的前兆，有可能成功的人士都败在一时的自以为是上。为人自满必定看不到自己的缺点，不能够很好地把握事态，任自己的性格行事，到最后只会落得功败垂成的结果。人常说“性格决定命运”，什么样的性格决定你成就多大的事业。向一个容器里灌水，如果太满了水就会溢出来。人也是一样，一个人太过于骄横霸道，必定会走向毁灭的结局。相反，为人谦虚，谨慎敬业，首先就赢得了胜利的契机，离成功也近了许多。

【原典】

敬为千圣授受真源，慎乃百年提撕紧钥[①]。

【注释】

①紧钥：关键。

【译文】

恭敬乃处事圆满的根源，谨慎方为百年警觉自身的关键。

【跟进解读】

“提撕”在此为教导、警觉的意思。《颜氏家训·序致篇》中有：“吾今所以复为此者，非敢轨物范世也，业以德齐门内，提撕子孙。”意思是说，现在我之所以要重新编写此书，并不敢要以此来规范世人的言行，只是用来整顿家风，提醒和教导子孙后代罢了。

人往往对自己要求松懈，对别人要求很严格。因为发现别人的缺点容易，发现自己的缺点难。好比没有镜子看不到自己的脸，到镜子跟前看自己就看得很清楚。因为看别人不用镜子也能看得全面看得清楚，看自己没有镜子，看得不全面也不清楚。自己的缺点都改不了，又有什么资格责备别人呢？因此当看到别人的错误时，要冷静客观，先自省然后再作决定，这才是明智之举。

【原典】

度量如海涵春育，应接如流水行云。操存如青天白日，威仪如丹凤祥麟。言论如敲金戛石，持身如玉洁冰清。襟抱如光风霁月，气概如乔岳泰山。

【译文】

度量要犹如大海一样能容纳一切，犹如春风一样滋润万物，待人接物犹如行云流水一样清白；情操犹如青天白日一样光明，威仪犹如丹凤呈祥；言论犹如敲金石一样响亮，持身犹如玉洁冰清一样纯洁；胸襟抱负犹如和风明月一样和蔼，气概犹如泰山一样崇高。

【跟进解读】

严于律己，宽以待人是为人处世的基本原则。度量要如大海般容纳一切，如春风般滋润万物，处事应当如行云流水般明朗。一个宽容的人，到处可以契机应缘，和谐圆满，笑对人生。宽容也是一种无声的教育，俗话说，以柔克刚。因为柔弱之人以宽容之心可以化解诸多矛盾与仇恨，以博大的胸怀容忍生活中的不平遭遇，胸襟抱负像和风明月般和蔼，气概像泰山般崇高，就可以赢取美好的人生。

【原典】

海阔从鱼跃，天高任鸟飞，非大丈夫不能有此度量！振衣千仞[①]冈，濯足万里流，非大丈夫不能有此气节！珠藏泽自媚，玉韫[②]山含辉，非大丈夫不能有此蕴藉！月到梧桐上，风来杨柳边，非大丈夫不能有此襟怀！

【注释】

①仞：古代以七尺或八尺为仞。

②韫：蕴。

【译文】

辽阔的大海任鱼儿畅游，高远广袤的天空任鸟儿翱翔，不是大丈夫不会拥有这般气量。在千尺高山上弹去衣服上的尘埃，在万里河流中清洗自己的脚，不是大丈夫不会拥有这种气节。珍珠藏于水底自会显露它的光彩，玉石置于山中自会彰显它的光辉，不是大丈夫不会拥有这种蕴涵。观赏梧桐树上的月亮，倾听风吹杨柳的声音，不是大丈夫不会拥有这种襟怀。

【原典】

处草野[①]之日，不可将此身看得小；居廊庙[②]之日，不可将此身看得大。

【注释】

①草野：指民间。

②廊庙：指朝廷。

【译文】

身处乡间野外时不要把自己看轻了，身处朝廷府第之中时也不要把自己看高了。

【跟进解读】

以上这句格言与范仲淹的“处庙堂之高则忧其民，处江湖之远则忧其君”有异曲同工之妙。当身处民间时切不可小瞧了自己，只要肯为百姓多做善事，多谋幸福，无论身份多低微都不会影响自己名垂千古，流芳百世。在朝廷之上为官从政，也不能自高自大，轻视百姓。如果不能为百姓排忧解难、秉公办事，而是利用手中权力为非作歹，徇私舞弊，即使地位再高也终会落下千古骂名。即使是皇帝，如果滥用权力，奢侈浪费，也会受到应有的惩罚，如果不听忠良之臣的劝谏，迟早会丢了江山，遭受亡国之君的耻辱。

【原典】

只一个俗念头，错做了一生人；只一双俗眼睛，错认了一生人。

【译文】

只因为一个庸俗的念头，一生所做的事就全部错了；只因为一双庸俗的眼睛，一生中就把敌人错当成朋友。

【原典】

心不妄念，身不妄动，口不妄言，君子所以存诚。内不欺己，外不欺人，上不欺天，居子所以慎独。不愧父母，不愧兄弟，不愧妻子，君子所以宜家。不负国家，不负生民，不负所学，君子所以用世。

【译文】

心中没有非分的念头，自身不做胡乱的动作，嘴上不胡言乱语，所以君子的一切言行都存诚信。对己不欺骗自己，对外不欺侮他人，对上不欺瞒君主，所以君子能做到谨慎独处。不愧对父母、兄弟、妻子、儿女，所以君子也就无愧于家人。不辜负国家重托，不辜负平民百姓的拥戴，不辜负所学的知识，所以君子一定能肩负起社会的重大责任。

【原典】

以性分言，无论父子兄弟，即天地万物，皆一体耳！何物非我？于此信得及，则心体廓然矣。以外物言，无论功名富贵，即四肢百骸，亦躯壳耳！何物是我？于此信得及，则世味淡然矣。

【译文】

就天性来说，无论父子兄弟还是天地万物，都是一体存在的，什么东西与我不同呢？能相信这一点的人，他的身心自然明朗。就身外之物来说，无论是功名利禄荣华富贵还是身体四肢，只不过是躯壳罢了，有什么东西是我们自身的呢？能够领悟得到，就会淡定安然处事。

【跟进解读】

人生在世，除了生存的欲望以外，人还有各种各样的欲望，自我实现就是其中之一。欲望在一定程度上是促进社会发展的动力，可是，欲望是无止境的，欲望太强烈，就会造成痛苦和不幸。宣化上人说："我们无论什么也不能贪，要知足，要能忍，但这个无上妙法，人人都把它忽略了，所以不争、不贪就能福寿无边，你要是争、贪、搅、扰，就罪孽不少，要想出离三界，也是无有是处的。"宣化上人把"贪念"看成是"招魔"的诱因，他说："在《金刚经》上说：'凡所有相，皆是虚妄，若见诸相非相，即见如来。'所以，参禅的人，不能执着境界的存在，更不要贪着神通。若有贪着，便会走火入魔。也不要贪着虚妄的名利，否则会入旁门左道，成为魔王的眷属，实在可怕之至！""不是说，我坐禅有所企图，贪着有个什么境界。如果有这种妄想，便会招魔来扰乱。""贪求名，就被火烧死，贪求利，就被水淹死，这是水火二灾。再贪求荣华富贵，就会死在风里。"

【原典】

有补于天地曰功，有关于世教曰名，有学问曰富，有廉耻曰贵，是谓功名富贵。无为曰道，无欲曰德，无习于鄙陋曰文，无近于暧昧曰章，是谓道德文章。

【译文】

对天地万物有所增益弥补称为功，对世道有所说教称为名，有学问称为富，有礼义知廉耻为贵，这就是所谓的功名富贵。无所求称为道，无所欲称为德，没有世俗的恶俗陋习称为文，处事有准则称为章，这就是所谓的道德文章。

【跟进解读】

要想知足常乐，不妨多学一些道家思想。道家提倡自然无为，提倡与自然和谐相处。如果追求自然无为，就不会为功名利禄这些身外之物所累，如果追求自然和谐，就会陶冶心情，心情就会恬静舒畅。心情好了，烦恼就会消失，就会感觉满足，就会实现知足常乐。平常人大多抱着一种不求有功、但求无过的处世态度，虽然这种观念有些消极，但确实可以让自己活得坦然自在。这样的人表面看似无功，其实他们的无过也是一种功劳。不学无术虽拥有无数的钱财可以满足物质上的需求，但无法填补精神上的空虚，只有勤奋读书虚心做学问，才可以使精神世界变得充实。

【原典】

困辱非忧，取困辱为忧；荣利非乐，忘荣利为乐。

【译文】

困难受辱不值得担忧，而自取困辱才值得担忧；荣华利禄不是快乐，忘记荣华利禄才是真正的快乐。

【原典】

热闹荣华之境，一过辄生凄凉；清真[1]冷淡之为，历久愈有意味。

【注释】

①清真：性情真挚纯洁。

【译文】

热闹华贵的生活过后肯定生出凄凉冷清的感觉。淡泊洒脱的行为越持久越令人回味无穷。

【原典】

心志要苦，意趣要乐，气度要宏，言动要谨。

【译文】

要有辛劳的心志，乐观的意志，宽宏的气度，谨慎的言行。

【跟进解读】

要想成就一番大事业，就要磨炼坚定的意志，坚强的毅力，宽广的胸襟，严格要求自己的行为举止。古人云：天将降大任与斯人也，必先苦其心志，劳其筋骨。拥有顽强而又百折不挠的意志是一个人成功的前提。乐观是面对人生的最好态度，塞翁失马，焉知非福？不经历风雨，又怎能看到炫丽的彩虹。人生的路不会总是一帆风顺的，但只要坚强不屈，虽然脚下的路崎岖不平，前途永远是光明的。宽宏大量体现的是一个人的胸怀气度，忍别人所不能忍，容别人所不能容，你就比别人高一筹，因为忍耐使你避免了许多麻烦，而宽容使你的襟怀变得更为开阔。小心谨慎的言行表现的是为人处世的一种方法，它并不代表遇事缩手缩脚，优柔寡断，而是深思熟虑后的胸有成竹。

【原典】

心术以光明笃实为第一，容貌以正大老成为第一，言语以简重真切为第一。

【译文】

用心最重要的是要光明诚实，外貌最关键的是要正直稳重，说话最重要的是要简洁诚恳。

【跟进解读】

人之初性本善，但人的性情随着环境的变化会有所改变。俗话说，近朱者赤，近墨者黑，可见环境对人品德影响之大。心术有正邪之分，能正直敦厚、坦然诚恳地运用，定会得到社会民众的认可和支持。如果心术不正，危害社会，必然会遭到抵制和打击。一个人外表显得正直稳重，定会给人留下良好的印象；如果举止轻浮，行为邋遢的话，就会被人认为缺少教养，从而让人产生厌恶之情。言辞是一个人道德修养的重要表现之一，如果言语简洁明了，而且和蔼可亲，定会给人留下良好的印象，如果说话吞吞吐吐或是故弄玄虚，必会让人怀疑是能力不够或是人品不可靠。

【原典】

勿吐无益身心之语，勿为无益身心之事，勿近无益身心之人，勿入无益身心之境，勿展无益身心之书。

【译文】

不说对自己身心不利的话，不做对自己身心不利的事，不交往对自己身心不利的人，不走进对自己身心不利的场所，不阅读对自己身心不利的书籍。

【原典】

此生不学一可惜，此日闲过二可惜，此身一败三可惜。

【译文】

人生有三件事最为可惜：第一是不学习，第二是虚度光阴，第三是败坏身心。

【跟进解读】

一个真正成功的人往往能长时间维持自己的成功，那么，他们的成功是靠什么维系下来的呢？细究起来固然有诸多因素，但是其中最耀眼的闪光点是成功者孜孜不倦的学习精神。对成功者而言，金钱不是他们最重要的财富，知识才是最可靠的财富，是唯一可以随身携带、终身享用不尽的资产。于是成功者会把学习视为一生的课题，通过不断地学习各个方面的知识来充实大脑。

犹太人在教育孩子时总是强调学习的重要性，他们会告诉孩子知识是无穷无尽的，只有不断地学习才能掌握更多的知识，使自己更博学、智慧，从而将知识转化成财富。

【原典】

君子胸中所常体，不是人情是天理；君子口中所常道，不是人伦是世教；君子身中所常行，不是规矩是准绳。

【译文】

君子心中常常体会到的不是人情而是天理，君子口中常常提到的不是人伦礼教而是世间法理，君子常坚持的行为准则不是规则而是行为所依据的准绳。

【原典】

休诿罪于气化[①]，一切责之人事；休过望于世间，一切求之我身。

【注释】

①气化：气运造化，即命运。

【译文】

不要把过错归咎于命运，应平息一切责难他人的事；不要过于期望他人的帮助，一切事情的解决应求助于自己。

【跟进解读】

为人处世，有付出才会有收获，付出几分努力就会有几分收获，无论结

果如何，都是由自己一手造成的，怨不得他人。做事最主要的还是要靠自己的力量，而不是只想着依靠他人的帮助，因为有些事是别人无法代替的，所以我们要养成自力更生的好习惯。

【原典】

自责之外，无胜人之术；自强之外，无上人之术。

【译文】

除了反省之外，没有能胜过他人的策略；除了自强不息之外，没有能超过他人的策略。

【跟进解读】

反省是一面镜子，帮你找出自己的不足；反省是好友的一句鼓励自己的话，鼓舞你不断前进；反省是前进的动力，推动我们走向成功。自责是反省的一种方式，自责对自身来说是一种警醒，一种认识错误后的悔过与改正，它能够使自身完善，提高道德修养与思想水平。自强不息代表着一种勇于攀登、不肯服输的奋斗精神，

唯有这种精神才可以激励自己去战胜困难，取得比他人更辉煌的成就。

【原典】

书有未曾经我读，事无不可对人言。

【译文】

有未曾阅读过的书，却没有不可以对他人讲的事情。

【原典】

闺门[①]之事可传，而后知君子之家法矣；近习[②]之人起敬，而后知君子之身法矣。

【注释】

①闺门：私室。

②近习：亲近。

【译文】

家中的事情可以向他人言传，然后才知道君子的家法是如何光明端正；对待周围的人恭敬谦逊，然后才能够了解君子的规矩与修养。

【原典】

门内罕闻嬉笑怒骂，其家范可知；座右遍陈善书格言，其志趣可想。

【译文】

几乎听不到家门中的嬉笑怒骂，就能知晓这家的家风；书房书桌满是座右铭和格言，就能想到此人的兴趣、志向。

【原典】

慎言动于妻子仆隶之间，检身心于食息起居之际。

【译文】

对待妻室子女和仆人，应该说话谨慎稳重；日常饮食起居生活中，要随时检点言行举止。

【原典】

语言间尽可积德，妻子间亦是修身。

【译文】

与人交谈时候都可以积德，与妻子儿女相处时也可以修身养性。

【跟进解读】

只要自己下决心修身养性，提高自己的涵养，就可以逐渐完善自身。在与别人交谈对话时都可以积累善德，在与妻子儿女相处的时候也可以修身。总的来说，提高自身修养是无处不在的。有修养的人与无修养的人是截然不同的两种人。同样是一件事，有人可以把它说得清晰透彻、鞭辟入里，而有的人说来则词不达意，让人不知所云；同样是赞美，有人说来让人心花怒放，而有人说来则使人如食蝇蚊，有恶心的感觉。同样是批评，有人说来可以使人心悦诚服，甚至感激涕零，而有人说来则会让人勃然大怒，甚或拳脚相向。所以说，言辞运用好了，就能积聚德行，运用不好，就会带来灾祸。

【原典】

昼验之妻子，以观其行之笃与否也；夜考之梦寐，以卜其志之定与否也。

【译文】

白天从妻子儿女的反应来检点自己的行为，来看其是否纯厚诚信；晚上可以考察睡梦，来推断其志向是否坚定。

【原典】

欲理会七尺，先理会方寸①；欲理会六合②，先理会一腔。

【注释】

①方寸：指人的心。

②六合：天地四方。泛指天下大事。

【译文】

想要端正自身的行为，首先要端正自己的内心；想要处理好天下大事，首先要处理好自身的小事。

【跟进解读】

古人云，欲正人者必先正己，己身不正何以正人？人们佩服的都是强者，确切地说是比自己强的人。作为领导者，一定要拥有值得属下佩服的本领或者品德。有些事情自己都做不到，却一味地强求别人去完成，这样只会失去人心，让人无法信服。只有自己做到了，我们才有资格向别人提出要求。一屋不扫，何以扫天下？连自己身边简单的事情都做不好，却一心想着成就大的事业，这无异于隔着梯子上楼，最终会摔伤了自己。

【原典】

世人以七尺为性命，君子以性命为七尺。

【译文】

世俗的人把自身身体视为性命，而君子则把万物的性命视为自身的身体。

【原典】

气象要高旷，不可疏狂。心思要缜密，不可琐屑。趣味要冲淡，不可枯寂。操守要严明，不可激烈。

【译文】

为人的气度要高大深远，不可以疏忽狂妄。心思要严谨周密，不可以琐碎。趣味要淡雅，不可索然无味。操守要严明，不可以过于激烈。

【原典】

聪明者戒太察，刚强者戒太暴，温良者戒无断。

【译文】

聪明的人不可过于明察，刚强的人不可过于暴躁，温和的人不可过于优柔寡断。

【跟进解读】

聪明的人有时过于精明算计，结果很可能会聪明反被聪明误。比如画蛇添足中的主人公不可谓不聪明，因为他最先画完了蛇，看到别人还在埋头画画，就想高人一等，便又想起为蛇画脚，结果失去了那壶酒。刚强的人正直勇敢，但性格有时过于鲁莽暴躁。比如三国名将张飞的死亡，与其暴躁过度的脾气有很大的关系。温和的人多慈祥仁义，但在遇事时易优柔寡断，瞻前顾后，不能果断行事，从而错失大好时机。真可谓：当断不断，反受其乱。

【原典】

勿施小惠伤大体，毋借公道遂私情。以情恕人，以理律己。

【译文】

不要因为给予小的恩惠而伤害到大的体面，不要借公道遂私情。要依人情道理宽恕他人，用道理约束自己。

【原典】

以恕己之心恕人则全交，以责人之心责己则寡过。

【译文】

用宽恕自己的想法宽恕别人，那么就会交到越来越多的知己好友，用责备他人的心责备自己，那么自己的过错就会减少。

【跟进解读】

生活中，能够严以律己，宽以待人，就会活得洒脱，就会拥有好人缘。有容人之量，方显君子之风，能包容自己的错误那是偏爱，是自私。能包容他人的错误，才是有度量，是宽容。宽容就要学会设身处地为他人着想，与人分享快乐分担痛苦，只有共同把蛋糕做大，才能分得更多的食物。人与人之间相处，就应该多一些宽容和谦让。在互不相让中争得你死我活，实在是人生的悲哀。

【原典】

力有所不能，圣人不以无可奈何者责人；心有所当尽，圣人不以无可奈何者自诿。

【译文】

尽力而为所不能够做到的事情，圣人是不会用无可奈何的事情去责备他人的；本该尽心但是没有尽到责任的地方，圣人是不会用无可奈何的道理来推托自己责任的。

【原典】

众恶必察，众好必察，易。自恶必察，自好必察，难。

【译文】

观察他人的好恶缺点就容易观察得到，但是观察自身的好恶缺点就难发现了。

【跟进解读】

金无足赤，人无完人。每个人都有优点也都存在缺点，所以要客观地看待他人，不能看别人只看缺点，看自己只看优点。应该严以律己，宽以待人，这样才能与人和睦相处。发现别人的缺点容易，发现自己的缺点难。评价他人能够详细具体，但公正地评价自己就困难了。路遥知马力，日久见人心。他人的好坏优劣，时间长了，总能通过日常生活中的一言一行表现出来。可对于自身来说，因个人的偏爱、纵容，甚至是包庇隐瞒，能够客观公正评价自我的人却是很少的。人贵有自知之明，一个不愿看清楚自己的人是难以进步的，是无法在世上立足的。

【原典】

见人不是，诸恶之根。见己不是，万善之门。

【译文】

眼里只看到别人的缺点看不到自己的毛病，这是万恶之源。眼里能看到自身的缺点，才是善良美德的根本。

【跟进解读】

庸人的眼光，看别人浑身是缺点，看自己全身是优点。而圣人恰恰相反，看别人力求发现别人的优点，看自己力求发现自身的缺点。圣人能够严以律己，宽以待人，这就是圣人的高明之处。大多数人只看到别人的过失，看不到自己的过错，这是为学之人的通病，也是制约自身不能突飞猛进的原因。只见他人短处，就无法虚心学习他人的长处，只见自身的长处，就无法改正自身的缺陷取得进步，这样又怎能使自己的学问德业更上一层楼呢？

【原典】

不为过三字，昧却多少良心；没奈何三字，抹却多少体面！

【译文】

“不为过”这三个字使多少人为此昧了良心；“没奈何”这三个字使多少人为此失去了体面。

【跟进解读】

人非圣贤，孰能无过，要学会正视自己的错误，敢于面对自己的过失，

敢于承担责任，亡羊补牢为时不晚。人可贵的是知错能改，这样才会吃一堑长一智，才会有进步。其实每个人都不愿意做错事、都不想犯错误，可是生活中很难避免错误，所以要正视错误，勇于面对，逃避是解决不了问题的。犯了错误，也不要惊慌失措，更不要隐藏，应该冷静地想想解决的方法。面对过失，有不少人是极力掩饰，甚至不择手段地嫁祸他人，这样虽然暂时逃避了责任，表面得到了他人的称赞，但是实际上是自己给自己的良心抹黑，暗中却使自己遭受良心上的谴责。爱慕虚荣，贪图好的名声，其实都是为了获取个人利益，这些虚伪的举动是无法欺骗世人的，即使能够瞒人一时，但不能够瞒人一世。

【原典】

品诣常看胜如我者，则愧耻自增；享用常看不如我者，则怨尤自泯。

【译文】

常常看修养品德胜过自己的人，那么惭愧耻辱油然而生；常常看物质享受不如自己的人，那么埋怨情绪自然消失。

【跟进解读】

“品诣常看胜如我者，则愧耻自增。”意思是经常看到修养品德胜过自己的人，就会增加羞耻愧疚之心。对人的学习工作事业有鞭策的作用，值得人好好品味。“享用常看不如我者，则怨尤自泯。”意思是经常看到物质生活不如自己的人，埋怨之意自然就会消失。保持心安理得的心理状态，对于贪婪的人有遏制的作用。近朱者赤，近墨者黑。经常与道德高尚的人接触，定能提高自己的修养，经常与鸡鸣狗盗之人为伍，也必会沾染许多不良习气。与品德高尚之人相处，让我们看到自身的不足时会心生羞愧之感，从而使自己立志上进，追赶强者。当对生活不满足的时候，就要体味一番贫穷人的生活，从而使自己珍惜来之不易的幸福生活。

【原典】

家坐无聊，当思食力担夫红尘赤日。官阶不达，尚有高才秀士白首青矜[1]。

【注释】

①青衿：代称学子。

【译文】

家中闲坐无聊的时候，不妨冷静思考一下，有人为了自己的生计而在烈日暴晒下忙碌。做官不能飞黄腾达的时候，要想到还有很多怀才不遇的秀才白了头依然是平民百姓。

【原典】

将啼饥者比，则得饱自乐；将号寒者比，则得暖自乐；将劳役者比，则优闲自乐；将疾病者比，则康健自乐；将祸患者比，则平安自乐；将死亡者比，则生存自乐。

【译文】

与饥饿难耐的人相比，那么能解决温饱的人是快乐的；与忍受寒冷的人相比，那么能得到温暖的人是快乐的；与干苦力活的人相比，那么悠闲的人是快乐的；与身患疾病的人相比，那么健康的人是快乐的；与遭遇灾祸的人相比，那么平安的人是快乐的；与死亡的人相比，那么生存的人是快乐的。

【跟进解读】

人心不足蛇吞象，人要学会知足，这样才会幸福快乐。要学会控制贪欲，贪得无厌的人得到的多，失去的也多，到头来只是竹篮子打水一场空。知足是人生中最大的快乐，它可以让你年轻，也可以让你幸福，更重要的是，能让你心胸宽广。以上都是养生之法，说的就是如何知足常乐。在现实生活中，如果我们不去与人攀比，不去一心谋算职位的升迁，不那么过分地计较得与失、付出与回报，那么幸福就会围绕在你身边。只要放宽心昂首向前走，幸福就会一直跟着你。

【原典】

常思终天抱恨，自不得不尽孝心。常思度日艰难，自不得不节费用。常思人命脆薄，自不得不惜精神。常思世态炎凉，自不得不奋志气。常思法网难漏，自不得不戒非为。常思身命易倾，自不得不忍气性。

【译文】

常想到会遗憾终生，就不得不尽孝心。常想到度日的艰辛，就不得不节省费用。常想到人的生命脆弱，就不得不珍惜心神。常想到世态炎凉，就不得不立志奋发自强不息。常想到法网恢恢、疏而不漏，就不得不禁忌自己胡作非为。常想到生命容易逝去，就不得不忍气耐性。

【跟进解读】

人生活在这个世上，都想过得幸福快乐自在，为了这一目标的实现不懈地努力，当然也会遇到许多的烦恼和困惑，需要我们去面对和思考。

如果你不去思考到底什么是最需要的生活，最想要做的事，那么你也不可能付诸行动。真正的问题就是有没有时间去思考一下想过什么生活，想做什么事，假如有了这样一个思考，你的人生或许就会变得不一样。当一个人学会了思考，他的思想才会变得深邃，才能让他触摸到生活中坚实的部分，才能让他开始一种真正的生活，才能让他走向成熟。

【原典】

以媚[①]字奉亲，以淡字交友，以苟字省费，以拙字免劳，以聋字止谤，以盲字远色，以吝字防口，以病字医淫，以贪字读书，以疑字穷理，以刻字责己，以迂字守礼，以狠字立志，以傲字植骨，以痴字救贫，以空字解忧，以弱字御侮，以悔字改过，以懒字抑奔竞风，以惰字屏尘俗事。

【注释】

①媚：爱。

【译文】

用“媚”字赡养亲人父母，用淡泊之心结交朋友，用“苟”字节约花费，用补拙免去劳苦，用“聋”字消除诽谤，用“盲”字远离美色，用“吝”字戒防言语过多，用“病”字治疗淫欲。用“贪”字勤奋读书，用“疑”字追究事理，用苛刻责备自身，用“迂”字遵循礼仪，用“狠”字树立志向，用“傲”字树立风骨，用“痴”字救济贫穷，用“空”字解脱烦恼，用“弱”字防御侮辱，用“悔”字改正过失，用“懒”字抑制奔走竞争，以“惰”字消除凡人庸俗之事。

【原典】

对失意人，莫谈得意事；处得意日，莫忘失意时。

【译文】

对失意的人不要谈论春风得意的事，处于得意的时候也不要忘记失意的日子。

【跟进解读】

打人不打脸，说话不揭短，是与人和睦相处的方法，一定要牢牢谨记。面对失意的人谈论自己得意的事情，只会增加对方的伤心，还会引起对方的反感。得

意的时候不能忘形，得意时不忘乎所以，不被眼前一时的喜悦冲昏头脑，而是能够始终保持冷静清醒的头脑，就会减少犯错。不忘曾经所遇的苦难，懂得失意打击是人生必须要经历的事情。时常提醒自己要居安思危，心存忧患意识，这样才会时刻督促自己谨慎行事，从而使事业通达顺畅。

【原典】

贫贱是苦境，能善处者自乐；富贵是乐境，不善处者更苦。

【译文】

贫贱是一种苦难的境界，如果能够正确对待便会自得其乐；富贵是一种快乐的境地，如果不能很好地对待也会乐极生悲。

【跟进解读】

身处幸福生活之中，说自己活得很快乐，这是天经地义的事，因为幸福是人人都向往的，是人生中最大的梦想。如果生活贫穷卑贱，那又当如何呢？是沉沦颓废，还是苦中作乐？这就完全取决于人的心态了。悲观之人想到的是再无出头之日，于是便得过且过，失去了上进的动力。而乐观之人想到的是车到山前必有路，只要自己能忍一时之苦，将来必能出人头地。越王勾践卧薪尝胆，忍辱负屈，为越国增强国力赢得了宝贵时间，最终报仇雪耻，实现了越国的独立强大。

【原典】

恩里由来生害，故快意时须早回头；败后或反成功，故拂心[①]处莫便放手。

【注释】

①拂心：不顺心。拂，逆。

【译文】

恩泽之中容易生出怨恨祸害，所以高兴得意的时候须及早回头；失败后有可能转向成功，所以不顺心的时候切记不可轻易放手。

【跟进解读】

“败后或反成功，故拂心处莫便放手。”告诉人们该如何对待失败。因为“败后或反成功”，所以不论失败与否，我们都应该用乐观的心态去对待。既然你失败了，那说明你还需要继续努力，需要继续地完善强化自己的羽翼，这样你才能够踏着失败的垫脚石走向成功。还有就是以后面对失败时，要在失败的过程中去探索成功的模式，因为你不失败你也不会发现成功的路上需要注意什么，所以永远记着失败并不可怕，怕失败才最可怕。

【原典】

深沉厚重，是第一等资质。磊落雄豪，是第二等资质。聪明才辩，是第三等资质。

【译文】

深沉稳重，忠信笃行，是最好的品质。光明磊落，豪迈雄健，是二等的资质。聪明伶俐，雄才多辩，是三等的资质。

【跟进解读】

为人、处世、才能，三者的重要性各有不同。为人是一门很深的学问，做人沉稳老练，忠厚诚实，即使才能一般，依然能够得到众人的认可与信任，因为人品是成事的最好保证。做事果断利落，有胆有识，性情豪迈奔放，这样的人办事效率高，不仅深得领导器重，还能让下属佩服。还有一类人聪明绝顶，才思敏捷，雄才善辩，但是往往并不被他人看好，因为说与做是两码事，能言善辩再加上争强好胜，就是锋芒毕露，会伤人的感情。更何况过于精明之人往往会被精明束缚自己的手脚，结果很可能是聪明反被聪明误。

【原典】

上士忘名，中士立名，下士窃名①。上士闭心，中士闭口，下士闭门。

【注释】

①上士、中士、下士：官名，周朝官制。

【译文】

上等的士人能够忘记名誉，中等的士人能够建立名誉，下等的士人则窃取名誉。对于繁杂之事，上等的士人心中无欲无求，中等的士人则保持沉默不语，下等的士人则闭门不出。

【跟进解读】

心是人行为处世的根本，心到才会意到，意到而后支配自身的行动。佛教教义讲求的就是不立文字、直指人心。通过对心性的观察，便能得出士人自身修养的高低。上等士人心清性明，不为外物所扰，在他们心中世间万物没有区别，对名誉这虚无缥缈的东西更不会记在心上。那些对荣华富贵有牵挂的人，则极力追求功名利禄，还有一些人甚至采取卑鄙的手段去窃取，即使得到了一时想要的名誉，但失去的却是道德与人品，最终只会臭名昭著。

【原典】

好讦①人者身必危，自甘为愚，适成其保身之智；好自夸者人多笑，自舞②其智，适见其欺人之愚。

【注释】

①讦（jié）：揭发别人的隐私。

②舞：舞弄、玩弄。

【译文】

喜欢攻击诽谤他人的人必遭祸患，大智若愚恰恰是保全自身的智慧；喜欢自夸的人多遭人嗤笑，自以为智慧的人恰恰表现出他自欺欺人的愚蠢。

【原典】

闲暇出于精勤，恬适出于祗惧。无思出于能虑，大胆出于小心。

【译文】

悠闲从勤劳中得来，安逸舒适从小心谨慎中得来。无忧无虑源于善于思考，果敢有为来自小心翼翼。

【原典】

平康之中，有险阻焉。衽席[①]之内，有鸩毒焉。衣食之间，有祸败焉。

【注释】

①衽（rèn）席：卧席，引申为睡觉的地方。

【译文】

平静安康中往往掩藏着危难险阻，床褥卧席之上也可能有剧毒，衣食住行这样的小事，也有可能造成意想不到的祸害。

【跟进解读】

在《庄子·达生》中有："人之所取畏者，衽席之上，饮食之间，而不知为之戒者，过也。"生活中的祸患，往往不是因为自己的能力不够或者意识不强造成的，关键还是因粗心大意造成的。圣贤之士，往往注重自身的修养，无论多么细微的事情都不放松，所以才能始终洁身自好，不犯过失。要想提高自己的修养一定要"勿以恶小而为之，勿以善小而不为"，道德的提高也是一点一滴积累起来的。

【原典】

居安虑危，处治思乱。

【译文】

身处安逸的生活中要考虑到危险随时有可能到来，身处治世的时候要考虑到祸乱随时有可能发生。

【跟进解读】

在红尘中摸爬滚打多年的人，常常希望获得一份安逸的生活，却容易忘记“居安思危”的道理。

洪水未到先筑堤，豺狼未来先磨刀。如果沉溺于安乐，没有危机意识，一定会意志消沉，懒惰放逸，缺乏警觉性，智慧及能力就会日益减损。当危险急难来临之际，就会措手不及，惊慌失措，不知如何处理。正如孟子所说：“生于忧患，死于安乐。”我们会因为安乐的环境而失去忧患意识。

避免的方法就是：“居安虑危，处治思乱。”思则有备，有备无患。从小处说，个人能够身安心和；从大处说，国家安定。每个人都向往安逸的生活，经过长途跋涉，短暂的安逸生活可以使我们得到休息和宁静。但是长期的安逸则会磨灭人的理想，摧毁人的斗志，最终毁掉其一生。一开始就选择享受的人和一开始就执着奔波、千锤百炼的人，最后的结局往往是后者成了珍品，前者成了废料。

【原典】

天下之势，以渐而成；天下之事，以积而固。

【译文】

天下太平盛世或动荡不安的局势，是逐渐形成的；天下的所有大事，都是由从点点滴滴的小事积累而成的。

【跟进解读】

荀子曾说：“不积跬步，无以至千里；不积小流，无以成江海。骐骥一跃，不能十步，驽马十驾，功在不舍。”意思是不积累一步半步的行程，就没有办法到达千里之远；不积累细小的流水，就没有办法汇成江河大海。骏马一个跨跃，也不足十步远；劣马拉车走十天也能走得很远，它的成功就在于不停地走。告诉人们做事防微才可杜渐，只有严格防止小过错的产生，才能保证自己将来少犯错误，不犯大过失。回顾历代帝王的兴衰荣辱，无一不与“积渐”二字有着密切的联系。君子对自身小的过失都不放松检点，而是谨慎小心地对待，以防因小失大，这样才会学有所成，事有所就。所以说，做事不从一点一滴做起，就不可能成就大事业。

【原典】

祸到休愁，也要会救；福来休喜，也要会受。

【译文】

遭遇祸患不要发愁，关键是要学会积极补救；遇到幸福不要窃喜，关键是要学会尽情享受。

【跟进解读】

面对不幸的遭遇和意外的好运，都要冷静对待。遭遇祸患的时候不要一味地怨声载道、愁眉不展，更不能借酒消愁、自暴自弃，对生活失去信心。而是应该挺起胸膛坚强地面对，沉着冷静地想办法解决，相信自己一定能够战胜前进道路上的一切困难。面对好运降临的时候也不要沾沾自喜、得意忘形，更不能滋生骄傲卖弄之心，只有安危处之，珍惜福分，才会使福泽恩禄保持长久。

【原典】

天欲祸人，先以微福骄之；天欲福人，先以微祸儆之。

【译文】

上天要使一个人遭受灾祸，必先给他一点小小的恩泽使他骄傲。上天要想使人幸福，先要给他一点小小的灾祸告诫他。

【跟进解读】

生命本来就是不能被安排的。人生的际遇也许像朝阳一样可喜，像绵羊一样可亲，也许像恶魔一样恐怖。你万万想不到会一下子时运不济，处处遭遇打击，有时厄运如同车轮，在你的头上若无其事地轧过。

生活中的种种遗憾和不幸是不能绝对避免的，但是，当我们不得不面对

残酷的命运时，只要你心里充满阳光，所有流汗淌泪的日子也会灿烂如花，种种苦涩都会化为唇边云淡风轻的一抹微笑。我们要用自己的坚强守住生命的永远鲜活，即使孤苦凄然也要昂起不屈的头颅。抱着十分虔诚美好的信念，守着一颗淡泊宁静的心，才能找到心灵栖息的家园。

【原典】

傲慢之人骤得通显，天将重刑之也；疏放之人艰于进取，天将曲赦之也。

【译文】

傲慢的人突显富贵，上天将会重重地惩罚他；疏忽放纵的人能迷途知返，勇于进取，上天也会赦免他的过失。

【跟进解读】

人生短暂，因此一定要珍惜时光，勤奋刻苦修身修德，与时俱进。俗话说，善有善报，恶有恶报，不是不报，时候未到。任何事情都是有因果关系的，做好事就会得到人们的尊重，做坏事就会得到应有的惩罚。不劳而获是一种不公平，暂时会得到一点好处，但是从长远看他必将损失得更多。守株待兔的愚夫虽然意外白捡了一条撞死在树上的兔子，但他失去的却是一年的收成。亡羊补牢，犹未晚也。人生中错误是难免的，关键是要看如何对待错误，如能及时改正，就会使大事化小，小事化了。如果不知悔改，一意孤行，必将因小失大，遗憾终生。

【原典】

小人亦有坦荡荡处，无忌惮是也；君子亦有长戚戚处，终身之忧是也。

【译文】

小人也有心胸坦荡的时候，正在于他无所忌讳和肆意妄为。君子也有忧虑不安的时候，正是因为他们有忧国忧民的意识。

【原典】

水，君子也。其性冲[①]，其质白，其味淡。其为用也，可以浣不洁者而使洁。即沸汤中投以油，亦自分别而不相混，诚哉君子也。油，小人也。其性滑，其质腻，其味浓。其为用也，可以污洁者而使不洁。倘滚油中投以水，必至激搏而不相容，诚哉小人也。

【注释】

①冲：虚。

【译文】

君子像水，性情谦虚冲淡，本质洁白，味清淡。它的用途是可以使不干净的东西变得干净。即使在滚烫的热水中放入油，二者依然不会混淆，这就是君子的本性所在。小人像油，性情狡猾，本质油腻，味浓重。它可以使干净的东西变得肮脏，如果在滚烫的油中放入水，二者必然会激烈排斥而无法兼容，这就是小人的本性所在。

【跟进解读】

终日勤奋的人，并不少见；自立勤奋的人，则是极少的。漫漫人生，大

概喜欢享受的人总是多过学习劳动的人。在《论语》里，有文质不可偏执一方的辨正。在寺院里，也有“一日不作，一日不食”的门规，其用意深远，而绝非很多人认为的只是满足人生在世的衣食住行，生活上的一些用度。一个真正严于律己的君子，是文质双全、福慧双修的。忘却学习劳动，就是忽略了生活中的进取。君子要德才兼修。好高骛远，只空谈品格，不注重于处世的才能，于己难免无用，后果是不能自给自足。虽然学习了才能，但是不注重品格的修养，以才自傲，于人难免无用，后果是徒有才学，独生独死。有识之士应多学习君子的品行，来提高自己的德才。

【原典】

凡阳必刚，刚必明，明则易知。凡阴必柔，柔必暗，暗则难测。

【译文】

凡属阳性的事物必然刚强，刚强就一定光明，光明就容易让人明白。凡属阴性的事物必然隐秘，隐秘就难以让人看清，难以预测其后的变化。

【跟进解读】

君子和小人不能简单地从外表识别，唯有通过他们的为人处世来判断。君子一般心地宽厚，心宽就会光明，小人一般心胸狭窄，狭隘就会隐晦。君子与小人在这两方面是正好相反的，这就是古代圣人在《易经》中用阳来形容君子、用阴来形容小人的原因。在生活中观察现实中的人，为人光明正大，通情达理，做事干脆利落，深得人心者，必是君子的行为。为人虚伪狡诈，阿谀奉承，做事圆滑世故，让人难以捉摸者，多是小人的行为。

【原典】

称人以颜子，无不悦者，忘其贫贱而夭。指人以盗跖，无不怒者，忘其富贵而寿。

【译文】

称人为颜子，没有不高兴的，虽然颜回是个贫贱早逝的人。称人为盗跖，没有不愤怒的，虽然盗跖是个发不义之财而且长寿的人。

【跟进解读】

盗跖是古代的一名盗贼，后来泛指偷窃的人。虽然盗跖一生凭借不义之财生活得很安逸，而且还是个长寿的人，因为偷盗这一恶名而使其遭受后人的唾弃。所以，世上的君子宁愿如颜回那样贫贱一生，也不愿像盗跖那样因不义之财留下千古骂名。

【原典】

事事难上难，举足常虞失坠；件件想一想，浑身都是过差。

【译文】

凡事都有困难的地方，所以应考虑周详，行动上要顾虑缺失，凡事多思多想，便会发现到处都有差错。

【跟进解读】

生活不是一帆风顺的，做任何事情之前都要考虑周全，才能减少失误。为人处世，困难在所难免，如果能够事先防范，做好应对准备，很可能就会迎刃而解，即使有过失，我们也应尽可能把过失降到最低点。有些事情虽然达到了预期的目的，但回头审视自己的所作所为，也会发现有许多不当之处，如果能够将这些环节都处理好，我们便会做得更加完美。

【原典】

怒宜实力消融，过要细心检点。

【译文】

有愤怒的情绪要及时消除，有过错的言辞要细心检讨。

【跟进解读】

愤怒是一种冲动的海啸般的情绪。众所周知，欢乐使人身心健康，而愤怒会损害身心健康。产生愤怒的原因是多方面的，例如烦恼、刺激、仇恨、嫉妒等。俗话说，怒从心头起，恶向胆边生。愤怒是把火焰，在烧伤别人的同时，也会灼伤自己。过错是身上的毒瘤，只有时常检查自身，有病早医治，才会健康长寿。如果自身的错误得不到及时改正，任其泛滥下去，将来带给

我们的很可能是生命的威胁。

【原典】

探理宜柔，优游[①]涵泳[②]，始可以自得；决欲宜刚，勇猛奋迅，始可以自新。

【注释】

①优游：悠闲自得的样子。

②涵泳：沉溺，指潜心。

【译文】

探讨事理方法要循序渐进，细细品味参悟才会心有所得；断决欲望要果断坚决，做事勇猛迅速，才能有所创新。

【跟进解读】

探求事理，要有一个从低到高、由浅入深的过程，就如同建设高楼大厦，总要从第一层做起，这样才会打下坚实的基础，俗话说，胖子是一口一口吃出来的。如果总想一口吃个胖子，总想瞬间便有突飞猛进的发展，势必会欲速则不达。

【原典】

惩忿窒欲，其象为损，得力在一忍字；迁善改过，其象为益，得力在一悔字。

【译文】

控制恼怒的情绪，抑制庸俗的念头，卦象上为“损”，关键在于一个

“忍”字；弃恶从善，卦象上为“益”，关键在于一个“悔”字。

【跟进解读】

懂得忍让和悔过是一个人必须有的素养。

在人的一生中往往会有许多磨难，不论是谁，最好的选择就是暂且忍耐。忍是气度，是一种传统美德，学会“忍耐”是人生的必修课。在我们身处逆境，甚至被人嘲笑的时候，我们会选择什么？前人告诉我们，静静地忍耐吧，在忍耐中丰满理想和砥砺斗志。苦心人天不负，卧薪尝胆，三千越甲可吞吴。

“悔过”的内涵就是不断打开心结，从潜意识中消除过去所生出的种种心结，从而解除思想的压力和羁绊。懂得悔过的人才能自我反省，才能从反省中获得进步。

【原典】

富贵如传舍[①]，惟谨慎可得久居；贫贱如敝衣，惟勤俭可以脱卸。

【注释】

①传舍：驿舍、客舍。

【译文】

富贵犹如投宿旅店，只有小心谨慎才可以久居；贫贱犹如破旧的衣服，只有勤劳节俭才能脱掉。

【跟进解读】

生活中有幸福有苦难。选择什么样的生活，都由自己决定。要想过上舒适幸福的生活，就要勤劳能干，细心谨慎。好吃懒做就会一辈子吃苦受罪，永远不会有舒适的时候。谨慎细心的人，即使鬼神也找不到可以侵犯的间隙，这便是圣贤之人成就大学问的关键。勤劳与节俭是持家生存的根本，不勤劳就会收获少，收获少但花费不少，就会使财物匮乏，财物匮乏就会采用一些苟取之法，甚至会导致犯罪。身为一家之主，如果不能成为妻子儿女勤俭的表率，而使家人趋于奢侈懒惰，这无异于自取灭亡，自绝生路。平时多想想这些，激励自己做个勤劳节俭的人。

【原典】

俭则约，约则百善俱兴；侈则肆，肆则百恶俱纵。

【译文】

勤俭就会有约束，有了约束就会去做各种好事；奢侈就会导致放纵，放纵就会使各种坏事泛滥成灾。

【跟进解读】

在生活中如果你能经常节俭，直到成为你的第二天性，你就会在人生中收到意想不到的效果。

曾国藩常以“勤俭”二字谆谆训诫后人，也以“勤俭”二字孜孜严律自己。他终身生活清淡，素汤寡水。他说：“我做官二十年，不敢沾染官宦习气，吃饭住宿，一向恪守朴素的家风，俭约可以，略略丰盛也可以，过多的丰盛我是不敢也是不愿的。”他布衣粗食，吃饭，每餐仅一荤，非客至，不增一荤。他当了大学士后仍然坚持如此，故时人美其名曰“一品宰相”。“一品”即“一荤”。

欲望永无止境，过强过多，就会造成痛苦和不幸，这种例子屡见不鲜。因此，我们应该尽力克制自己的欲望，培养清心寡欲、知足常乐的生活态度。要正当地获得利益、正当地赢得名誉。

【原典】

奢者富不足，俭者贫有余；奢者心常贫，俭者心常富。

【译文】

奢侈的人即便富裕也感到不满足，勤俭的人即便贫困也有所余藏；奢侈的人心里常常感到贫困，贫穷的人心里常常感到富足。

【跟进解读】

人的需求分为三类，首先是生活需求，例如食和衣，如果不能满足，便会导致痛苦，这类需求在当今社会容易得到满足。第二类需求虽然合乎自然，但并非必要，例如我们所追求的声乐之乐。第三类需求既非自然也非必要，这些需求包括讲究排场、攀比和炫耀，这是没完没了的，是难以满足的。奢侈之人从来不会感到满足。

【原典】

贪饕以招辱，不若俭而守廉。干[1]请以犯义，不若俭而全节。侵牟[2]以聚怨，不若俭而养心。放肆以遂欲，不若俭而安性。

【注释】

①干：求取。

②侵牟：掠夺。

【译文】

贪得无厌容易招致耻辱，不如勤俭而坚守廉洁之风。寻求功名而冒犯节义，不如勤俭而保全节义。巧取豪夺容易积怨，不如勤俭而培养心性。放纵自己而满足欲望，不如勤俭而安定性情。

【跟进解读】

贪得无厌，便会极力追求，不择手段，永无止境，结果必将损害到他人利益，招来祸端。

唯有勤俭节约才能赢得他人的尊重和认可，留下廉洁美名。自小环境美好的人，一般都对未来谨慎小心，与那些突然暴富的人相比较为节俭。这似乎是说，贫穷从远处看来并不是那么可怕。真正的答案却是：生来就有钱的人，已经把钱等同空气，没有它不能生存呼吸；他牢牢地看着钱，像保护生命一样，为人小心谨慎而勤俭节约。

【原典】

静坐然后知平日之气浮；守默然后知平日之言躁；省事然后知平日之心忙；闭户然后知平日之交滥；寡欲然后知平日之病多；近情然后知平日之念刻。

【译文】

静坐的时候才明白平时的心浮气躁，独自沉默不语的时候才明白平时暴躁多语，反省自身才明白平时心情过于忙乱，闭门谢客才明白平时交友过于泛滥，减少欲望才明白平时欲望过多的毛病，亲近人情才明白平时为人处世的苛刻。

【原典】

无病之身，不知其乐也，病生始知无病之乐。无事之家，不知其福也，事至始知无事之福。

【译文】

身体没有疾病痛苦折磨的时候感受不到快乐，等到生病卧床的时候才明白无病无灾的快乐。家中平安无事的时候感受不到生活的快乐，等到灾难降临时候才体会到平安无事的快乐。

【跟进解读】

一般的人，都是身在福中不知福，所以让快乐溜走了。要学会身在福中而知福，才会知足常乐。不经历挫折所取得的成就，在脑海中留下的印象是平淡无奇、索然无味的，只有历经磨难后的成功，才会让人记忆深刻，永生难忘。想要体味生活中的快乐，首先就要品尝生活带给我们的诸多滋味，不管是悲欢离合，还是酸甜苦辣，都要铭记于心，当尝遍了生活的诸多滋味后，我们才会辨别出什么是快乐，什么是甜蜜，才会真正感受生活的幸福和快乐。

【原典】

欲心正炽时，一念着病，兴似寒冰；利心正炽时，一想到死，味同嚼蜡。

【译文】

欲望的心正处于旺盛的时候，一想到能引起疾病，情致便会像寒冷的冰霜；利益的心正处于旺盛的时候，一想到死亡，味道便会像嚼蜡索然无味。

【跟进解读】

人心不足蛇吞象。苦，那是因为有欲望。如果你不求，何来苦？你无欲无求，心无所念，自然就没有苦了。当心胸被欲望之火填充时，扑灭火焰的最好方法便是从思想上根除。想到因病卧床时的痛苦，怎能顾及欲望的诱惑呢？想到身死之后所拥有的一切都将化为乌有，那些追逐到的功名利禄又有什么意义呢？与生命相比简直微不足道。

【原典】

有一乐境界，即有一不乐者相对待；有一好光景，便有一不好的相乘除。

【译文】

有快乐的境界出现，就有不快乐的方面与其相对立；有一处优美风景的出现，就有一处不好的风景与之相抵销。

【跟进解读】

人生得意如沐春风，如逢艳阳。人活着都希望自己永远得意而不失意。因为人生得意常常给人带来物质上的丰富，精神上的满足。但人生总得意就感觉不到得意的快感，人的意志因此而变得脆弱，更主要的是容易使人陷入误区，看不到旅途的坎坷。平日生活中的粗茶淡饭才是我们生命中最美好、最实在的风光。生活中有一些不如意的地方反倒是好事，这样才会使人有了对完美生活的不懈追求，才会使我们变得坚强起来。如果事事都顺心如意的话，一旦产生不如意的事，脆弱的意志可能会让我们更痛苦。

【原典】

事不可做尽，言不可道尽，势不可倚尽，福不可享尽。

【译文】

事情不能做过了头，说话不要一点余地不留，不要完全依靠权势做事，有福也不能享尽。

【跟进解读】

凡事都要留有余地。邵雍有诗云："美酒饮教微醉后，好花看到半开时。"喝酒如果喝到烂醉如泥、不省人事的地步，又怎能品尝到美酒的味道和微醉的情趣呢？繁花似锦，最美的赏花时节当在含苞欲放时，此时看到的是希望，给人无限遐想的空间。如果盛开之时观赏，接下来看到的便是凋落，必会给人一丝伤感。平日生活中的说话做事也是如此，如果说话过了头，一点余地也不留，往往会使自己无路可退，最好还是留些情面、留条后路。总之，凡事不可做绝，要留有余地；凡事也无法做绝，因为事物层出不穷；凡事不必做绝，也没有必要做绝，有些事留给后人去做。

【原典】

不可吃尽，不可穿尽，不可说尽；又要洞得，又要做得，又要耐得。

【译文】

吃饭不可全部吃完，穿衣不可全部穿完，说话时要留有余地；处事不但要洞悉事理，还要做得得体，遇逆境要忍耐得住。

【跟进解读】

做事情要留有余地。吃饭也要掌握好量，如果因为好吃而贪吃，就会憋得慌。穿衣服，穿暖和穿得体即可，切不可贪图荣华，披金戴银，也许因此招来祸端。说话更要掌握分寸，说出去的话泼出去的水，切记祸从口出。做其他事情也是如此，事业的成功往往在于比别人多看半拍，多走半步。一些人总希望自己能够长命百岁，整天担心自己会离开人世，一些企业家总希望能够把事业持续到永远。但事实却并非如此，人总有一天会死去，企业经营不善也会破产，没有做好撤退的准备就开始创业是一件非常冒险的事。无论是在个人生活中，还是开创事业，最好还是给自己留有后路，不可竭尽全力追求想象中的完美。

【原典】

难消之味休食，难得之物休蓄。难酬之恩休受，难久之友休交。难再之时休失，难守之财休积。难雪之谤休辩，难释之忿休较。

【译文】

难以消化的食物不要贪吃，难以获得的财物不要储蓄，难以报答的恩惠不要接受，难以长久相处的朋友不要交往，难以再现的时光不要失去，难以守住的财产不要积聚，难以辩明的诽谤不要争辩，难以消除的愤怒不要计较。

【跟进解读】

生活中要学会选择，懂得放弃，跳出烦恼。换个角度看待问题，心情就会豁然开朗，摆脱烦恼的困扰。这里所说的放弃并不是一味地丢弃，而是有选择、有目的、有条件地放弃。对于小人的诽镑，在我们没有掌握确凿的证据前就针锋相对地与其争辩，这样很可能使自己陷入被动，显得理屈词穷，倒不如静观其变，等到有可乘之机时再澄清自己。古人云：塞翁失马，焉知非福。选择是量力而行的睿智和远见，放弃是顾全大局的果断和胆识，人生如戏，每个人都是自己生命的唯一的导演，只有学会选择和放弃的人才能彻悟人生，笑看人生，拥有海阔天空的人生境界。

【原典】

饭休不嚼便咽，路休不看便走，话休不想便说，事休不思便做，衣休不慎便脱，财休不审便取，气休不忍便动，友休不择便交。

【译文】

吃饭不能不嚼就咽，走路不能不看便走，说话不能不考虑就信口而说，做事不能不考虑就付诸行动，衣服不能因不小心就脱掉，钱财不能随便据为

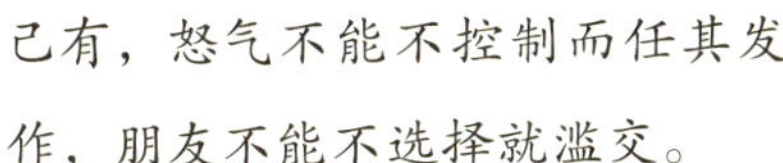

己有，怒气不能不控制而任其发作，朋友不能不选择就滥交。

【跟进解读】

聪明的人一般事先就已经考虑清楚事情的结果，然后才去做。做什么事情都应该有所准备，考虑周全，做起来才会心中有数，才能防患于未然。很多人总是埋怨没有成功的机会，其实是因为他们没有发现机会的眼光，没有为迈向成功做好准备。机会总是存在的，它往往就在你周围，只要你善于捕捉。在成功的道路上，如果你没有耐心去等待，没有做好迎接成功到来的准备，那么，只好用一生的耐心去面对失败了，因为机会总是青睐那些有准备的人。

【原典】

为善如负重登山，志虽已确，而力犹恐不及；为恶如乘骏走坂，鞭虽不加，而足不禁其前。

【译文】

做善事就犹如负重登山，志向虽然确定，但是总是担心力量不够不能坚持下来；做恶事就犹如骑马下山，虽然没有快马加鞭，但是想停止也难以控制。

【原典】

防欲如挽逆水之舟，才歇手，便下流；力行如缘无枝之树，才住脚，便下坠。

【译文】

谨慎防止欲念就如同牵拉逆水之舟，一旦停下手来，就会往后倒退；着力行善就如同攀缘一棵无枝节的树，一旦停下来脚来，便会往下坠落。

【跟进解读】

人生要学会奋斗，更要懂得学会放弃欲望。人的生命是有限的，欲望是无限的。大千世界，金钱、地位、美女无不引诱人、腐蚀人。如果对所有的一切都产生欲望而不学会放弃，那么背在自己身上的负荷就会越来越重，当它超出自身承受能力时，就会被欲望压倒，失去做人的机会。胸中的私心杂念多是因外物的诱惑而产生的，想要扑灭胸中的欲火，首先就要斩断内心对外物的贪恋。人们行善更多是出自道德的规范和个人自愿，有些人在看到行善后却得不到回报时，往往放弃了行善的念头。因此，能够坚持一辈子行善者方为真善人。

【原典】

胆欲大，心欲小；智欲圆，行欲方。

【译文】

胆量要大，心思要缜密；智慧要圆融，行为举止要方正。

【跟进解读】

生活中要学会从容自如，克服胆怯的弱点。只要我们决心克服自身的弱点，定会有收获。摒弃胆怯并不是要自己变得胆大包天，胆大包天的人往往有勇无谋，做事莽撞草率，不考虑后果，所以办事效率不高，容易做错事，甚至做出一些重大的错误决定。如果有胆识之人行事再心思细密一些，考虑问题周全，就能减少过失，提高办事效率。

【原典】

真圣贤，决非迂腐；真豪杰，断不粗疏。

【译文】

真正的圣贤之士绝不会不知变通，真正的英雄豪杰绝不会粗鲁疏忽。

【原典】

龙吟虎啸，凤翥[①]鸾翔，大丈夫之气象；蚕茧蛛丝，蚁封蚓结，儿女子之经营。

【注释】

①翥（zhù）：飞举。

【译文】

龙吟虎啸，凤鸾翱翔才是大丈夫的气象。像蚕茧、蜘蛛丝，蚂蚁筑巢、蚯蚓纠结，这都是小人的经营。

【原典】

格格不吐，刺刺不休，总是一般语病，请以莺歌燕语疗之；恋恋不舍，忽忽若忘，各有一种情痴，当以鸢飞鱼跃化之。

【译文】

说话口齿不清或喋喋不休，都是一般说话的病态，请用莺歌燕语般的悦耳之声去治疗此病。心中难以割舍或有所忘记，都是为情所迷的表现，要以鹰击长空、鱼翔浅底的气势来化解。

【原典】

问消息于蓍龟[①]，疑团空结；祈福祉于奥灶[②]，奢想徒劳。

【注释】

①蓍（shī）龟：古代占卜用具，筮用蓍草，卜用龟甲。

②奥灶：奥，房屋西南角曰奥。古时尊长居住的地方，祭神方位。灶，神所居住的地方。

【译文】

想要占卜未来的吉凶祸福，只会使心里空结疑惑；想要向鬼神祈祷福祉，是白白浪费时间的奢想。

【原典】

谦，美德也，过谦者怀诈；默，懿行也，过默者藏奸。

【译文】

谦虚虽然是一种美德，但是过于谦虚的人往往胸怀奸诈；沉默虽然是美好的品行，但过于沉默的人暗藏杀机。

【跟进解读】

谦虚是一种美德，但是过于谦虚，就会过犹不及，就会让人感觉到虚伪。谦虚不是装模作样，更不是贬损自己、矮化自己。说白了，谦虚应实事求是。虽然谦虚但是不注重礼节，仍然不能说是完美。如果能够在“礼”字上多下一些工夫，不但拥有谦虚这一美德，还能够平易近人，恭敬和蔼，这样的人才能赢得人们的尊重。

【原典】

直不犯祸，和不害义。

【译文】

正直不会招惹祸害，谦和不会损害正义。

【跟进解读】

刚正不阿的人秉公办事，不徇私情，能够主持公道，替受委屈的人平冤昭雪，让有罪的人被绳之以法，得到法律应有的制裁，所做之事无愧于自己的良心，受到世人的尊重与拥护，又哪里来的祸患呢？古语云：“其身正，不令而行；其身不正，令而不行。”如果想成为别人的楷模，首先自己必须正直地生活，正直地走路，才能去教导带动他人。为人谦逊和气，是一个人气度宏大的外在表现。拥有了这种胸襟和气度，即使是面对敌人也会化敌为友，不吝赞美之辞，并且在行为上予以宽大。当报复的机会来临时，这种胸襟最见精彩。它并不规避可施报复的情况，而是善加运用，去消除矛盾，化解仇恨，这些行为倡导的正是人间正道，难道会损害道义？

【原典】

圆融者无诡随[1]之态，精细者无苛察之心，方正者无乖拂[2]之失，沉默者无阴险之术，诚笃者无椎鲁之累，光明者无浅露之病，劲直者无径情[3]之偏，执持者无拘泥之迹，敏炼者无轻浮之状。

【注释】

①诡随：不顾是非盲目随人。

②乖拂：乖戾不正。

③径情：肆意，任性而为。

【译文】

圆滑融通的人没有欺诈虚伪的神态，精明细心的人没有苛刻烦琐的心思，正直端庄的人没有乖戾忤逆的缺点，沉默寡言的人没有阴险狡猾的心术，诚信笃行的人没有愚钝的牵累，正大光明的人没有轻浮的毛病，刚强正直的人没有性情上的偏颇，果断干练的人没有拘泥的毛病，灵活练达的人没有轻浮的外表。

【跟进解读】

人人都有自己的长处也有自己的短处。俗话说，尺有所短，寸有所长，说的就是这个道理。人的长处利用不好就可能成为短处；反之，短处能够及时得以改正也能成为长处。人不可能什么都精通，学有一技之长，不能算是完美，一般在长处中也潜藏着一些缺点，所以要学会精益求精，及时矫正长处中的弊病。

商朝末年，周文王心事重重地出门打猎，走到渭水边，发现一老者端坐垂钓，老人须发全白却腰杆挺直，布衣着身，却掩饰不住仙风道骨的绰约气质。周文王被吸引了，近前再看那钓钩，万分惊异钓钩竟是直的！且听老者自言："愿意上钩的鱼就自己上来。"周文王惊为天人，上前与其倾谈，很快就任命其为国师。

这位老者便是姜太公。姜太公钓鱼，神闲气定，愿者上钩。如果不是渭水边超然于众人之上的气质和惊人之举，一个无名的八旬老人怎能从如云贤者中脱颖而出，又怎会有后来名扬四海的牧野一战？中国历史上怕是也少了一位未卜先知的智者了。

【原典】

才不足则多谋，识不足则多虑，威不足则多怒，信不足则多言，勇不足则多劳，明不足则多察，理不足则多辩，情不足则多仪。

【译文】

才能不足的人容易多谋，见识肤浅的人容易多虑，威信不足的人容易愤怒，信义不足的人容易多言，勇气不足的人容易多劳，智慧不足的人容易多体察，道理不足的人容易多辩，情分不足的人容易多礼节。

【原典】

私恩煦[①]感，仁之贼[②]也；直往轻担，义之贼也；足恭伪态，礼之贼也；苛察歧疑，智之贼也；苟约固守，信之贼也。

【注释】

①煦：恩惠。

②贼：伤害。

【译文】

恩惠施予个人，是对仁的伤害；草率行事而又缺少责任，是对义的伤害；伪装成恭敬的仪态，是对礼的伤害；细察而多疑，是对智的伤害；不能坚守

自己的承诺，是对信的伤害。

【原典】

有杀之为仁，生之为不仁者。有取之为义，与之为不义者。有卑之为礼，尊之为非礼者。有不知为智，知之为不智者。有违言为信，践言为非信者。

【译文】

有以成全仁而牺牲的，那些苟活的就是不仁之人。有以自取为义的人，那些给予就成为不义的事了。有以卑微为礼的人，那些位尊者就成为背礼的人了。有以不知为智的人，那些知道者就成了不智的人。有以违背约定为信的人，那些付诸实践的就成了不信之人。

【原典】

愚忠愚孝，实能维天地纲常，惜不遇圣人裁成，未尝入室；大诈大奸，偏会建世间功业，倘非有英主驾驭，终必跳梁。

【译文】

愚忠愚孝真能维系天地间的伦理吗？可惜没有圣人栽培，不能够登堂入室；狡猾奸诈之徒，偏能建立天下的大功业，倘若没有英明君主的统治，他们必将成为跳梁小丑。

【原典】

知其不可为而遂委心任之者，达人智士之见也；知其不可为而犹竭力图之者，忠臣孝子之心也。

【译文】

知道事情做不成就听天由命，听之任之，这是练达明智人的做法；知道事情做不成还要尽心竭力去做，这是忠臣孝子的行为。

【跟进解读】

做事情要从实际出发，讲究方法，不能蛮干。聪明的人不会白白浪费时间，更不会付出无谓的牺牲，当事情无可挽回或是达不到目的时，他们会果断地放弃。当一条路行不通时，他们会另辟蹊径，不停地探索，寻找到通往成功的路，绝不会一条道走到黑。有些人却正好相反，明知道不可为的事情，还要投入全部的精力去做，结果只会白白浪费精力，而且会大失所望。明知所行的路是条死胡同，还要继续走下去，真可谓不到黄河不死心，不撞南墙不回头！

【原典】

小人只怕他有才，有才以济之，流害无穷；君子只怕他无才，无才以行之，虽贤何补！

【译文】

小人就害怕他有才能，有才能相助的小人，其危害更大，后患无穷；君子就害怕他没有才干，无才而处事，虽然贤德又有什么益处呢？

摄生（附）

——学会爱护自己的生命

“摄生”，指善于养护生命，与养生意思相近，是中国古代中医思想和儒家修身思想相结合的产物，“养心”与“养身”并重，身心健康同等重要，这一点在今天也具有一定的指导意义。当然，由于时代知识的局限，古人对于生病的原因并不能准确地揭示出来，所以一些养生的方法不能照搬，我们在阅读时必须加以注意。

【原典】

慎风寒，节饮食，是从吾身上却病法；寡嗜欲，戒烦恼，是从吾心上却病法。

【译文】

注意风寒，节制饮食，这是从自己的身体上祛除疾病的方法；减少嗜好欲念，戒除烦恼，这是从自己的内心上消除疾病的方法。

【跟进解读】

老子在《道德经》中说："致虚极，守静笃。万物并作，吾以观复，夫物芸芸，各归其根。归根曰静，静曰复命。"意思是尽力使心灵的静寂达到极点，使生活清静。万物都一起蓬勃生长，我从而考察其往复的道理。那万物纷纷芸芸，各自返回它的本根。返回到它的本根就叫作清静，清静就叫作复归于生命。它告诉人们所有的奇妙变化都是由心神的中和虚静而产生的。倘若在身体内产生变化时而妄动意识，那就必然会导致"元气"的妄动而给身体带来新的不和谐。人们想要获得持久的健康，就应该经常归复于生命本源的虚静状态。老子的这些思想或为养身运动防病治病的重要原理。养生以养心为主，而养心的关键又在于聚神静气，而后才能够放松身心。如果每天都沉浸于烦扰的事物中，搅得自己魂不守舍，心力交瘁，势必会遭遇疾病。如果心无杂念，安然自在，没有丝毫的杂思妄念，就会神清气爽，气与神合，心清性明。

【原典】

少思虑以养心气，寡色欲以养肾气，勿妄动以养骨气，戒嗔怒以养肝气，薄滋味以养胃气，省言语以养神气，多读书以养胆气，顺时令以养元气。

【译文】

减少思虑烦恼来调养心气，减少色欲来调养肾气，不轻举妄动来调养骨气，戒掉愤怒来调节肝气，饮食清淡来调节胃气，少些言语来调节精神，勤奋读书来培养胆气，顺应时令来调节元气。

【跟进解读】

心是人体生理活动的主宰，主身之血脉和神明，其工作有规律、有节奏。学习和休息，用体和用脑科学合理，是保养心气的重要条件。

肝在人体气血运行、调和中起重要作用，保养肝气，要注意劳逸适度，心情舒畅。

脾为后天之本，在饮食的消化吸收方面起重要作用，保养脾气，要注意饮食有节。

肺主气，司呼吸，肺脏通过鼻腔与外界相通，保养肺气，须注意调节寒温，加强锻炼，增强御邪能力。

肾主藏精，为人体阴阳之本，保养肾气，须注意勿操劳过度。

形体功能活动的中心是五脏。五脏，是人体化生和贮藏精气之所。五脏功能各有所司，它们之间的协调，维持着人的整体生命活动。摄养失当，会损伤五脏，影响其功能，从而损害机体健康。

【原典】

忧愁则气结，忿怒则气逆，恐惧则气陷，拘迫则气郁，急遽则气耗。

【译文】

忧愁会使人心气郁结，愤怒会使人气血逆反，恐惧会使人心气低落，拘束会使人心气郁闷，仓促会使人心气耗尽。

【跟进解读】

怒伤肝，怒气直接影响着肝。一个人发怒的时候，气往上冲。大家可能都有过一些经验，如果遇到一些非常愤怒的事情，这个时候就会觉得血往上涌。所以如果有心脑血管方面疾病的人就一定要注意，千万不要发怒。因为怒的时候，一下子气血往上冲，那就会导致一些不良的后果。《黄帝内经》上讲，肝脏是藏血的，发怒的时候直接影响到肝脏，肝血、气血往上冲、往上涌，所以人发怒时非常危险，有的就会脑溢血。

有一个有名的例子"三气周瑜"，这是《三国演义》里面的一个故事。周瑜是吴国的大将军，才华横溢，而蜀国有一位诸葛亮，更是足智多谋、才华横溢，周瑜心胸狭窄，经常生气，他说过一句有名的话："既生瑜，何生亮?"既然生了我周瑜，何必再生诸葛亮？久而久之周瑜就积劳成疾。最后一次他生气的时候，血往上涌，一命呜呼了。所以怒则伤肝，伤气血，这一点大家一定要注意。保持遇事不怒、不生气的心态非常重要。

【原典】

行欲徐而稳，立欲定而恭，坐欲端而正，声欲低而和。

【译文】

行动要徐缓而稳重，站立要坚定而恭谨，坐姿要端庄正直，声音要委婉温和。

【跟进解读】

善于养气的人，常常习惯于动中习静，使身体常处于太和元气中，时间长了定会培养出圣贤的气质来，此处讲到的就是动中习静。当人的理性思维沉寂下来时，直觉状态就会产生一种特殊的意识，能以一种原始的方式体验到周围的一切，而无须对概念性的思维进行反思。庄子有一句话："圣人之心静乎！天地之鉴也，万物之镜也。"对于外在环境的独特的体验是沉思的主要特点。在这种意识中，各种局部的形式消退了，溶化成浑然一体。此时此刻，生命从静虚中重获新义，由心荡而心和，由神躁而神静，由形伤而形全，生命从原来的重创中得以修复、重生。

中国养生理论中的清静养神，并非叫人心如死灰，静息灭想，而是顺时而动，举手投足，安详平和，不轻举、不妄动，像呼吸那样自然而又充满生机。在尽可能排除内外干扰的前提下，最大限度地保持生命活动的低耗高能状态，以便从根本上改变人体内部组织器官的不协调状况，达到祛病延年和发挥人体内在潜能的目的。

“虚心静气”是人类控制自己精神的天然法，这一精神控制法使我们能够最有效地养护大脑。

【原典】

心神欲静，骨力欲动。胸怀欲开，筋骸欲硬。脊梁欲直，肠胃欲净。舌端欲卷，脚跟欲定。耳目欲清，精魂欲正。

【译文】

心神要平静，骨骼体力要运动。心胸要开阔，筋骨要强健。脊梁要挺直，肠胃要清洁，舌尖要卷起，脚跟要稳定，耳目要清静，精神要端正。

【跟进解读】

有句话说：静时养气，动时练神。意思是静的时候练气，可以磨炼我们的气质与品德；动的时候就要专一精神，将心念统摄为一。心神平定祥和，恬静淡定，身体也会轻松舒畅。胸怀坦荡无私，志向高远宏大，身体便会健康强壮。行走时昂首挺胸，神采飞扬，才会显得精神饱满。走路脚踏实地，步步留声，才能使步伐稳当，身体健康。耳聪目明，才显得机智伶俐，保证处事的效率。

一个人生命力的强弱，不但表现于体质的优劣，而且也取决于旺盛与否和创造力的高下。古代养生家很早就认识到了只有透过“虚静”的功夫，才能少费精神，深蓄厚养，储藏能量。

虚静能够培养一种健康的人格，从而增强人的内在精神力量。古今中外大量事实证明，大凡进入虚静状态的人，往往精力旺盛，具有一种超强的生命力度。静功可以改造人的人格，帮助那些舍本求末、弄得疲倦不堪的人认识人类生命原有的伟大力量，养成独立的不可侵犯的坚强人格，使人的身心变得美好，坚强、丰满充实，摆脱疾病、苦恼、不安和无气力的状态。“虚静态”可以通过培养独立脱俗的人格来增强人的内在精神力量。

【原典】

多静坐以收心，寡酒色以清心，去嗜欲以养心，诵古训以警心，悟至理以明心。

【译文】

时常静坐就能够收敛内心，少沾酒色就能够清心寡欲，除掉嗜好欲望就能够培养身心，诵读古人遗训就能够警示自心，通晓事理就能够心底明白。

【跟进解读】

中国养生理论中的“虚静”学说，确实与一般意义上的运动养生理论存在较大差异。后者主要是通过外在形体的活动来促使气血调和、百脉通畅、肌肉发达、关节灵活，从而增强对自然环境的适应能力和对疾病的抵抗能力，它所偏重的主要是外在生命力的磨炼；而虚心静气则主要通过改变人体内部组织器官的不协调状态，最大限度地发挥身体内在潜能，它所追求的是一种内在生命力的自我提升。就其本质而言，“虚静”养生法无疑是具有浓郁东方色彩的养生要旨。

常常静坐对身体有好处，可以消除各种不良刺激，克服紧张、焦虑、急躁等情绪，培养乐观豁达、平和、开朗的性格。平时有时间可以闭目养神，练练气功，舒缓工作节奏，对身体颇有好处。时常静坐，反思一天的所作所为，便会使我们心里的欲望少一些，并收敛那些不切实际的奢望。远离酒色财气，戒除嗜好欲望，便斩断了侵袭身心的祸端，从而让身心变得更加清醒专注。用古人的千古良训时常提醒自己，修身养性，对不明白的道理积极追求探索，能够让自己洞晓事理。

【原典】

宠辱不惊，肝木[①]自宁。动静以敬，心火自定。饮食有节，脾土不泄。调息寡言，肺金自全。恬淡寡欲，肾水自足。

【注释】

①肝木：五脏与五行相配，肝属木，故云“肝木”。下文“心火”“脾土”“肺金”“肾水”同理。

【译文】

遇到恩怨荣辱不惊慌，则肝宁。行动静坐都能够保持恭敬的心态，就会使心火安宁。饮食有节制就会使脾胃少生病。调气养神少说话对肺有莫大益处。淡泊少气就会使肾水充足。

【跟进解读】

《黄帝内经》将我们的通常所说的七情六欲做了一个分类。将七情——喜怒忧思悲恐惊归结为五类。那就是怒、喜、思、忧、恐，这叫五志。与这个五志分别对应的是五行，五行分别影响人的五脏，那就是肝、心、脾、肺、肾。七种情志激动过度，就可能导致阴阳失调、气血不和而引发各种疾病。所以七种情志一定要调理掌握适当。如果掌握不当，例如大喜大悲、过分惊恐等等，就会使阴阳失调、气血不周，首先是精神上的错乱，然后就会影响到身体，形成各种疾病。

【原典】

道生于安静，德生于卑退，福生于清俭，命生于和畅。

【译文】

道是从安静中悟得的，德是从卑微谦让中培养来的，福是从贫穷廉洁中得来的，命是在和平顺畅中保全的。

【跟进解读】

寺庙道观都是清静之地，充满了鸟语花香，甚至都能感觉到香烟袅袅的声音。参禅悟道要从宁静的环境中做起，首先要做到心静，心静才能头脑理智，头脑理智才能悟出蕴藏于万事万物中的玄机与奥秘。良好的道德品质是从忍让、卑微中培养起来的，只有经历了生活的苦难和谦让后所获得的尊敬，才会明白高尚道德所换来的珍贵回报。福分是在清贫节俭中赢得的，遭遇到了贫苦的生活的艰苦，才会激励自己奋不顾身去追求幸福，才会珍惜来之不易的幸福生活。

清代有位巡按大人，抑郁寡欢，成天愁眉苦脸，影响到肺，气喘、气逆。请一个名医给他诊病。名医一问是因整天忧伤造成的，这个名医给他治病的时候，先给他把脉，把完脉之后，沉思冥想了半天，最后说："从你脉象上看，你是月经不调。我给你开一个调理月经的秘方，你吃了保证七天就好了。"然后给他开了一个处方就走了。巡抚听了这话，先是一愣，等缓过神来，嗤之以鼻，大笑不止。连连说道：我堂堂男子怎么能"月经不调"？真是荒唐到了极点。从此，每回忆这件事，就大笑一番，乐而不止。不久他的忧伤病就治好了。这个故事被《医苑典故趣拾》收录。

【原典】

天地不可一日无和气，人心不可一日无喜神。

【译文】

天地不可一日无太和元气，人心不可一日无喜悦情绪。

【跟进解读】

俗话说："笑一笑，十年少，愁一愁，白了头。"这句话形象地说明了心

理与生理健康的关系。笑，有助于预防疾病，笑还可以治疗某些疾病。因此，笑可以说是一种愉快的治疗方法。人如果时常心情愉悦，心气就会恬静自然，五脏也会相安无事。在古书中曾看到过这样一个故事：一位老人年过百岁，有人问他长寿的方法。老人答道："我只是一个乡村野夫，什么道理也不懂，一生只求快乐高兴，从不知道忧愁烦恼。"由此看来，拥有一个快乐的心态是养生的要诀！如果每天能够生活得快快乐乐，祥和平安，疾病也会绕着你走开。

【原典】

拙字可以寡过，缓字可以免悔，退字可以远祸，苟字可以养福，静字可以益寿。

【译文】

"拙"字可以使人少犯过失，"缓"字可以使人免去事后的遗憾，"退"字可以使人远离灾祸，"苟"字可以使人培养福泽，"静"字可以使人长生不老。

【跟进解读】

虚静还可以降低血液中的乳酸浓度，乳酸盐是人体疲倦的根源，它是由于血液中氧气不足而产生的。在练功入静中，把人从不必要的紧张状态下解放出来，毛细血管充分舒张，血液循环改善，从而使得作为疲劳素的血中乳酸盐明显下降。更令人吃惊的是，即使入静结束以后，这种效果还能持续很长时间。

所以说，"虚心静气"是人类控制自己精神的天然方法，这一精神控制法使我们能够最有效地养护大脑。首先要心理平衡，情绪开朗、宁静淡然、无忧无虑。其次要适当运动。运动是健身的良药，现在提倡有氧运动，早九点以后、晚饭后半小时是适合运动健身的好时光。其三是饮食平衡。膳食营养以清淡为主，三餐多样化但要少油少盐。俗话说，葱蒜姜汤不离口，一些疾病绕道走；冬吃萝卜夏喝汤，不找医生开药方；五谷杂粮多入口，医生改行拿锄头；多吃蔬菜喝绿茶，大夫急得满地爬。这是古人传下的饮食秘诀，都是宝贵的养生保健经验。

【原典】

毋以妄心戕真心，勿以客气[①]伤元气。

【译文】

不要让虚妄之心戕害了自己的本心，不要让外在的因素损伤了自己的元气。

【注释】

①客气：与元气相对，指伤害身体的邪气。元气为正气。

【跟进解读】

元气，就是来源于先天、从父母那里继承的气，是生命的原发性“气”，这个元气也叫作真气，也就是《上古天真论》里面所说的“真”。天真，说的就是先天的真气、真人之气。这个真气主要产自肾脏，因为肾脏藏精，精又可以化成气。后来道家把它称为“先天之气”，它体现了先天原火的推动，所以写作“炁”。从字形上看，“炁”字底下四点，表示火在下燃烧，这种“火”是生命的原动力。第二种气叫宗气，这个宗气主要产自后天的呼吸，是呼吸之气，所以可以把它看成是一种心肺之气。肺是主管呼吸的，又主管一身之气。第三种气叫作营气。营气是流行于人的血脉当中的。营的意思就是营养，营气对人体起到一种营养滋养的作用。第四种气叫作卫气，它是运行于经脉之外的，基本上是在体表，卫就是保卫、护卫，卫气起一种保护人体、抵御外邪的作用。

【原典】

拂意处要遣得过，清苦日要守得过，非理来要受得过，忿怒时要耐得过，嗜欲生要忍得过。

【译文】

遇到不如意的事时要能排遣，清贫艰苦的日子要能守得住，无道理的事要能忍受得住，愤怒的时候要忍耐得住，嗜欲产生时要及时克制。

【跟进解读】

面对烦恼疑惑，要冷静思考，沉着应对，无缘无故地遭到别人的无理对待，其中必有原由，且不可不问青红皂白，轻易动怒，一定要冷静地了解事情的原因，再作决定。所谓小不忍则乱大谋，如果连微小的屈辱都不能忍受，则必会有招致祸患的一天。众口铄金，积毁销骨。他人的流言蜚语确实对人伤害很大，但不要忘了清者自清，浊者自浊，只要自己清白无瑕，就不用担心他人的诋毁与侮辱。

【原典】

言语知节，则愆尤[1]少；举动知节，则悔吝少；爱慕知节，则营求少；欢乐知节，则祸败少；饮食知节，则疾病少。

【注释】

①愆（qiān）尤：过失、过错。

【译文】

说话知道分寸就能少得罪人，举动知道分寸就能少些悔恨，爱慕知道节制就会少些欲望，欢乐知道节制就会少些失败，饮食知道节制就会少些疾病痛苦。

【原典】

人知言语足以彰吾德，而不知慎言语乃所以养吾德；人知饮食足以益吾身，而不知节饮食乃所以养吾身。

【译文】

人都知道说话可以表现自己的品德，但不知道谨慎的言语可以培养自己的品德。人都知道饮食可以养育生命，但不知道节制饮食可以保养身体。

【跟进解读】

尺有所短，寸有所长。意思是，尺虽比寸长，但也会有它的短处；寸虽比尺短，但也有它的长处。这句话是说任何人都各有长处，也各有所短。我们要善于取人之长，补己之短。其实任何事物都具有两面性，对同一事物而言，既有好的方面，又有坏的方面。较强的语言表达能力固然能够博得更多人的青睐，可要是无所顾忌地夸夸其谈，故弄玄虚、不分场合、不看对象地胡乱发言，也必会招来一些人的讨厌或嫉妒。每个人都知道饮食是维系生命的根本，却忽略了没有节制的暴饮暴食也会损害健康，甚至给生命带来威胁。

【原典】

闹时炼心，静时养心，坐时守心，行时验心，言时省心，动时制心。

【译文】

吵闹时要锻炼心境，平静时要培养身心，静坐时要守护身心，行动时要检验内心，说话时要反省内心，行动时要控制内心。

【跟进解读】

在安静的环境中能够锻炼自己的心境，在吵闹喧嚣的场合也要能够安养身心，做到沉着镇静。检验一个人在某方面是否达到要求，关键是要放在合适的场合、地点和时间去考察。做事情的时候谨慎小心，在公众场合说话有理有据，谈吐不凡，空闲时候能够适应寂寞，并且能培养闲情逸致，这才是真正有修为的人。

【原典】

荣枯倚伏，寸田①自开惠逆，何须历问塞翁；修短参差，四体自造彭殇②，似难专咎司命。

【注释】

①寸田：道家指心为心田，心位于胸中方寸之地，又称寸心。

②彭殇（shāng）：寿夭。彭，指彭祖；殇，指未成年而死亡。

【译文】

繁荣枯萎相互依存，心田开合一切由己，顺逆听天由命，何须再问边塞的老翁？长短参差不齐，身体决定了寿命的长短，一切都是由自然而定，何必去专门怪罪司命呢？

【原典】

节欲以驱二竖，修身以屈三彭，安贫以听五鬼，息机以弭六贼。

【译文】

节制欲望来保持身体康泰，修身养性来保持良好的心境与品质，安贫乐道来保持人生的顺利，摒除心机来防止六贼招惹灾祸。

【跟进解读】

“竖”是古时对人的蔑称，贱称，此处指不好的人或物，对身体而言也就是疾病。“三彭”也叫“三尸”“三虫”，指在人体内作祟，影响人修炼的三种神，是道家用语。传说中三尸姓彭，常居人身中，伺察功罪。“五鬼”比喻不顺利的事。民间传说的五鬼即瘟神，又称五瘟——春瘟张元伯、夏瘟刘元达、秋瘟赵公明、冬瘟钟士贵、总管中瘟史文业。韩愈的《送穷文》中把智穷、学穷、文穷、命穷、交穷称为五鬼。“六贼”是佛教用语，佛经中称人体的眼、耳、鼻、舌、身、意为六贼。

【原典】

衰后罪孽，都是盛时作的；老来疾病，都是壮年招的。

【译文】

衰败后忍受的罪孽，都是因强盛时不知修持而造成的；老年后的体弱多病，都是因年轻时不知保养而落下的。

【原典】

败德之事非一，而酗酒者德必败；伤生之事非一，而好色者生必伤。

【译文】

败坏道德品行的事情有很多，但酗酒必定败德；伤害生命的事情也有很多，但好色必定伤身。

【跟进解读】

酒是穿肠毒药，色是刮骨钢刀，财是惹祸根苗，气是下山猛虎。这话说明酒色财气皆不是好东西，是毒药，是钢刀，是猛虎，是祸根，然而这四样皆是世人之所爱，真正修身养性的人，就会努力克制自己这些方面的欲望。比如，酒色之类的东西，只会使人消耗志气，伤害身体性命，败坏德行。如每天沉醉于酒色之中，醉生梦死，不知所终，又有何快乐可言呢？只有那些清心寡欲的人才会气性平和，心宽体胖，感受到生活中的乐趣。

【原典】

木有根则荣，根坏则枯；鱼有水则活，水涸则死；灯有膏则明，膏尽则灭；人有真精，保之则寿，戕之则夭。

【译文】

树木有根就能茂盛，无根就会枯萎而亡；鱼有水才能活下去，水干涸了就会死去；灯有油才会明亮起来，油尽便会熄灭。人有充沛的精气，才能够保持生命的长寿，伤害到精神就会夭折。

【跟进解读】

做任何事情都不能舍本逐末。树木的枝叶可以剪掉，树皮损伤了也不会死，但是树根没有了，就会枯死。在严寒的冬天当看到一丝温暖的阳光时，会使人生机勃勃；在炎热的盛夏，吹来一丝凉风，会让人精神振奋。人的生命就如同这草木的繁盛与凋零一样，如果在一个健康的环境中成长，不近声色，就会容光焕发，精神饱满充盈，精力充沛。如果整天被酒色财气所缠绕，势必会精神疲惫，残害身心和性命。

敦品类

——养成让人敬仰的品德

敦品，就是要养成高尚的人品。高尚品格的养成，需要诚恳地去践行，所以人品的养成绝非朝夕之功，需要付出漫长而艰辛的努力。本篇将君子与小人的差别鲜明地展现给我们，言之谆谆，令人过目难忘。《礼记·曲礼》说：“博闻强识而让，敦善行而不怠，谓之君子。”所以对我们当下人来说，养成好的德行绝非口诵几句圣人之言，关键是要勉力去做。我们不光要志存高远，更要身体力行，这才是“敦品”的真正含义。

【原典】

欲做精金美玉的人品，定从烈火中锻来；思立揭地掀天的事功，须向薄冰上履过。

【译文】

想要修得精金美玉般的人品，一定要从烈火中锻造得来；想要成就惊天动地的伟业，一定要如履薄冰般地行事。

【跟进解读】

一个人要想铸就金子般的完美性情，就要经得起烈火的考验，正所谓真金不怕火炼，经过烈火考验之后，才能证明我们的品德是高尚还是低俗。同样道理，想要成就一番事业，只有志向却不努力行动，这无异于空中楼阁永远不能实现，只有付诸行动，脚踏实地去做，理想才会变成现实。

【原典】

人以品为重，若有一点卑污之心，便非顶天立地汉子；品以行为主，若有一件愧怍之事，即非泰山北斗品格。

【译文】

人要以品行为重，倘若有一点卑贱污秽的念头，便不能称为顶天立地的男子汉大丈夫。品德要以行为为主，倘若有一件惭愧的事情，就不能铸就泰山北斗般的高尚品德。

【跟进解读】

没有灵魂的头脑，没有德行的知识，没有仁善的聪明，固然是一种力量，但它们是只能起坏作用的力量。他们或许能给我们一些启发，或者也给我们一些趣味，但是你很难尊敬他们，就好比我们对待扒手的敏捷或拦路强盗的马术一样。

诚实、正直和善良，虽然不是命运攸关的东西，但却是一个人品格的本质所在。这种品质一旦和坚定的目标结合起来，人就有了无比强大的力量，就有力量做善事，有力量抵制邪恶，有力量战胜各种困难。

为人处世要做到严以律己，重视修炼自己的品德，做事情要养成小心谨慎、考虑周到的习惯，待人要养成谦虚恭敬、平易近人的美德。要摒弃鲁莽草率、骄傲自大的坏习惯。人生如棋，一着不慎，满盘皆输。人生中许多事常常因为一个微不足道的细节或是小的疏漏，就破坏了事情的整个进程。人到晚年，或是马上就要离开官场生涯了，本以为可以成就一世功名，没想到会因此刻一时的私心糊涂而以权谋私，从而使一生的名誉毁于一旦，难道不可惜？

【原典】

人争求荣，就其求之之时，已极人间之辱；人争恃宠，就其恃之之时，已极人间之贱。

【译文】

人们争相求取荣华富贵，然而就在他追求之时，已经蒙受了世间最大的耻辱；人们争相攀附权贵以求宠幸，然而就在他得到宠爱之时，已经表现出世间最大的下贱。

【原典】

丈夫之高华，只在于道德气节；鄙夫之炫耀，但求诸服饰起居。

【译文】

男子汉大丈夫的高贵品质，重在自己的道德气节；见识浅薄的人炫耀自夸，表现的只是衣食住行的华丽。

【跟进解读】

大千世界，无奇不有，与人攀比，就会失去自我。庸人经常与人攀比，尤其爱拿自己的弱处与他人的长处比较，所以总是很失落很痛苦。有的人为此不择手段，追求那些浮华的东西来与人攀比。俗话说得好，人比人得亡，货比货得扔。但比较又分高尚的比与庸俗的比，圣贤君子与人比的是品德才华，他们通过比较来取人之长，补己之短。庸俗小人比的是华美的衣食住所和钱财名利，虽然让人的外在感官得到享受，但因内在的无知和品德低下，最终也只能是碌碌无为。

【原典】

阿谀取容，男子耻为妾妇之道；本真不凿，大人不失赤子之心。

【译文】

阿谀奉承来讨好他人，男子汉耻于做这种妇人的事情；真正的大丈夫不失淳朴善良的赤子之心。

【原典】

君子之事上也，必忠以敬；其接下也，必谦以和。小人之事上也，必谄以媚；其待下也，必傲以忽。

【译文】

君子对待比自己强的人忠诚而恭敬，对待不如自己的人谦虚而和蔼。小人对待比自己强的人阿谀奉承，对待不如自己的人傲慢而又鄙视。

【原典】

立朝不是好舍人[①]，由居家不是好处士；平素不是好处士[②]，由小时不是好学生。

【注释】

①舍人：古代官职名。

②处士：未仕或不仕的读书人。

【译文】

身处朝廷中不能做个公正廉洁的官员，在乡里也不会是个好相处的人；平常生活中不是好德行的人，小时候必定不会是个好学生。

【跟进解读】

想要了解一个人的品行，可以从多方面入手。了解一个人可由小到大，也可由粗到细。比如，一个人在朝中不能廉政做官，不能忠心耿耿侍奉君王，而是仗势凌人，鱼肉百姓，借公济私，这样的人在乡里一定不会拥有什么好名声。因为他的品德决定他的所作所为，他的所作所为反映了他的品德。才能学问是道德修养高低的基础，如果一个人在日常生活中肆意妄为，危害社会，就可推断此人小时候绝不会是个遵守纪律的好学生。

【原典】

做秀才如处子，要怕人；既入仕如媳妇，要养人；归林下如阿婆，要教人。

【译文】

勤奋求学的人要像闺门不出的小姐一样，小心谨慎待人。为官从政要像刚过门爱子女的媳妇一样，体恤爱护百姓。隐居山林要像慈祥教导子孙的老太婆一样，教育世人。

【原典】

贫贱时，眼中不著富贵，他日得志必不骄；富贵时，意中不忘贫贱，一旦退休必不怨。

【译文】

贫穷卑贱的时候能够把荣华富贵不放在眼里，将来得志后必定不会骄傲自大；荣华富贵的时候心中不忘贫贱时的遭遇，有朝一日退休后必定没有怨言。

【跟进解读】

人往高处走，水往低处流。人人都向往富贵平安，但是人们追求的方法不一样。有些人，身处贫困中，虽然渴望高官富贵，但他们并不会为了过上幸福的生活而向他人摇尾乞怜，阿谀奉承，丢掉自己的尊严。如果有朝一日这样的人拥有了荣华富贵，一定不会忘记曾经所遭受的苦难，对有恩于自己的人，必会以博爱的胸怀与他们分享富贵，想法报答。有朝一日富贵不在，他们也不会怨天尤人，因为在他们心中荣华富贵犹如过眼云烟。

【原典】

贵人之前莫言贱，彼将谓我求其荐；富人之前莫言贫，彼将谓我求其怜。

【译文】

在高贵之人面前不要说自己低贱，否则他会认为我们是求他推荐；在富有之人面前不要说自己贫苦，否则他会说我们在乞求他的可怜。

【原典】

小人专望受人恩，受过辄忘。君子不轻受人恩，受则必报。

【译文】

小人一心希望得到他人的施舍恩惠，得到后便忘得一干二净。君子不轻易接受他人的恩泽，如果接受必定想法报答。

【跟进解读】

小人自私贪婪，有着唯利是图、贪得无厌的本性，对于他人的恩惠，不惜卑躬屈膝，还不惜耍阴谋手段，想极力据为己有。因为他们的目的只是追求个人私利，当满足自己的需要后便会过河拆桥，卸磨杀驴，把有恩于自己

的人忘得干干净净。君子则正好相反，对于他人的恩惠一般不轻易接受，因为他们明白受人之恩当以涌泉相报的道理，受他人之恩就等于欠下了一份人情，如不报答便会寝食难安，所以接受了他人的恩惠，一定会想方设法地去报答，这样才会心安。

【原典】

处众以和，贵有强毅不可夺之力；持己以正，贵有圆通不固执之权。

【译文】

与众人相处要以和为贵，贵在有坚定不移的意志力；对待自己要公正严谨，贵在有灵活处事变通不顽固的能力。

【跟进解读】

生活中、工作中难免与人打交道，与人打交道，要以和为贵，只有彼此友好相待，才会建立起和谐的关系，才会有利于彼此的生活和工作。身处世俗中而不流于时弊，洁身自好而不被外物所扰，这都是君子刚毅性情的表现。处事最忌墨守成规，生搬硬套，如果不懂变通掌握，灵活运用解决问题的方法，就会被传统束缚手脚，裹足不前，难有创新意识和卓越成就。

【原典】

使人有面前之誉，不若使人无背后之毁；使人有乍处之欢，不若使人无久处之厌。

【译文】

在他人面前求得赞许，不如让他人在背后别诋毁我们；与人相处能使人短时间内喜欢自己，不如在与人长久相处后不使对方心里产生讨厌之感。

【原典】

媚若九尾狐，巧如百舌鸟，哀哉羞此七尺之躯；暴同三足虎，毒比两头蛇，惜乎坏尔方寸之地。

【译文】

谄媚如同九尾狐，花言巧语如同百舌鸟，可悲呀！这样简直侮辱七尺之躯。残暴如同凶猛的三足虎，狠毒如同两头蛇，可惜呀！人们的良心变坏了。

【跟进解读】

九尾狐，古代东亚神话传说中的奇兽。古典传说中，九尾狐乃四脚怪兽，通体上下长有火红色的绒毛。善变化，蛊惑。性喜吃人，常用其婴儿哭泣声引人来探也。九尾狐出，乃世间将有大乱之象。三足虎，有三足虎毒似两头蛇的说法，传说里的形象。两头蛇系大恶之物。

对一个身处领导阶层的人来说，最大的危险之一就是他的属下都是一些唯命是从的庸人。精明的领导人知道，需要在他周围有一批敢于发表不同意见的人。作为一个领导必须保持清醒的头脑，善于洞察那些卑躬屈膝，阿谀奉承的人。要明白哪些人是在为自己真心实意地出谋划策，哪些人是在为个人利益而围着自己溜须拍马。如果善恶不辨、是非不分的话，必会因听信谗言而做出错误的决定。

【原典】

到处伛偻，笑伊首何仇于天？何亲于地？终朝筹算，问尔心何轻于命？何重于财？

【译文】

到处奴颜婢膝地生活，可笑的是你的头为什么于天有仇、于地有恩而抬不起来呢？整天玩弄阴谋手段，扪心自问为什么会如此不重视生命而看重钱财呢？

【原典】

富儿因求宦倾赀，污吏以黩货失职。

【译文】

官宦富商子弟常常因为谋求官位而倾家荡产，贪官污吏常常因为以公谋私失职而身败名裂。

【跟进解读】

自古以来，尽管官场的倾轧是不言自明的事实，但也不乏“先天下之忧而忧，后天下之乐而乐”以及清正廉洁、为民请命的官员。身为高官，就应怀着匡济天下、忠心为国的抱负，投身到他所认定的事业中去。

刚刚做官的人，经济基础微薄，收入也少，有些人很需要钱财，于是就经不起不怀好意之徒的贿赂，受了一次贿赂，就像吸毒上瘾一样，多次接受贿赂，直到东窗事发才醒悟，可是已经晚了，大错已铸成。

【原典】

亲兄弟析箸，璧合翻作瓜分；士大夫爱钱，书香化为铜臭。

【译文】

亲兄弟分家，家产就会被瓜分。士大夫贪求钱财，就会使书香味化为铜臭味。

【跟进解读】

析箸谓分家。箸，筷子。明朝朱元弼《犹及篇》：“沈益川腾蛟者，宪副秦川公伯子也。宪副晚而更置室，生子腾龙，析箸别居。”清朝方文《寄怀齐方壶》诗：“可怜半载丧二亲，弟兄析箸家酷贫。”“打仗亲兄弟，上阵父子兵。”兄弟不和睦，小则吵吵闹闹，瓜分家产，形同陌路，大则兵戎相见，家破人亡。有一则谚语曰：“家有一条心，黄土变成金。”家是人之巢、心之根、爱之源、情之本。一个家庭，骨肉缘、血乳恩、手足情、嫡系亲。家是一个安乐窝、避风港、稳定阀、聚宝盆。只有兄弟齐心协力，才能使家业兴盛，发展壮大。“书中自有黄金屋，书中自有颜如玉，书中自有口中粟。”才能学问是通过读书求知得来，如果醉心于钱财利禄，丢弃书本的教化，即使偶有所得，也是肤浅的，不能保持长久。

【原典】

士大夫当为子孙造福，不当为子孙求福。谨家规、崇俭朴、教耕读、积阴德，此造福也。广田宅、结姻援、争什一[①]、鬻功名，此求福也。造福者澹而长，求福者浓而短。

【注释】

①什一：指利益。

【译文】

士大夫应当为子孙后代造福，不应当为子孙后代求福。严谨家风家规，崇尚勤俭节约，教育耕田读书，广积善德，这就是造福。广置田产庭院，暗中拉拢关系，争名夺利，买卖功名，这就是求福。造福可以使子孙平淡而长久，求福可以使子孙奢侈又短暂。

【原典】

士大夫当为此生惜名，不当为此生市名。敦诗书，尚气节，慎取与，谨威仪，此惜名也。竞标榜，邀权贵，务矫激，习模棱，此市名也。惜名者，静而休；市名者，躁而拙。士大夫当为一家用财，不当为一家伤财。济宗党，广束修[①]，救荒歉，助义举，此用财也。靡苑囿，教歌舞，奢燕会，聚宝玩，此伤财也。用财者，损而盈；伤财者，满而覆。

【注释】

①束修：十条干肉。后来多指送教师的酬金。

【译文】

士大夫当珍惜自己一生的功名利禄，不应该沽名钓誉。研究诗书，推崇气节，谨慎取舍，严肃威仪，这就是珍惜名誉。标新立异，攀附权贵，公众场合哗众取宠，习惯于模棱两可，是非不分，这就是购买名誉。珍惜名誉的人清静无为，追逐名利的人浮躁愚拙。士大夫应正当使用自己的财物，而不是随意地浪费。周济乡邻，提倡教育，赈济天灾人祸，扶助义举，这才是正当的用财。广置田产园艺，沉醉歌舞，积聚珍宝古玩，这就是浪费钱财。正当用钱的人花了钱但收益颇丰，浪费钱财的人虽然拥有很多，但终将一无所有。

【跟进解读】

只有学会尊重自己，珍惜自己的名誉，才会得到别人的尊重。一个人如果连自己都不爱，他还会爱谁呢？要尊重自己的人格，珍惜自己的名誉，使自己的言行与自己的身份相符合，要做到宁静致远。懂得珍惜自己名誉的士大夫会潜心研读圣贤典籍，崇尚个人的气节，陶冶自己的情操，不贪恋荣华富贵，不徇情枉法，小心谨慎做事，考虑周全，懂得放弃贪欲，做人谨慎威严，光明磊落。

【原典】

士大夫当为天下养身，不当为天下惜身。省嗜欲，减思虑，戒忿怒，节饮食，此养身也。规[1]利害，避劳怨，营窟宅[2]，守妻子，此惜身也。养身者，啬而大；惜身者，膻而细。

【注释】

①规：规避。

②窟宅：房舍。

【译文】

士大夫应为担当天下大任而修养身心，不应只是为了个人私欲而珍惜身心。去除嗜好欲望，减少忧虑，戒掉愤怒，节制饮食，这就是修身养性。规避利害，躲避仇怨，营造住宅房舍，守在妻儿身边，这就是因私利珍惜身心。真正会修养身心的人，不胡乱花费但又显大方；不懂惜身的人则既俗气又琐碎。

处事类

——掌握处理事务的方式

本篇名为“处事”，主要讲述人们在面临各种事务时应有之态度和应对方式。生活中，许多人常常会感慨做事容易做人难，其实，人在事中，事在人为，人与事无法分开。本篇选取的格言都是在告诫提醒我们如何去面对各种问题，应当采取哪些方式去处理这些问题。俗语所说的“为人处世”，就是本篇的主题。生活中的我们，几乎每天都会遇到各种各样的事务，遇到各种情形，既有事关大局的大事、要事，也有关乎个人痛痒的琐事、小事，事无论大小，都要我们认真地去面对。所以，本篇的核心，就是强调临事不乱，始终保持内心的镇定、平和，以正直、诚实之心对人对事，既不急于求成，又不懈怠粗心，做到有始有终，循序渐进。

【原典】

处难处之事愈宜宽，处难处之人愈宜厚，处至急之事愈宜缓，处至大之事愈宜平，处疑难之际愈宜无意。

【译文】

处理困难事情的时候更应该心胸开阔，与难以相处之人在一起的时候更应该淳厚朴实，处理紧急问题的时候更应该轻舒和缓，处理重大事情的时候更应该平和，处理疑难问题的时候更应该胸无成见，心有所持。

【跟进解读】

要成就大事业的人，心情宜缓不宜急，需要克服困难，需要默默留意，从生活中的点点滴滴慢慢去积累，时间长了才能见到成效。天下所有的事情，都是有理有势的，要顺势而为，才能够自然顺心。如果势与理不合，就要徐缓而行，见机行事。如果急功近利，很可能偷鸡不成反蚀一把米。天下大事，关键在于紧要处的那一刻，只要留心用力，相机而动，主要细节能够看得明，守得定，不失轻重之衡，便可功成名就。如果处处兼顾，时时关注，很可能会顾此失彼，因小失大。君子做事，谨慎谦恭，都带着疑问的态度对待，小心翼翼生怕出了差错，只有等到深思熟虑的时候才会采取行动。这时候即使偶有失败，也不会损失太大，也会被世人归于命运不济或是理与势不相符，而且君子之名不会因此而受到损害。

【原典】

无事时，常照管此心，兢兢然若有事；有事时，却放下此心，坦坦然若无事。无事如有事提防，才可弭意外之变；有事如无事镇定，方可消局中之危。

【译文】

空闲的时候，要深谋远虑，小心翼翼如同有事要发生一样；有事的时候，要坦然自如，能够像无事一样泰然处之。没事的时候要提防有事发生，以防

意外事情的发生。有事的时候就像没事一样镇定，这样才可以解决危难的局势。

【跟进解读】

要学会即使在悠闲的时候，也提高警惕，凡事深谋远虑，这样即使意外事故发生，也能从容应对。遇事时能保持镇定自若，便可力挽狂澜，缩手缩脚只会错失良机，使事情变得更糟。学会居安思危，就会临危不惧，胸有成竹，“人无远虑、必有近忧”说的就是这个道理。

【原典】

当平常之日应小事，宜以应大事之心应之。盖天理无小，即人事观之，便有一个邪正，不可忽慢苟简①，须审事之邪正以应之方可。及变故之来处大事，宜以处小事之心处之。盖人事虽大，自天理观之只有一个是非，不可惊惶失措，但凭理之是非以处之便得。

【注释】

①忽慢苟简：疏忽怠慢，苟且敷衍。

【译文】

经济上，一块钱可以改变我们的命运；语言上，一句好话可以改变我们的命运；功德上，一件善事可以改变我们的命运；教育上，给人一些知识技能可以改变我们的命运；服务上，给人一些方便可以改变我们的命运；面容上，给人一个笑容，可以改变命运。所以，处理平常生活中的小事要像应对大事一样谨慎细心。一般来说天理是不分大小的，但人们来看待它，却有一个邪与正的区别，且不可苟且简略，认真分辨事情的正邪才能找到应对的办法。等到事故来临时，处理大事时能够像处理小事般的坦然对待。一般来说虽然人事很大，但从天理来看就微不足道了，只有是非之别，不必为此惊慌失措，只凭天理的是非来对待处理就可以了。

【原典】

缓事宜急干，敏则有功；急事宜缓办，忙则多错。

【译文】

适宜迟些处理的事情应当及时办完，动作快就能提高效率；急事处理起来应当缓慢一些，匆匆忙忙容易出错。

【跟进解读】

生活中，该珍惜时间的事情一定要抓紧时间快速完成，不仅提高了效率，而且减轻了一些负担。所以事情有能够即时办完的就要趁早去做，如果一天天地拖延下去，很可能就会错过时机，日后难以完成。面对复杂的事情，不能急于求成，一定要先弄明白条理，再动手做也不晚。俗话说，欲速则不达，磨刀不误砍柴工，说的就是这个道理。

我们将事情根据轻重缓急的程度，划分为四大象限。第一象限是既重要又紧急的事情，如突发性的重要事件、危机、期限逼近的任务等。这当然需要停下手头的一切事情马上去解决，但实际上这样的工作并不是很多。第二象限是重要而不紧急的事，如跟客户建立关系、制订计划，“充电”学习等。这个象限的工作是卓有成效的时间管理的核心，是打基础的阶段。第三象限

是不重要而紧急的事情，如临时插入的电话、插入的报告、需要签署的文件等。如果把精力用在这些事情上，你就会被这些看上去很忙的事情所左右，实际工作却没有什么实质性的进展。第四象限是不重要不紧急的事情，如与重要事情发生冲突的聚会、某些电话、邮件等。这些不重要也不紧急的工作，不要在这上面浪费太多的时间，甚至可以不做。

如果可以分清事情的主次，合理安排好手头上的事情，你渐渐就会领悟时间管理的真谛，将会感到工作越来越轻松，这时，你就不会发牢骚喊自己忙，成功也不会离你太远了。

【原典】

不自反者，看不出一身病痛；不耐烦者，做不成一件事业。

【译文】

不自我反省的人，是不能看到自身的病痛的；没有耐心的人，是不能成就大事业的。

【跟进解读】

反省是一面镜子，可以帮你找出自己的不足；反省是好友的一句鼓励自己的话，鼓舞你不断前进；反省是前进的动力，推动我们走向成功。越王勾践被俘虏以后，每天都反省自己，发现自己的不足，不断总结，激励自己奋发图强；反省自己应该怎样才能够再一次成为王者。通过几年的反省后，他卧薪尝胆，积蓄力量，终于战胜了吴国，成就了梦想，他也因此成为一名贤能的君王。为了不断完善自己，我们需要学会自我反省。

“静坐常思自己过”是一种反思的功夫，也是一种自我批评的本领，南怀瑾先生在讲解《小过卦》卦象时说，“君子以行过乎恭，丧过乎哀，用过乎俭”也就是这个意思。虽然这句话听起来有些迂腐，然而它却不失为一句最好的警世格言。在现实生活中，只要我们能够时常静下心来，思考一下自己在做事或待人方面是否有亏缺的地方，这样我们就会少一些对别人的抱怨和指责。

时常自省，对于一些身居高位的人来说，有着更重要的意义。因为身居高位的人倘若有错且不能自省，别人是无法劝谏的，事情便会朝着更糟的方向发展，结果就会一发而不可收拾。

【原典】

日日行，不怕千万里。常常做，不怕千万事。

【译文】

天天走路，就不害怕路途遥远。常常做事，就不害怕处理千万件琐事。

【跟进解读】

俗话讲，“业精于勤荒于嬉”“拳不离手，曲不离口。”渊博的知识、高超的技艺，绝非一朝一夕之功，需要平时刻苦地磨炼，需要长期的积累，唯有如此，才能使自己的学识技术达到炉火纯青的地步，才能在关键时刻大显身手。有的人之所以能取得好成绩，与日常勤学苦练是分不开的。除了勤奋还要谦虚，遇到不懂的问题，请教别人，请教书本，直到把问题弄懂为止。拥有这种锲而不舍的精神，才能在攻克难关的道路上不断迈上新的台阶。勤能补拙，熟能生巧。做事如能坚持不懈、循序渐进，便可战胜一切困难。

【原典】

必有容，德乃大；必有忍，事乃济。

【译文】

必须要有宽容之心，才能把德业发扬光大；必须要有忍耐之心，才能把事情做得周到。

【跟进解读】

宽容，对于别人而言得到的是一次悔过自新的机会，对于自己而言则是提高修养的好时机。人应该常听不同人的意见观点，当我们遇到相反意见时，应该心胸放宽，耐心听取，兼听则明。当自己的意见不被别人接受采纳时，完全可以平心静气地保留意见，用不着大吵大闹，更不必勃然大怒，甚至伤害别人。

【原典】

过去事丢得一节是一节。现在事了得一节是一节。未来事省得一节是一节。

【译文】

过去的事能忘记就忘记，现在的事能做多少就做多少，将来的事不必自寻烦恼。

【跟进解读】

“我有一言君记取，世间自取苦人多!”世上有许多人整天烦恼不已，对曾经的过错念念不忘，遗憾终身，对未来的好坏忧心忡忡，而对眼前的事情却不知如何下手，这无异于杞人忧天。其实，人生可以总结为一句话：前半生不要怕，后半生不要悔。年轻时就要勇往直前地开创事业，等到年老后回头审视时，也不要为曾经失去的心生悔恨。人非圣贤孰能无过。后悔过去于事无补，只会增添烦恼，摒弃烦恼，珍惜眼前，才是最明智的做法。

【原典】

强不知以为知，此乃大愚；本无事而生事，是谓薄福。

【译文】

强装不知道为知道，这是最愚蠢的事；本来无事却故意惹事，这样要减少福分的。

【原典】

居处必先精勤，乃能闲暇；凡事务求停妥，然后逍遥。

【译文】

为人处世必须先精于勤奋，才能获得悠闲的生活；凡事必须处理妥当，而后才能逍遥自在地生活。

【跟进解读】

一分耕耘一分收获，有付出才会有收获。一年之计在于春，一天之计在于晨。只有在年轻力壮的时候勤奋耕耘，创造财富积累财富，才能老了坐享

晚年。不少人有这样的通病，当无事可做时便产生懒惰思想，终日无所事事。一旦有事便惊慌失措，由于思想上一直处于混乱的状态，没有条理，使事情难以圆满解决，这不可不警惕。凡事欲则立，不欲则废。事前做好准备，遇事时才能妥善处理，生活得轻松愉快。

【原典】

天下最有受用，是一闲字，然闲字要从勤中得来；天下最讨便宜，是一勤字，然勤字要从闲中做出。

【译文】

天下最让人受用的是“闲”这个字，然而悠闲要从勤奋中得来；天下最讨得便宜的是“勤”这个字，然而勤奋要从悠闲中得来。

【跟进解读】

人要学会高瞻远瞩，居安思危。悠闲的时光是通过勤奋努力换来的，即使身处悠闲的时候，也不要心生懈怠。人如果产生哪怕丝毫的怠慢心理，都可能使诸

事半途而废。平日处事中，心中又难免有些牵挂，从而拖累身心，什么地方才能求得一点空闲呢？空闲是挤出来的，要学会忙里偷闲，注意保养身体。遇事也不可有半点慌乱，如果慌乱，那么一出手就会犯错误，想完成一件事必会费尽周折，即使再勤奋也可能无济于事。

【原典】

自己做事，切须不可迂滞，不可反覆，不可琐碎；代人做事，极要耐得迂滞，耐得反覆，耐得琐碎。

【译文】

自己处理事情，切记不可踌躇不前，翻来覆去，更不可太过啰唆；待人做事要耐得住迟缓拖沓，耐得住反复与烦琐。

【跟进解读】

待人处事最忌讳的是暴躁鲁莽，暴躁就会使自己首先处于忙乱之中，失去理智，又哪能想出合理的方法处理事情呢？所以做事应该沉着冷静，胸有成竹。对自己的事要做到心中有数，冷静处理，及时解决。如果推托敷衍，事情便会越积越多，越来越复杂，最终被琐事缠身，增加了难度。处理他人的事情要有耐性，能够经得起重复、杂乱等枯燥环节的考验，才能受人重用，成就一番大事业。

【原典】

谋人事如己事，而后虑之也审；谋己事如人事，而后见之也明。

【译文】

给别人谋划事就像给自己谋划事一样用心，这样事情便能考虑周到；谋划自己的事就像谋划他人的事一样，这样才能把世事看得明白。

【原典】

无心者公，无我者明。

【译文】

没有私心的人处事公正，心中无我的人处事才能明察秋毫。

【跟进解读】

心无牵挂，不贪图功名利禄，不为荣华富贵所诱惑，胸中装的只是顺应天地自然万物的公理，这样的人必会秉公办事，不徇私情。这样的人，从政一定是百姓心目中的好官，一定能体恤百姓，爱民如子；断案一定公正廉洁，不贪赃枉法，不徇私妄情，如青天老爷包拯。只要心中不存在任何成见，更无一己私利，做事就会彰显光明磊落，公正严明。

【原典】

置其身于是非之外，而后可以折是非之中；置其身于利害之外，而后可以观利害之变。

【译文】

使自己置身于是非之外，才能客观公正地辨别是非；使自己置身于利害之外，才能洞晓利害的变化莫测。

【原典】

在事者，当置身利害之外；建言者，当设身利害之中。

【译文】

当事人应当置身于利害之外，提出建议的人应当设身于利害之中。

【跟进解读】

现实生活中，很多人都明白，“当局者迷，旁观者清”这个道理，但是真正能做到的人并不多。面对切身利害，沉迷其中就会偏执矫揉，歪曲事理，除却利害便能心地坦然，便能看透得失利弊，公正无私地处事。想让他人采纳自己的意见，就要身处利害之中，明白利在何处，有害于谁，这样便可见机行事，使自己的建议起到预期的效果。

每个人都不希望别人的意见强加于自己，都希望有自己的主张和意见，因此，对别人的意见很难接受。倘若对方不愿承认你的观点，那你不妨用间接的方法去迎合他，使他避免公然承诺的窘迫，这样他定会感谢。

要想在交流中达到自己的目的，实现自己的计划，就要学会说“你们”会怎样怎样，它体现的是一种人性化的技巧。这不仅是对他人的尊重，也是对自己的尊重。这样会让对方觉得你是在替他考虑，而不是为自己说话，对方当然容易接受你的想法。

【原典】

无事时，戒一偷字；有事时，戒一乱字。

【译文】

没事的时候要戒掉一个“偷”字，有事的时候要戒掉一个“乱”字。

【跟进解读】

一个真正有涵养的人，见到有价值的文物或艺术品，会由衷地喜欢，会产生审美的愉悦感；面对美丽的自然风光，会情不自禁地称赞；面对深陷困境的人，会设身处地地为那个人着想，了解那个人，帮助那个人，而不是流露出粗鲁冷淡幸灾乐祸或者嫉恨的情绪。涵养不仅仅在于知识，还在于理解别人。有涵养的人细心体贴，细致入微，即使有意外事故发生，也能沉着冷静，而不会乱了手脚。平时做事没有头绪、丢三落四，证明学问不高，修养不深，往往因疏忽导致诸多过失，甚至危害生命。

【原典】

将事而能弭，遇事而能救，既事而能挽，此之谓达权[1]，此之谓才。未事而知来，始事而要终，定事而知变，此之谓长虑，此之谓识。

【注释】

①达权：通晓权宜，能应变。

【译文】

能平息将要发生的事，遇到事情能够有拯救之法，已经发生的事情能挽救回来，这就叫达权，也就是所说的有才能。能预知没发生的事情，事情开始后便能知道它的结局，做事懂得其中的变数，这就叫深谋远虑，也就是所说的有见识。

【跟进解读】

如果突然有灾难临头，在生死攸关的时候，你有什么方法解除危险呢？如果平时练好功夫，当这一天到来时，我们正好就用上了，这会省多少力气呀！

俗话说："平时不烧香，急来抱佛脚。"是说平时不烧香拜佛，到了紧急危难的时候才想到要求佛祖保佑。其实，这是许多人都犯的错误。在平时，我们没有认真学习，努力工作，当机遇来临之际，由于自己的准备不充分，就让机会在自己的手心一划而过，只留下无尽的遗憾。所以，弘一大师说这句话不外乎在告诉我们：在平时要做到未雨绸缪，事到临头才有胜算。

一个人要想干成一件事，必须事先进行规划，做好打算。俗话说："不打无准备之仗。"如果能在事前做足准备工作，做到心中有数，对各种情况的出现进行分析，这样事情成功的概率一定很高。如果在事前不做准备工作，对出现的各种情况没有进行分析，当情况出现时，就会使我们惊慌失措，手脚慌乱，事情的失败就不可避免了。

【原典】

提得起，放得下，算得到，做得完，看得破，撇得开。

【译文】

有头脑的人做事情能提得起，放得下，算得到，做得完，看得破，撇得开。

【原典】

救已败之事者，如驭临崖之马，休轻策一鞭；图垂成之功者，如挽上滩之舟，莫少[1]停一棹[2]。

【注释】

①少：暂。

②棹：船桨。

【译文】

挽救已经失败的事，就好比驾驭走到悬崖边上的马儿，千万不要轻易挥动马鞭；办理将要成功的事，就如同拉船上沙滩一样，千万不可少划一桨。

【原典】

以真实肝胆待人，事虽未必成功，日后人必见我之肝胆；以诈伪心肠处事，人即一时受惑，日后人必见我之心肠。

【译文】

用真诚的心接待人，事情虽然不能保证一定成功，但是日后他人必定明白我的真心诚意。以欺骗虚伪的心肠处事，别人虽然受一时迷惑，但是时间长了一定能发现我的心肠狡诈。

【原典】

天下无不可化之人，但恐诚心未至；天下无不可为之事，只怕立志不坚。

【译文】

天下没有不可以教化的人，关键是看我们的诚心是否用足；天下没有不可以做到的事，关键是看志向是否坚定。

【跟进解读】

“精诚所至，金石为开。”意思是人的诚心所到，能感动天地，使金石为之开裂。比喻只要专心诚意去做，什么疑难问题都能解决。常言道，天下无难事，只怕有心人。只要有志向，有毅力，没有办不到的事情。生活中只要我们诚心待人，耐心劝导，时间长了，就算铁石心肠的人，也能被我们的诚心打动。有志者，事竟成。人只要立定志向，坚持不懈，无论多困难的事都能够迎刃而解。

【原典】

处人不可任己意，要悉人之情；处事不可任己见，要悉事之理。

【译文】

与人相处，不能任性固执己见，要洞悉人情世故；处理事情不能刚愎自用，要通晓事理。

【原典】

见事贵乎理明，处事贵乎心公。

【译文】

看待事情的可贵之处在于明白事理，处理事情的可贵之处是要有公平之心。

【跟进解读】

如果你是一个领导者，就要做到："游心于淡"，自己没有要求；"合气于漠"，生命的本能修养到空定的境界。"顺物自然而无容无私"，天下自然大治。在这里，南怀瑾先生指出，要想成就自己，你所需要的不仅是正直的心，博大的胸怀，你成功的最大资本便是你良好的品行。当你以良好的道德和精神去做事待人时，当你以宽阔的胸襟去包容万事万物时，你就已经是一个真正的成功者了。

【原典】

于天理汲汲[1]者，于人欲必淡；于私事耽耽[2]者，于公务必疏；于虚文熠熠[3]者，于本实必薄。

【注释】

①汲汲：欲速之意。《汉书·扬雄传》："少嗜欲，不汲汲于富贵，不戚戚

于贫贱。”

②耽耽：同“眈眈”，垂目下视貌，专注之意。《易经·颐》：“虎视眈眈然，威而不猛也。”

③熠熠：光彩闪烁貌。阮籍《清思赋》：“色熠熠以流烂兮，纷杂错以葳蕤。”

【译文】

急于追求天理的人，对私欲就淡薄了；忙于私事的人，对处理公务必然有疏漏之处；忙于矫揉造作的人，对内在的真我本性必然浅薄。

【原典】

君子当事，则小人皆为君子，至此不为君子，真小人也；小人当事，则中人皆为小人，至此不为小人，真君子也。

【译文】

君子执政，那么小人都能变成君子，在这种情况下还不能成为君子的，那就是真正的小人了。小人执政，那么一般的人都能堕落为小人，在这种情况下仍能远离小人的，那一定是真正的君子了。

【跟进解读】

近朱者赤，近墨者黑。比喻接近好人可以使人变好，接近坏人可以使人变坏。指客观环境对人有很大影响。与品德高尚的君子相处，一些为非作歹的小人也可能弃恶从善，改邪归正。如果品德高尚的君子都不能教化，那么必定是货真价实的小人了。与小人相处，一般的人因修养能力不深往往与小人为伍，日渐沦落。而真能有始有终保持洁身自好、不落俗套的人，必定是道德高尚的君子。

古时候，有个叫黄东生的人。他平日里不务正业，交了个狐狸精做朋友。狐狸精借助自己的法术天天带他去吃喝玩乐。一次，他和狐狸精去酒楼任意取酒客的酒食，狐狸精对一个穿黄衣服的人避得远远的。黄东生问狐狸精：“为什么不去取黄衣人的酒食？”狐狸精顺口说：“这个人很正派，我不敢接近他。”这时，黄东生恍然大悟，他想：狐狸精和我交朋友，一定是我已经走上了邪道。今后必须改邪归正。他才一转念，狐狸精就跑掉了。从此，他果然走上了正路。

黄东生的教训生动地说明了远离不良朋友的重要性。人与人之间彼此相处，必然在思想、言论、行动和各个方面相互影响，这种力量是不能低估的。

在日常生活中，特别是在你为成功而奋斗之初，你可能需要寻求朋友，但是，你要注意，不要结交那些对你有害无益的人，不要被拖入他们的浑水之中。

环境和朋友，对我们的一生有莫大的影响，可以说，交上怎样的朋友，就会有怎样的命运。

【原典】

居官先厚民风，处事先求大体。

【译文】

为官从政要先使民风淳朴敦厚，处理事情要先通晓事情的本质所在。

【原典】

论人当节取其长，曲谅其短；做事必先审其害，后计其利。

【译文】

评价一个人首先要看到他的优点，原谅他的缺点；做事必须首先想到他的利害关系，这样才能避害趋利。

【原典】

小人处事，于利合者为利，于利背者为害；君子处事，于义合者为利，于义背者为害。

【译文】

小人做事，与自己利益一致的为利，与自己利益相冲突的为害；君子做事，与义相一致的为利，与义相冲突的为害。

【跟进解读】

义利二者的区别，也是君子与小人的分界线。义是天下的公理，利是一己私利。为了个人私利，人往往生出许多占便宜的心思来，但是为了天下公理，却少有带头响应之人。这并不是因为世道变了，而是面前的这个公理损害了自己的利益。如果心存私利孝敬父母，此孝必不真；身为人臣，如果心存私利效忠主子，其忠必不至，其最终结果很可能是弑父与君。坚持公理有三：有利于自己，但也无害于他人，此为最下等；有利于自己，也有利于他人，此为中等；有损于自己，但有利于他人，此为上等君子所为。

【原典】

只人情世故熟了，什么大事做不到？只天理人心合了，什么好事做不成？只一事不留心，便有一事不得其理；只一物不留心，便有一物不得其所。

【译文】

只要熟知了人情世故，还有什么大事做不到呢？只要符合天理人心，还有什么好事做不成呢？如果有一件事不留心，便有一件事不能通晓其中道理；如果有一物不留心，这一物也不能尽其所用。

【跟进解读】

社会是复杂的，要想成为社会中有名望的人，一定要懂人情世故！这是最基本的要求。如果不懂人情世故，还想在社会上独当一面，是不可能的，因为从开始就没有掌握社会的规则，所以注定不会成功，这样折腾下去也只是白白浪费精力。洞晓人情世故，并不是为了徇私情，袒护自己亲近的人，目的是更好地为人处事，与人建立和谐的人际关系。如果不揣摩世故，便有可能曲解人情，因错怪好人而招致祸害。做事要谨慎细心，经常反省自己，正所谓心头有一分检点，便自有一分收获。唯有事事留心，一丝不苟，才能增进德业。

【原典】

事到手，且莫急，便要缓缓想；想得时，切莫缓，便要急急行。

【译文】

面临紧急事情的时候，不能心急火燎，要沉着冷静地想方法。想到解决方法的时候，千万不能怠慢，一定要抓紧时间果断执行。

【原典】

事有机缘，不先不后，刚刚凑巧；命若蹭蹬[①]，走来走去，步步踏空。

【注释】

①蹭（cèng）蹬：失事貌。

【译文】

事情的成败是有机遇缘分的，这种机缘不能早不能晚，要恰到好处，才能成功；人的命运充满了困顿坎坷，一生忙忙碌碌地奔走，没有追求，必将步步踏空，一事无成。

【跟进解读】

人生充满了酸甜苦辣，有的人只盯着自己的苦，而不懂得享受自己的乐，于是抱怨自己的命苦。有些人能够摒弃痛苦，抓住快乐，感觉自己的人生充满了幸福。人生的祸福、荣辱、得失，都有一定的命数，有些是我们所追逐的，但费尽心思也无法得到，有些是我们所厌恶的，但却又偏偏让我们碰上了，可谓是福不是祸，是祸躲不过。古人常说生死由命，富贵在天。这种乐观豁达的心态值得我们学习。人生的福祸都是无法预料的，倒不如归于天命的安排，但幸福却是我们个人创造的，不应妄想着上天降临福分。

接物类

——学习与人交往的学问

本篇讲“接物”，重点是讲如何与他人相处，如何做人。司马迁在《报任安书》中写道：“教以慎于接物，推贤进士为务。”接物，就是如何对待他人，如何与别人相处。“世事洞明皆学问，人情练达即文章。”待人接物，人情世故，是每个人在现实生活中无法回避的问题。本章即旨在教导人们如何为人处世、待人接物。为人处世的确是一门博大精深的学问，我们即使穷尽一生也可能无法做到尽善尽美，但只要做到万事反诸心、求诸己，只要做到无愧于心，便是做到了忠恕，也就可以称得上君子了。身处今日，当然不可能完全按照本篇的格言去待人接物。世殊事异，没有永远的准则，但却有永远的努力！怀着敬意与宽容，与他人和睦相处，从容生活，是所有时代人们的永恒追求！

【原典】

事属暧昧，要思回护他，著不得一点攻讦的念头；人属寒微，要思矜礼他，著不得一毫傲睨的气象。

【译文】

关系到他人隐私的事情，要考虑怎样维护，不能有半点想对其攻击陷害的念头；对于贫寒卑微的人，要想到尊敬礼待他们，不能有一点傲慢无礼、骄傲自大的姿态。

【跟进解读】

每个人都有不想让他人知晓的隐私，所以我们应当懂得维护他人的隐私，只要是合法的，是正当的，我们就不能随意泄露。如果想通过泄露别人的隐私陷害他人，谋取私利，必将遭到道德的惩罚，甚至法律的制裁，落得搬起石头砸自己的脚的结局。对不如自己的人，不要轻视羞辱，而应以诚相待，如果用有分别的眼光看待人情世故，便会沦落为阿谀奉承、献媚奸诈之人。

【原典】

凡一事而关人终身，纵确见实闻，不可著口；凡一语而伤我长厚，虽闲谈酒谑，慎勿形言。

【译文】

如果有事情关系到他人一生的荣誉，即使亲眼所见，也不能说出去；如果一句话有损于自己敦厚的品格，那么即使在喝酒闲谈的时候，也要谨慎自己的言行不说出来。

【跟进解读】

有一年春天，弘一法师去无锡惠山。有一个在家弟子告诉他，现在的僧人大都浊俗，且又很少戒行，使人看了憎厌。他问弘一法师这种情况应该如何纠正。弘一法师严肃地告诉这个弟子，议论他人过失，实在不应该。出家的僧人，本来就参差不齐，我们不了解他们的真实情况，不要轻易地指

责别人。

事后，弘一法师用“推直于人，引曲向己；常省己过，不讼彼短”警示世人。后来，弘一法师一直严格遵守这一警训，绝不轻易议论他人是非。

舌头既可以说出最美的语言，也可以颠倒是非。所以，要管好自己的舌头，不要对别人说长论短，不要轻易发表议论。因为一旦出言不慎，就会给自己带来无尽的祸患。晋朝的功臣卫瓘就是因为一句不适当的议论得罪了贾南风，从而给自己招来杀身之祸。

【原典】

严著此心以拒外诱，须如一团烈火，遇物即烧；宽著此心以待同群，须如一片春阳，无人不暖。

【译文】

严密坚守着自己的良心以抗拒外界的诱惑，就像一团烈火一样，遇到外界的污秽杂物时能将其烧毁；对于身边的人要心存宽容，就像一片阳光，使每人都能感到温暖。

【原典】

待己当从无过中求有过，非独进德，亦且免患；待人当于有过中求无过，非但存厚，亦且解怨。

【译文】

对待自己应当在没有缺点的时候寻找缺陷，不仅能够修身养德，还可以避免祸患；对待他人应当从对方的缺点中找到优点，这不只是厚道，还能够消解恩怨。

【跟进解读】

自己不犯错误，并不代表自己没有缺点，所以要时时反省，以追求卓越，逐渐完善自己。修养德行，不能只是为了赢得他人的赞誉与尊重，更重要的是让自己生活得潇洒快乐。对待他人不能只是盯在缺点上，这样往往会犯以点盖面的错误，产生偏见与误解。对待他人更不能吹毛求疵。只有严以律己，宽以待人，全方位审视，才能客观公正地评价他人，才能拥有和谐的人际关系。

【原典】

事后而议人得失，吹毛索垢，不肯丝毫放宽，试思己当其局，未必能效彼万一；旁观而论人短长，抉隐摘微[①]，不留些须余地，试思己受其毁，未必能安意顺承。

【注释】

①抉隐摘微：挑出隐秘的、选取细微的。这里形容故意挑剔毛病、寻找差错。

【译文】

事后再去议论他人的得失，吹毛求疵，寻找差错，不肯放过丝毫，试想自己如果是对方，可能连对方的万分之一都做不到。在一旁评论他人的短处长处，对他人的隐私寻根问底，不留一点余地，试想自己如果受了这样的诋毁，又能甘心忍受吗？

【跟进解读】

想要议论别人的时候先想想自己做得怎么样，想要了解别人先要了解自己。有些人很喜欢把别人的事情当作谈论的话题，对别人说三道四，指手画脚，却从来不想想自己做得怎么样。自己做得好尚且不应该议论别人，更何况很多时候自己做得还不如别人呢！别人怎么样不是最重要的，你自己怎么

样才是最重要的。只有把心思都放在反思自身的缺点和不足上，并且努力想办法提高自己才是当务之急。当你想对别人发表一番议论的时候，还是先把嘴巴闭上，好好看看自己吧。

自然界的一切事物都是良莠不齐的，有参天大树也有叶下小草，有汪洋大海也有涓涓细流。尺有所短，寸有所长，毋形人短，不持己长，不要盲目听信某一方面的言辞而被那些奸邪的小人所欺骗，也不要自以为绝对正确而被一时的意气所驱使；不要用自己的长处来比较人家的短处，不要因为自己的笨拙而嫉妒人家的才能。

【原典】

遇事只一味镇定从容，虽纷若乱丝，终当就绪；待人无半毫矫伪欺诈，纵狡如山鬼，亦自献诚。

【译文】

遇到事情能够始终保持镇定自如，就算事乱如麻，最终也能分清头绪；待人没有丝毫的矫揉造作、虚情假意，即使狡猾如同山鬼的人，也会对我们以诚相待。

【跟进解读】

俗话说，大事化小，小事化了。不管多庞大多复杂的事情，都遵循这个原则去解决，一定会迎刃而解。遇到事情一定要把握好心态，从容不迫，不管多么繁杂困难的事情都能应对自如，即使琐事缠身，也能来去自由；就算事理玄机深奥，也能通晓事理。接人待物真心实意，对权贵不卑躬屈膝、阿谀奉承，对百姓不趾高气扬、骄傲自大，这样的人必能得到世人的尊重，即使鬼神恐怕也要礼让三分。

【原典】

公生明，诚生明，从容生明。

【译文】

公正、诚实、从容不迫都能使人明白事理。

【原典】

人好刚，我以柔胜之。人用术，我以诚感之。人使气，我以理屈之。

【译文】

别人的性格刚强，我们就用温柔战胜他。别人使用诡计，我们就用诚心感化他。别人愤怒，我们就用道理说服他。

【跟进解读】

人在愤怒的时候就会握紧拳头，以待随时出击，保护自己，但是拳头放开后却可以拥抱四周。常言道，强闯少不了逆流，少不了苦头，但柔弱似水的人却可以载舟。针对性格不同的人就应采取不同的对策，刚强之人如果以柔弱视之，倒有可能战胜对手。他人如果处在愤怒的气头上，最好用道理来开导他，一味地责备批评只会使其处境更尴尬，无异于火上浇油。

【原典】

柔能制刚，遇赤子[1]而贲、育[2]失其勇；讷能屈辩，逢喑者而仪、秦[3]拙于词。

【注释】

①赤子：指婴儿。

②贲、育：指孟贲、夏育。战国时期著名的勇士。传说孟贲力大能生拔牛角，夏育能力举千钧。

③仪、秦：指张仪、苏秦。战国时期著名的游说家。

【译文】

柔能克刚，所以即使像古代孟贲、夏育那样的大力士，在遇到小孩子时，勇力也会失去发挥之地。木讷可以制服能言善辩的谋士，遇到木讷、沉默之人，即使像苏秦、张仪这样的游说名家也无济于事、无计可施。

【跟进解读】

每个人都有自身的优点，也有自身的不足。历史上不乏以少胜多，以弱胜强的例子。比如，巨鹿之战、官渡之战和赤壁之战等。现实生活中柔弱之

人如想取胜，只可智取，不可强攻。面对强敌，明知势单力孤，还硬着头皮出战，结果必败无疑。如能以哀兵的姿态迎战，或是以弱小麻痹敌人，倒有可能创造出取胜的战机。说话要看对象，如果对方是个无知之人，我们还要表现自己的伶牙俐齿，让其听了不知所云，这无异于对牛弹琴，对着聋人发感慨。

【原典】

困天下之智者，不在智而在愚；穷天下之辩者，不在辩而在讷；伏天下之勇者，不在勇而在怯。

【译文】

使天下有智慧的人感到困惑的，不是聪明而是愚钝；使天下有雄辩口才的人感到理屈词穷的，不是善辩者而是木讷的人；使天下勇敢的人折服的，不是勇猛而是怯弱。

【原典】

以耐事了天下之多事，以无心息天下之争心。

【译文】

用忍耐之心了解天下的烦琐事，用淡泊之心平息天下的勾心斗角。

【跟进解读】

忍是一种包容，忍不但是一种外在的涵养和品德，更多的时候能带给我们宁静与祥和。家庭成员之间如果能相互忍让，相互包容，便可家庭和睦，生活幸福。朋友同事间如能相互忍让，互相包容，便可多交一些志同道合的朋友，少一些不必要的争端和伤害。拥有一颗淡泊之心，不过分计较成败得失，不被荣华富贵迷失本性，就能使生活逍遥自在，身心恬静自然。

【原典】

何以息谤？曰无辩。何以止怨？曰不争。

【译文】

用什么才能平息诽谤呢？保持沉默。用什么才能停止怨恨呢？不去争

辩解释。

【跟进解读】

生活既丰富多彩，又复杂多变，因此生活中有快乐也有烦恼。诽谤与诬陷之词都是小人凭空捏造的，这些虚假的言行总有水落石出、真相大白的时候。有些人面对诽谤则是极力地辩解，总想及时澄清自己，事情往往欲速则不达，结果倒使更多的人对诽谤之词信以为真，把合理的争辩当成了狡辩。聪明人则是保持沉默，沉默是金，因为他明白实情不会被歪曲，过多的辩解在流言蜚语蔓延时起不了作用，与其徒劳地辩解，不如静待真相大白。

【原典】

人之谤我也，与其能辩，不如能容；人之侮我也，与其能防，不如能化。

【译文】

对于诽谤自己的人，与其和他争辩，不如给予宽容；对于羞辱自己的人，与其时刻提防，不如及时消除怨恨。

【原典】

是非窝里，人用口，我用耳；热闹场中，人向前，我落后。

【译文】

在是非争论的窝里，别人用嘴说，我就用耳朵听；在热闹的场所中，别人争着前进，我却向后退一步。

【跟进解读】

“观棋不语真君子”，回味其中的道理，能使人茅塞顿开。虽然不语，但眼睛看到了胜负的局势，虽然不开口，但从所听到的是非争论中知晓了谁对谁错。一言不发，就能看透世事中蕴涵的道理，这才是真正有智慧的人。为人处世也要学会经常站到局外看事情，这样就会看得更全面，看得更清楚。

【原典】

观世间极恶事，则一眚一慝，尽可优容；念古来极冤人，则一毁一辱，何须计较！彼之理是，我之理非，我让之；彼之理非，我之理是，我容之。

【译文】

看世间那些罪大恶极的事，那么我们受一点疾苦、一点攻击又算得了什么，尽可给予更多的包容；想起古往今来那些蒙受极大冤屈的人，我们所遭遇的一些诽谤和侮辱，又何必去计较！你有理，我无理，我忍让着你；你无理，我有理，我包容着你。

【原典】

能容小人，是大人；能培薄德，是厚德。

【译文】

能宽容小人的人，才是胸怀宽大的人；能培养微小德行的人，才是厚德之人。

【跟进解读】

自古就有鸡肠小肚之人和大度包容之人，这是两种截然相反的人。世人都向往大度能容人的人，但是往往都变成了鸡肠小肚之人，不是人们不愿意成为大度的人，而是成为大度之人，需要有牺牲精神。常言道，路遥知马力，日久见人心。观察一个人胸怀是大是小，关键要看他是否有容人之量，对亲朋好友的容忍可谓人之常情，不能凭此便认为其胸怀宽广。如果能够容下小人，甚至是自己的仇敌，才称得上是真正的胸怀宽广。

【原典】

我不识何等为君子，但看每事肯吃亏的便是；我不识何等为小人，但看每事好便宜的便是。

【译文】

我不知道什么样的人是君子，但只要看到每件事都肯吃亏的人就是君子；我不知道什么样的人是小人，但只要看到事事好占便宜的人就是小人。

【跟进解读】

从古至今教育子孙后代做好人，只有简单的十四个字：君子落得为君子，小人枉费为小人。不管是富贵，还是贫贱，都要自强自立，自尊自爱。做君子的天生不比别人多什么，小人也不少什么，但成就的名望与事业二者却截然相反，归根还是自己一手造成的。小人一心想着谋取利益，不愿吃亏，于名声事业不顾，但君子却即使忍受屈辱也要顾全节义，两者的区别自然泾渭分明。

【原典】

律身惟廉为宜，处世以退为尚。

【译文】

严于律己只有廉正最好，为人处世则是谦让最高尚。

【原典】

以仁义存心，以勤俭持家，以忍让接物。

【译文】

以仁义居心，以勤劳节俭持家，以忍让待人接物。

【跟进解读】

用仁义道德为做人标准，以勤俭节约为立家之道，以忍让为待人接物的

风格。古人提倡这样做，自有它的道理。俗话说，终身让路，不失尺寸，说明忍让是德行的根本。自古以来，无数事例证明，忍让可以消除无穷的祸患，还没有听说因忍让而招来无穷灾祸的。如果想要行忍让之道，首先要从生活中点滴的小事做起，培养自己坚忍的品质。每当想到天下大事时，能够受得小气。受得小气就可以免受大气，能够吃得小亏，就不至于吃大亏。如果总想着占人便宜，必会用尽心计，与他人产生争端，因为便宜是天下人共同追逐的。如果有人想据为己有，就会招致怨恨和祸害，只有放弃，才会消除众怨。

【原典】

径路窄处，留一步与人行；滋味浓处，减三分让人尝。任难任之事，要有力而无气；处难处之人，要有知而无言。

【译文】

道路狭窄的地方，留一步让给他人行走；味道浓烈的时候，分三分给他人品尝。碰到难处理的事情时，要有力量而不能发怨言；与难以相处的人在一起时，要心知肚明但保持沉默。

【原典】

穷寇不可追也，遁辞不可攻也，贫民不可威也。

【译文】

穷途末路的敌人不可追赶，隐约含糊的话不可穷究，在贫穷的人面前不能作威作福。

【跟进解读】

常言道，狗急跳墙，兔急咬人。这句俗语的意思是劝戒人尽量不要做赶尽杀绝的事情。对无路可走的敌人要放其一条生路，求生是人的本能，如果欺人太甚、逼之过急，处于死亡线上的人为了生存会爆发出惊人的能力，这种能力常人难以想象，无法抵抗，甚至可以反客为主，反败为胜。同样道理，说话故意含混其词，证明背后定有隐情，不愿向他人提及，如果再三追问，刨根究底，必会招致厌恶之情。

【原典】

祸莫大于不仇人，而有仇人之辞色；耻莫大于不恩人，而诈恩人之状态。

【译文】

最大的祸患是与他人无仇，但表面却是一副仇人似的言辞面色；最大的耻辱是不曾有恩于人，但却做出一副恩人似的姿态。

【跟进解读】

与人相处，以和为贵。一个人和蔼可亲，才能广结善缘，使人愿意亲近。一个爱甩脸色的人，就会孤立无援，使人敬而远之。本来没有仇敌，但整天带着一副报仇雪恨的样子，必会使人心生恐惧，不敢接近，如果真到了这种地步，好像天下人都成了自己的敌人。从来没有施恩于人，但每天都摆出一副行善积德的姿态，好像全天下的人都欠自己似的，这必会引起他人的厌恶之情。

【原典】

恩怕先益后损，威怕先松后紧。

【译文】

恩惠怕的是先对人有益后对人有害，威严怕的是先松后紧，不能持之以恒。

【原典】

善用威者不轻怒，善用恩者不妄施。

【译文】

善于使用威严的人不会轻易动怒，善于使用恩惠的人不会胡乱施恩。

【跟进解读】

恩威是治世的两大基本手段。一个有威望的领导，往往会采取“恩威并重”的方式来管理员工。在现实生活中，从上到下，离此二字皆会一事无成。如果运用不当，威严招来的将是怨恨，恩惠也不可能得到他人的感激。而恩

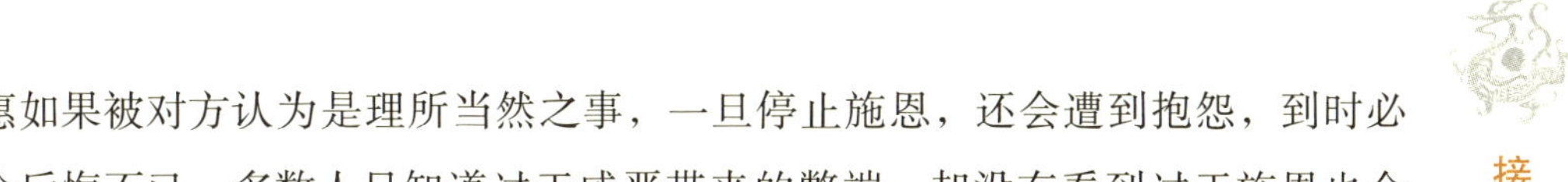

惠如果被对方认为是理所当然之事，一旦停止施恩，还会遭到抱怨，到时必会后悔不已。多数人只知道过于威严带来的弊端，却没有看到过于施恩也会带来危害。乱施恩惠，如果不加节制，很可能会使受恩者得寸进尺，未得到的则愤愤不平。总之，施恩不要一次给得太多，对方吃得过饱，下次你还拿什么满足他呢?

【原典】

宽厚者，毋使人有所恃；精明者，不使人无所容。

【译文】

宽厚的人，不使他人有所依恃；精明的人，不使他人无地自容。

【跟进解读】

宽恕敦厚的人，心地善良，乐于助人，但不能使他人因此有所依恃；精明的人不要让人觉得你绝不会对他人留情面。对待不同的人要用不同的方法，如果对顺从的人过于苛刻威严，自己根本不会得到真正的权威，那只是强迫威逼，别人不会心服口服。人都是有尊严的，教导批评别人一定要注意方法，绝不能有意伤害别人的自尊。如果批评他人毫不留情，甚至伤害到自尊，这无异于把人逼上绝路，不但达不到批评的效果，而且会遭到怨恨。

【原典】

事有知其当变，而不得不因者，善救之而已矣；人有知其当退，而不得不用者，善驭之而已矣。

【译文】

预料到事情有变化，但不得不顺其自然，善于及时补救就行了；知道有些人应该离开，但不得不用他，善于驾驭他就可以了。

【跟进解读】

深谋远虑的人，往往能预料到未来的形势变化。可以预测未来可能出现的不利局面，事先做好应对的策略，当事情发生时，就会沉着冷静，从容应对，并可以补救。刘备三顾茅庐，赵匡胤雪夜访赵，都证明这些人善于用人，对于那些隐居山林的贤人志士，他们都能想办法请其出山效力，由此可知他们驾驭人才的能力。

【原典】

轻信轻发，听言之大戒也；愈激愈厉，责善之大戒也。

【译文】

轻易相信他人，轻易愤怒，这是听人说话的最大禁忌；劝人做好事过于激烈，过于严厉，这是劝人向善的最大忌讳。

【原典】

处事须留余地，责善切戒尽言。

【译文】

做事要留有余地，不可太过苛责，劝人行善最忌讳把话说尽。

【原典】

施在我有余之惠，则可以广德；留在人不尽之情，则可以全交。

【译文】

将我所有的恩惠施于需要帮助的人，那么可以发扬我的德业；将人情留给朋友，那么朋友之间的交情能够天长地久。

【跟进解读】

积德行善是一种美德，不仅可以广结善缘，而且能教导子孙后代。施恩于人，是行善积德的最好行动。施恩要出于真心实意，不能带有个人功利目的；施恩也不能为了炫耀自己、贬低他人，更不能把施恩变成施舍或侮辱。如果对别人吹毛求疵，不讲情面，很难广泛地结交朋友。

【原典】

古人爱人之意多，故人易于改过，而视我也常亲，我之教益易行；今人恶人之意多，故人甘于自弃，而视我也常仇，我之言必不入。

【译文】

古人教导他人多发自爱意，因此他人易于改过自新，和我的关系也亲近，所以教导易于推行；现在的人教导他人多出自恶意，所以使人甘心自暴自弃，仇视教诲之人，则教育之言必不会被接受。

【跟进解读】

宣扬教化，规劝他人，不能只是暴露社会和他人的弊端，必须善于赞美他人的长处，才能打开进言的通道。当人高兴的时候，可视为进言的好时机，但是别人发怒的时候就难以听进我们的劝说。可见，言辞要随时随事而发，切忌不分场合、时间、地点。

【原典】

喜闻人过，不若喜闻己过；乐道己善，何如乐道人善。

【译文】

喜欢听到别人的过失和缺点，不如喜欢听别人说自己的过失和缺点；喜欢炫耀自己的长处，不如赞许别人的长处。

【原典】

听其言，必观其行，是取人之道；师其言，不问其行，是取善之方。

【译文】

不但要听他人的言辞，还要观察他人的行为，这才是选用人的基本方法；只师从别人的言论，不过问他的行为，这才是择善的重要方法。

【原典】

论人之非，当原其心，不可徒泥其迹；取人之善，当据其迹，不必深究其心。

【译文】

议论他人的错误，应当探究他人的本心，不能只局限于他外在的行为表现；学习他人的优点，要首先观察他的行为表现，不必深究他的本心。

【跟进解读】

俗话说，不可以貌取人。不能光凭外在的表现，就对人下结论，这样往往会看错人。一定要观察他的言行举止，了解他的道德品质，方可评价其人。他人所犯的过失，主要由两方面所导致，一是因为自身失误，或者说是一时的疏忽；另一方面是因为私心，为了谋求个人利益。前者根据实际情况可以给予一定的谅解，后者就应给予严厉的责罚。

【原典】

小人亦有好处，不可恶其人，并没其是；君子亦有过差，不可好其人，并饰其非。

【译文】

小人也有优点，不能因讨厌小人，而将其优点一律抹杀；君子也有过错，不能因为喜欢君子，就把他的过错隐藏不提。

【跟进解读】

尺有所短，寸有所长。每个人都有自己的优点，也存在一些缺点。小人确实可恨，但并不是一无是处，小人变坏并不都是自己想学坏，父母、老师、

社会都有责任，所以评价小人不能全盘否定，在否定其行为的同时，也应看到他自身的优点，给予积极教导，给予改过自新的机会。君子之名人人爱好，但君子也并不是完美无缺的，他们同样存在着缺陷，不能盲目崇拜，忽略个人的缺陷，一定要取其所长，补己之短。

【原典】

小人固当远，然断不可显为仇敌；君子固当亲，然亦不可曲为附和。

【译文】

小人固然应当远离，但断不可把他视为仇敌；君子固然应该亲近，但也不可以曲意奉承。

【原典】

待小人宜宽，防小人宜严。

【译文】

对待小人适宜包容，提防小人应该严密。

【跟进解读】

生活中，要与各种人打交道，面对不同的人要用不同的处世之道，才会拥有和谐的人际关系。待君子易，待小人难，待有才的小人则更难，待有功的小人则是难上加难。与小人相处，要宽容谨慎，如果小人有功，可以优厚地奖赏他，但不可以虚情假意欺骗他。害人之心不可有，但防人之心不可无。小人常在暗中要阴谋诡计，使人防不胜防，如不时加防备，很可能就会成为被算计的对象。

【原典】

闻恶不可遽[1]怒，恐为谗人泄忿；闻善不可就亲，恐引奸人进身。

【注释】

①遽：匆忙，马上。

【译文】

听到厌恶的事情不能马上就愤怒，以免被喜欢谗言的人利用来发泄心中的怨恨；听到讨人欢心的好事也不能一味亲近，以免给奸诈之人可乘之机。

【跟进解读】

怒从心头起，恶向胆边生。遇到不公平的事情，不随便表露自己的感情，一定要保持冷静的头脑，才不会乱了方寸。处于愤怒中的人最容易失去理智，结果做出一些过激行为，而事后又追悔不已，所以培养自己的忍耐性，节制愤怒是减少祸患的重要途径之一。要防止遇喜则得意忘形，遇忧则忧心忡忡。

【原典】

先去私心，而后可以治公事；先平己见，而后可以听人言。

【译文】

先去除私心，而后才可以处理好公事；先平息个人偏见，而后才可以听进他人的言论。

【原典】

修己以清心为要，涉世以慎言为先。

【译文】

修身养性应以清心寡欲为要点，为人处世应以谨慎言行为前提。

【跟进解读】

心无牵挂是一种觉悟，又是一种境界；心无牵挂是一种智慧，也是一种思维。

心无牵挂，是童心无邪，是朴质的智慧，更是平凡的生活；它是生命的原点，是一种至高的人生境界。身居吵闹的都市亦不为万念所动，心平气和、心明如镜，清新自然、诙谐幽默，这就是清心寡欲的魅力所在！

【原典】

恶莫大于纵己之欲，祸莫大于言人之非。

【译文】

最大的罪恶莫过于放纵自己的私欲，最大的祸患莫过于诉说他人的短处。

【原典】

人生惟酒色机关[①]，须百炼此身成铁汉；世上有是非门户，要三缄其口学金人[②]。

【注释】

①机关：陷阱。

②金人：典出刘向《说苑·敬慎篇》："孔子之周，观于太庙。右陛之前，有金人焉。三缄其口，而铭其背曰。"云云。故事意在告诫人们慎言。

【译文】

人生路上遍布美酒女色的机关，必须努力修行成为经得起诱惑的铁汉；世上有许多是非之事，要保持沉默向慎言之人学习。

【跟进解读】

金人，指慎言之人，出自《孔子家语·观周》："孔子观周，遂入太祖后稷之庙，庙堂右阶之前，有金人焉。三缄其口，而铭其背曰：古之慎言人也。"一张嘴巴用好了可以建功立业，抵得上千军万马，可以贵极人臣；稍有不慎也可能招致满门抄斩的祸患。春秋战国的纵横名家各方游说，真可谓：三寸不烂之舌，可敌百万之师。不伤一兵一卒，可以夺得他人的城池，为自己的国家创下赫赫业绩。曹操手下的杨修才学出众，可惜最后因恃才放纵而被杀。

【原典】

工于论人者，察己常阔疏[1]；狃[2]于讦直[3]者，发言多弊病。

【注释】

①阔疏：粗疏，不严密。

②狃（niǔ）：习惯，习以为常。

③讦直：尤直敢言，无所避忌。语出《论语·阳货》："恶讦以为直者。"

【译文】

爱好议论他人是非的人，省察自己常常粗心疏忽；习惯于攻击正人君子的人，说话常常有弊病。

【原典】

人情每见一人，始以为可亲，久而厌生，又以为可恶，非明于理而复体之以情，未有不割席[1]者；人情每处一境，始以为甚乐，久而厌生，又以为甚苦，非平其心而复济之以养，未有不思迁者。

【注释】

①割席：古称朋友绝交为割席。

【译文】

人情常常如此：当初次见到某人的时候，总是觉得很亲切，时间长了便心生厌倦之感，甚至认为对方十分可恶，不是洞晓事理，又能体察人情的人，必然会断绝交往；人情常常如此：当第一次身处某一境地时，开始总觉得很快乐，时间长了便产生厌倦，甚至感到十分苦恼，不是心平气和又不断修养德行的人，没有不考虑迁移到别处去的。

【原典】

观富贵人，当观其气概，如温厚和平者，则其荣必久，而其后必昌；观

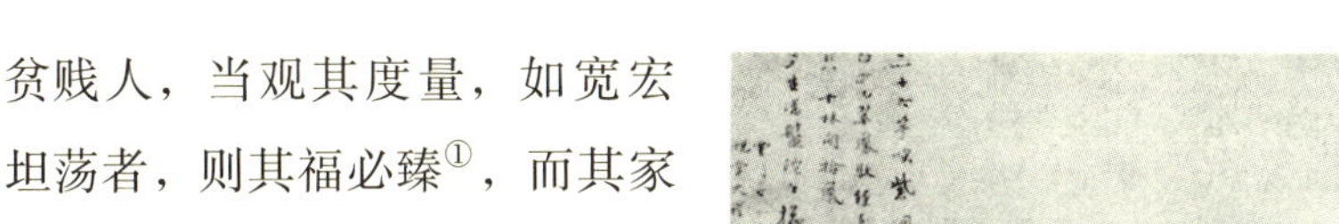

贫贱人，当观其度量，如宽宏坦荡者，则其福必臻[1]，而其家必裕。

【注释】

①臻：到。

【译文】

观看富贵的人，应当观察他的为人，如果性情温厚和平，那么其荣华富贵必会保持长久，而其子孙后代也必会繁荣昌盛；看贫贱之人，就应当看其度量，如果性情宽宏坦荡，那么其福气必将马上到来，而其家境也定会宽裕起来。

【跟进解读】

性格决定命运，是有道理的。一个人性格好，就可以广交朋友，为成功积累人脉；一个人性格暴躁凶残，就会树立敌人，令人敬而远之，甚至会遭到报复。性情温和，可保养身心、益寿延年。如果教传给子孙后代，形成良好的家风，便能世代繁荣昌盛。有些人虽然经济方面贫穷，但他们并不低贱，甚至比富贵之人更显高尚，更令人尊崇。

【原典】

宽厚之人，吾师以养量；缜密之人，吾师以炼识。慈惠之人，吾师以御下；俭约之人，吾师以居家。明通之人，吾师以生慧；质朴之人，吾师以藏拙。才智之人，吾师以应变；缄默之人，吾师以存神。谦恭善下之人，吾师以亲师友；博学强识之人，吾师以广见闻。

【译文】

宽容敦厚的人，我们就学习他的修养度量；文思缜密的人，我们就学习他的练达与见识。慈祥聪明的人，我们就学习他的领导才能；勤俭节约的人，我们就学习他的持家能力。明智通晓事理的人，我们就学习他的智慧；质朴无华的人，我们就学习他的深藏不露。有才智之人，我们就学习他的应变能力；沉默寡言的人，我们就学习他的修养身心之道。谦虚恭敬之人，我们就学习他亲近师友的做法；博闻强识之人，我们就学习他的远见卓识。

【跟进解读】

孔子云："三人行，必有我师焉。"如能敏而好学，不耻下问，便能增进才识，成就一番事业。有的人文思缜密、聪慧，我们便学习他的理解辨析能力；有的人德高望重，我们便学习他的德行与涵养；有的人善于处理人际关系，我们便学习他的交际与沟通能力。认识到别人的长处，同时也要发现自身的缺点，向比自己强的人学习，这样才能提高自己。与人交往要学会取长补短，逐渐完善自我。

【原典】

居[①]视其所亲，富视其所与，达视其所举[②]，穷视其所不为，贫视其所不取。

【注释】

①居：平时。

②举：举荐，推荐。

【译文】

居家时看他所亲近的人，富贵时看他所施予的人，显达时看他所推荐的人，窘迫时看他所不做的事，贫穷时看他所不取的行为。

【原典】

取人之直，恕其戆[①]；取人之朴，恕其愚；取人之介[②]，恕其隘[③]；取人

之敬，恕其疏；取人之辩，恕其肆：取人之信，恕其拘[④]。

【注释】

①戆：鲁莽，刚直。

②介：形容人耿介，有骨气。

③隘：狭隘。

④拘：拘泥，拘谨。

【译文】

学习他人的直率，就要宽容对方的憨厚；学习他人的质朴，就要宽容对方的愚笨；学习他人的耿介，就要宽容对方的狭隘；学习他人的恭敬，就要宽容对方的疏忽；学习他人的雄辩，就要宽容对方的放肆；学习他人的诚信，就要宽容他人的拘谨。

【原典】

遇刚鲠[①]人，须耐他戾气；遇俊逸人，须耐他妄气；遇朴厚人，须耐他滞气；遇佻达[②]人，须耐他浮气。

【注释】

①刚鲠（gěng）：刚强正直。

②佻达：轻薄放荡，轻浮，轻佻。刘元卿《贤奕编·闲钞下》：“今富贵家佻达子弟，乃有以纻丝绫缎为裤者，其暴殄过分，亦已甚矣。”

【译文】

遇到刚强耿直的人，需要忍耐住对方的暴戾；遇到俊逸洒脱的人，需要耐得住对方的胆大妄为；遇到朴实敦厚的人，需要耐得住对方的迟钝缓慢；遇到轻浮戏谑之人，需要耐得住对方的虚浮之气。

【跟进解读】

凡是与人相交时，不可求全责备，最好忽略他人之短，去学习对方的长处。就像沙中取金一般，目的是为了得到金子，不要太过计较沙子的好坏。这样与人相处，不会不融洽。生活中的烦恼、事端，冷静处理就会烟消云散，如果斤斤计较，就会越来越复杂。

【原典】

人褊急[①]，我受之以宽宏；人险仄[②]，我待之以坦荡。

【注释】

①褊急：气量狭小，性情急躁。《诗经·魏风·葛屦》："魏地陿隘，其民机巧趋利，其君俭啬褊急。"孔颖达疏："褊急，言性躁。"

②险仄：奸邪阴险。

【译文】

遇到心胸狭窄、急躁冒进之人，要以宽宏大量的胸怀接受他；遇到阴险邪恶之人，要以坦荡的心胸对待他。

【跟进解读】

对待不同性格的人，要用不同的方法。器量小且性情急躁的人容易相处，因为他们只是在德行方面修养不够，并没有什么邪恶的念头，只要我们有宽宏的气量，不与他争执计较就可以了。但用心险恶的小人就不好对付了。如果一味迁就忍让，给予宽容，很可能会使对方得寸进尺，甚至向我们展开进攻，所以，要及时地给予反击，给予一定的制裁，打击其嚣张的气焰，才不会让我们受其伤害。

【原典】

奸人诈而好名，他行事有确似君子处；迂人执而不化[①]，其决裂有甚于小人时。

【注释】

①执而不化：固执己见，不知变通。《庄子·人间世》："将执而不化，外合而内不訾，其庸讵可乎？"

【译文】

狡诈之人虚伪而爱好名声，在做事时也的确有像君子的地方；迂执的人顽固不化，与他们的决裂有胜过与小人决裂的时候。

【原典】

持身不可太皎洁，一切污辱垢秽，要茹纳[①]得；处世不可太分明，一切贤愚好丑，要包容得。

【注释】

①茹纳：容纳，包容，容忍。

【译文】

修身不能太洁白纯净，最好能容纳所有的污秽诟病；处世不能太过分明，最好能够包容所有的贤愚美丑。

【跟进解读】

凡事过犹不及，人太过精明，不是好事，反而会树立敌人，招来横祸。人太过精明需要暗藏在深厚中才能收到成效。古人所遭遇的祸患，精明人占了十之七八，比如杨修之死。但敦厚之人却很少遭遇灾祸。三国时期，吴国派了两位辩士去蜀国，这二人相互争辩起来，诸葛亮对此深感忌讳，后来二人都因罪被杀。原因就是两人对某些事的黑白太过分明。

【原典】

宇宙之大，何物不有，使择物而取之，安得别立宇宙，置此所舍之物？人心之广，何人不容，使择人而好之，安有别个人心，复容所恶之人？

【译文】

宇宙之宏大，什么东西没有呢？如果只选择对自己有用之物，怎么能另外建立一个世界，放置自己不需要的东西呢？人心之宽广，什么人不能容呢？如果只选择对自己好的人与之交往，那么又怎能有另一个心，去容纳自己所厌恶的人呢？

【跟进解读】

心胸坦荡，气量宏大是伟大之人的气概。抛去胸中荆棘，以便与人没有隔阂地坦然交往，这便是天下第一乐事。处世不可太过严苛，过分挑剔，麒麟凤凰，虎豹蛇蝎，都是自然界生命的一分子，只要它们不危害我们，为什么非要用不同的心对待呢？如果我们能用宽容的胸怀对待万物，就更能感受世界的博大与美好。

【原典】

德盛者，其心和平，见人皆可取，故口中所许可者多；德薄者，其心刻傲，见人皆可憎，故目中所鄙弃者众。

【译文】

德行高尚的人，心气平和，觉得每个人都有可取之处，所以他口中称赞的人多；德行浅薄的人，心存刻薄傲气，见谁都觉得憎恨，所以眼中鄙视的人多。

【跟进解读】

与人相处，可贵之处在于能包容他人的缺点，欣赏他人的优点。对于他人的优点，适时地给予诚恳的赞许，不仅是对他人的一种鼓励，而且可以增进友谊。圣人之所以被尊敬，因为圣人看人，觉得人人都是圣人；不肖之人看人，则皆是不肖者。世人喜欢说天下没有好人，其实是因为他们不能够忠心待人，不能够宽恕他人所致，所以眼中看到的只是坏人。

【原典】

律己宜带秋气①，处世须带春风。

【注释】

①秋气：秋日凄清、肃杀之气。唐卢纶《逢病军人》：“蓬鬓哀吟古城下，不堪秋气入金疮。”此处指严于律己。

【译文】

律己要像秋风扫落叶一般严肃，为人处世要像春风拂面一样温暖。

【原典】

善处身者，尤善处世，不善处世，贼身者也；善处世者，必严修身，不严修身，媚世者也。

【译文】

善于修身养性的人，必定善于处世，不善于处世的，就容易伤害身心；善于处世的人，必定严于修身养性，不严于修身的人，定是看风使舵的人。

【跟进解读】

修身养性是为了更好地处世，不善处世的人必定是身心方面的修养不够。所以，在日常生活中，需要下一番工夫修炼自己的身心。善于处世的人在日常生活中特别注重身心的培养，如不注重修养身心，就会定力不够，遇事惊慌失措，难有所持。可见，两者互为因果，相互促进，如果一方出现差错，另一方必会有所反应。只有统筹兼顾，才会相辅相成。

【原典】

爱人而人不爱，敬人而人不敬，君子必自反也；爱人而人即爱，敬人而人即敬，君子益加谨焉。

【译文】

爱戴别人而别人不以爱心待自己，尊敬别人而别人对自己不以礼相待，这样的情况君子必会自我反省；爱戴别人而别人就会以爱心对待自己，尊敬别人而别人就会尊敬自己，此时的君子应更加谨慎自己的言行。

【跟进解读】

人与人之间的尊重是相互的，尊重别人其实是尊重自己。一个人不懂得尊重自己，简直无药可救，不与这样的人来往是明智的选择。常言道，人敬我一尺，我敬人一丈。如果与人相交能心平气和，有了矛盾争端能互相体谅一番，就会小事化了，对双方来说皆大欢喜。如果争执不休，互不相让，就会徒增烦恼，伤害的也必是双方，谁都不得好过。

【原典】

人若近贤良，譬如纸一张：以纸包兰麝[①]，因香而得香。人若近邪友，譬如一枝柳：以柳贯鱼鳖，因臭而得臭。

【注释】

①兰麝：指名贵的香料。《晋书·石崇传》："崇尽出其婢妾数十人，以示之，皆蕴兰麝，被罗縠。"

【译文】

人如果多与贤良之人亲近，就如同用一张纸包住了兰花、麝香，纸也会因包住了香料而有香味。人如果与奸佞之人亲近，就如同用一枝柳条串鱼、鳖，柳条也会因此而散发腥臭。

【原典】

人未己知，不可急求其知；人未己合，不可急与之合。

【译文】

对不了解自己的人，不可以急于让其了解；对与自己意见不合的人，不可以急于让他顺从自己的意见。

【原典】

落落[①]者难合，一合便不可离；欣欣者易亲，乍亲忽然成怨。

【注释】

①落落：孤独，不合群。李纲《辞免尚书右仆射第一表》："志广材疏，自笑落落而难合。"

【译文】

孤独的人难与之交往，一旦交往便不可分离；喜欢热闹的人容易亲近，贸然亲近也可能会突结仇怨。

【原典】

能媚我者，必能害我，宜加意防之；肯规予者，必肯助予，宜倾心结之。

【译文】

能向我献媚的人，一定能伤害于我，最好加以提防；肯规劝我的人，必定肯帮助我，最好倾心与其相交。

【跟进解读】

俗话说得好，无事献殷勤非奸即盗。如果有人向我们献媚，一定有求于我们或者有害于我们，一定要保持头脑清醒，不要被谗言麻痹。平时爱好直言进谏的人，在患难时定不会弃主而去，卖主求荣，做不仁不义之事。献媚之人善于巧饰，所以花言巧语往往会迷惑他人，这样的人定要严加防范。有些人忠心直言，陈说利弊，虽然言辞显得激烈，但忠言逆耳，真心实意地想帮助对方。

【原典】

出一个大伤元气进士，不如出一个能积阴德平民；交一个读破万卷邪士，不如交一个不识一字端人[①]。

【注释】

①端人：品行端正之人。《孟子·离娄下》："夫尹公之他，端人也，其取友必端矣。"赵岐注："端人，用心不邪僻。"

【译文】

培养一个伤害人世元气的进士，不如栽培一个能积荫德的平民百姓；结交一个读书万卷的邪恶之人，不如结交一个一字不识的端庄之人。

【跟进解读】

世上有才能的人很多，但是德才兼备的人很少。有才的人不一定都是有用的人，有才的人不一定都是好人。加害于国家社稷的有才之人，是百姓和国家的不幸。有人精明强干，但误入歧途，为非作歹，欺骗百姓，这才能又有何用，还不如做一个才智一般、安分守己的平民百姓，不求有功但求无过。

【原典】

无事时，埋藏着许多小人；多事时，识破了许多君子。

【译文】

太平无事的时候，隐藏的小人是不会露出真面目的；有事发生的时候，许多所谓的君子却被识破了。

【原典】

一种人难悦亦难事，只是度量褊狭，不失为君子；一种人易事亦易悦，只是贪污软弱，不免为小人。

【译文】

有一种人既难以取悦又难以与其相处，只是度量小，但这并不能证明他们就不是君子；有一种人既容易相处又容易取悦，但却贪污软弱，这样的难免是小人。

【原典】

大恶多从柔处伏，须防绵里之针；深仇常自爱中来，宜防刀头之蜜。

【译文】

大的罪恶多潜藏在柔弱的地方，要小心提防藏在丝绵里的针；深仇大恨常因爱而生，最好严防刀刃上的蜜汁。

【跟进解读】

错误或过失常常发生在不起眼的地方或是由个人的疏忽所造成，让人难以预料，防不胜防。诸葛亮命令马谡守街亭，本以为会稳操胜券，结果才知用错了人，失去了北攻曹魏的最好机会。龟兔赛跑，谁都认为兔子必胜无疑，但其却因骄傲自大而失去了绝对优势，把胜局拱手相让。做事不能刚愎自用，来不得半点马虎，更不能认为有百分之百的把握，哪怕有百分之一的不确定因素也要留意，提醒自己不要放松警惕，以免因小失大。

【原典】

惠我者小恩，携我为善者大恩；害我者小仇，引我为不善者大仇。

【译文】

施恩惠给我的是小恩，教我从善的才是大恩；伤害我的人是小仇，引诱我为恶的才是大仇。

【跟进解读】

授人以鱼不如授人以渔。给人物质上的帮助，不如教其学会经营生活的一技之长。拿对贫困人口的扶助来说，钱财物品虽然能解一时的燃眉之急，但无法从根本上消除贫困。最好的方法还是让他们自力更生，寻找从根本上解决贫困的途径，或者是因地制宜发展生产，或是依靠科技开辟新的致富门路。支援是输血，但不稳定，失去了血液来源就会死亡；自力更生是造血，虽然辛苦，但可以维持长久。

【原典】

毋受小人私恩，受则恩不可酬①；毋犯士夫②公怒，犯则怒不可救。

【注释】

①酬：酬谢，回报。

②士夫：士大夫，读书人。王符《潜夫论·交际》："夫处卑下之位，怀《北门》之殷忧，内见谪于妻子，外蒙讥于士夫。"汪继培笺："士夫，谓士大夫。"

【译文】

不接受小人的恩惠，一旦接受了就难以报答；不要冒犯士人的公愤，触犯了就难以平息挽救。

【原典】

喜时说尽知心，到失欢[①]须防发泄；恼时说尽伤心，恐再好自觉羞惭。

【注释】

①失欢：失去他人欢心，失和。《旧五代史》："因责延广曰：'致南北失欢，良由尔也。'"

【译文】

高兴的时候把知心话说尽，到失意的时候就应防止对方以此泄愤；生气的时候说尽了伤人的话，事过之后反省自身，必会羞愧不已。

【跟进解读】

兴奋时谨慎言行，失意时抑制愤怒。酒逢知己千杯少，话不投机半句多。人往往会得意忘形，尤其是在高兴的时候，一般人往往会侃侃而谈。人在愤怒的时候会失去理智，无所顾忌，怒火中烧的人往往无法控制情绪，而易做出过激的事，说出过激的话，深深伤害到一些人。等事过之后，又常常后悔难当，真可谓自作自受。

【原典】

盛喜中勿许人物，盛怒中勿答人言。

【译文】

非常高兴的时候不要对别人有所许诺，盛怒之下不要回答他人的提问。

【跟进解读】

人高兴的时候，也是心情十分舒畅、精神十分放松的时候，如果有人此时提出要求，很可能因考虑不周到，不假思索地应承下来。但事后冷静地考虑，又觉得挺为难，因为我们无法兑现承诺，结果反倒落个不守信用的恶名。盛怒之时最好能耐得住，不要做任何决定，切不可胡言乱语，如若不然，很可能就会因为一个微小的问题而节外生枝，惹下祸患。

【原典】

顽石之中，良玉隐焉！寒灰之中，星火寓焉！

【译文】

顽石之中隐藏着美玉，寒灰之中闪烁着星火。

【原典】

静坐常思己过，闲谈莫论人非。

【译文】

一个人静坐时要时常考虑自己的过失，闲谈时千万不要议论他人的缺陷。

【跟进解读】

懂得修身养性的人，都是从容而纯朴的，因为在他们看来，一切暴戾、一切怨恨、一切偏激、一切极端，都远离了智慧的本源，静坐之时，是一个人心底最宁静、头脑最清醒的时候，如果能时常反省自身，知错就改，必能增进德行。闲谈时经常有因言语不慎而惹是生非的，指责他人的错误，揭露他人的隐私，甚至恶语中伤诽谤，都会在无意中提及，给自己带来一身是非。

【原典】

对痴人莫说梦话，防所误也；见短人莫说矮话，避所忌也。

【译文】

对痴迷之人不要胡言乱语，以防他有所误会；对矮小之人不说他所忌讳的话。

【跟进解读】

与人相处，要讲相处之道。人与人之间相处“和”字最可贵。生活中与糊涂之人相处，尽量少说话。对方无法理解，使我们多费些口舌倒还无所谓，怕的是让对方产生误会，曲解我们的意思，使我们蒙受不白之冤。说话看对象是语言艺术的一个重要方面。当着矮人不说短话，如果为了显示自己，而故意揭露对方的缺点，不但伤人，还可能给自己树敌。

【原典】

面谀[①]之词，有识者未必悦心；背后之议，受憾[②]者常至刻骨。

【注释】

①面谀：当面恭维。《孟子·告子下》：“与谗谄面谀之人居，国欲治，可得乎？”

②憾：恨，此处指被议论的对象。

【译文】

当面奉承的话，有见识的人未必就会因此而高兴；背后议论他人的是非，被议论者听到必会恨之入骨。

【跟进解读】

祸从口出。因此奉承话少说，诽谤话勿言。对于一些爱听拍马溜须之言的人来说，阿谀奉承确实能够起到一定的作用。而对于那些洞晓事理、通情达理的人来说，奉承话未必就管用，甚至还会使人生厌。背后议论他人是非多为小人之举，如果让他人听见，必会结下仇怨，甚至遭到报复。谨慎言行，才是为人处世的基本准则。

【原典】

攻人之恶毋太严，要思其堪受；教人以善毋过高，当使其可从。

【译文】

指责他人不要太过苛刻，要想想他是否能承受；教人行善不要要求太高，应以使其能够接受、听从为准。

【跟进解读】

对待他人要宽容，要心平气和。一定要注意，批评别人是想让其改正错误，不是为了攻击。批评指责他人不可以太苛刻，如果求全责备，逼之过急，很可能会使其丧失生活的希望，产生绝望的心理，或者变本加厉，一错再错。只有晓之以理，动之以情，良言相劝，给予其改过自新的机会，才会使他们悔悟。教人行善要依据他人的天性本能，切不可急于求成，所谓欲速则不达，如果操之过急，可能会适得其反。

【原典】

互乡[①]童子则进之，开其善也；阙党[②]童子则抑之，勉其学也。

【注释】

①互乡：古地名，无可考。《论语·述而》中有“互乡难于言”之语。据说那里的孩子缺乏教养。

②阙党：相传春秋时期孔子授徒的场所。

【译文】

对于缺乏教养的孩童要教育他上进，开导他做好事；教养好的孩童要抑制他的骄横之气，以鼓励其再接再厉。

【跟进解读】

阙党，相传为春秋时孔子授徒的场所，在洙泗之间。一个人的品德从孩童时候就在逐渐形成，不要总认为孩童小，不重视他们道德品行的培养。孩童作恶要及时教导，如果不严加管教，甚至纵容庇护，就会染上恶习，必会贻害终生。孩童好比是一棵小树苗，如果长歪了就要及时扶正，否则就会扭曲。即便长大了，因为不是参天大树，而是弯弯曲曲，也是没有多大用途的，成不了栋梁之才。

【原典】

不可无不可，一世之识；不可有不可，一人之心。

【译文】

不认为没有什么是不能完成的，这是人一生高明的见识；不认为有些人和事不对，是一个人的偏见。

【原典】

事有急之不白者，缓之或自明，毋急躁以速其戾；人有操[1]之不从者，纵之或自化[2]，毋苛刻以益其顽。

【注释】

①操：操纵，强迫。

②化：开解。

【译文】

事情有急切之下不能理解的，静下心来慢慢想就可能会明白，急躁的心情只会加速事情的覆灭；人有不听从教导的，故意放纵有可能会使其醒悟，如果急于责备强硬制止，反会进一步增加他的顽劣。

【原典】

遇矜才者，毋以才相矜，但以愚敌其才，便可压倒；遇炫奇者，毋以奇相炫，但以常敌其奇，便可破除。

【译文】

遇到骄傲自大的人，不要与他比较才能，只有用勤奋刻苦的方法与他抗衡，才可以制服他；遇到夸耀自己特别有才能的人，不要用自己的特别才能与他较量，而是以常识来对比他的奇特，便能消除对方的炫耀之心。

【原典】

直道事人，虚衷[1]御物。

【注释】

①虚衷：心胸开阔，心无成见。

【译文】

用坦诚直率待人，用虚怀若谷之心驾驭万物。

【跟进解读】

世事沉浮，变幻莫测。人有好坏之分，事有虚实之分。做人一定要胸怀宽广，意志坚定。胸中一定要有主见，不通晓事理，就会处事不公，以致颠倒是非、黑白不分、冤屈好人。不管是闲居家中，还是有事在外，要养成就事论事，就人论人的习惯，宁可少一事，不能多一事。心中切不可沾染俗念尘垢，保持心地纯洁，才可虚中悉理，不会被他人言语所惑，不会被他人牵着鼻子走。

【原典】

岂能尽如人意，但求不愧我心。

【译文】

为人处世岂能让人人都满意？但求无愧自己的良心。

【跟进解读】

完美的人，完美的事物是不存在的，为人处世又怎能得到所有人的认可呢？最好的处世之道还是不要违背自己的良心，能够得到多数人的支持，我们就可以大胆地做了，而不要在意个别人的闲言碎语。在现实生活中，人和人交往，不求无愧于天下，但求无愧于心。因为每个人的衡量标准不一样，所以不管做什么事，只要对得起自己的良知就行。

【原典】

不近人情，举足尽是危机；不体物情，一生俱成梦境。

【译文】

不通晓人情世故，走到那里都充满危机；不体察自然万物，一生就像是海市蜃楼的梦境。

【跟进解读】

生活中有些人对别人特别严厉，甚至到了不近人情的地步，以至于无人敢和他亲近。要想建立良好的人际关系，说话要懂得给人留情面，做事要懂得给人留余地，这样才会让人感到有度量，心胸宽广，成为人们愿意交往的良师益友。反之，必会四面树敌。不通自然性情，不晓万物之理，就不会获得前进的动力和奋斗的精神支柱，一生浑浑噩噩，庸庸碌碌，到头来就像做了一场梦。

【原典】

己性不可任，当用逆法制之，其道在一忍字；人性不可拂，当用顺法调之，其道在一恕字。

【译文】

自己的性情不可放任，制止任性适宜用逆反的方法，其方法在于“忍”字。别人的性情不可违背，最好用疏导的方法来调理，其原则在于一个“恕”字。

【跟进解读】

放纵任性之人，缺少耐心，要注重培养他的忍耐性。治人如治水，不能强迫阻挡，应该采取疏导的方法，对于性格不好的人，要给予善意的规劝，不能一味地责怪惩罚。静可修身，俭可养德，忍可避祸。保持祥和的心态，便能让我们求得内心的宁静愉悦，享受生活的悠闲自得，这不仅可以修身养性，还可以健康长寿。

【原典】

仇莫深于不体人之私，而又苦之；祸莫大于不讳[①]人之短，而又讦之。

【注释】

①讳：避讳，避忌。

【译文】

最大的仇恨莫过于不能体谅别人的隐私而又使其痛苦不堪，最大的祸患莫过于不避讳他人的短处而又对其揭发攻击。

【原典】

辱人以不堪必反辱，伤人以已甚[①]必反伤。

【注释】

①已甚：过分。

【译文】

侮辱别人太过分必定会反受其辱，伤害别人太过分必定会反受其害。

【跟进解读】

羞辱人之事少为，为之则深受其害。为人处世，害人之心不可有，虽然每个人都有忍耐性，但容忍性又是有限度的，如果对他人侮辱太过分、伤害过深，必会招致激烈的报复。所以，为人处世还是给人留些余地好，以减少事端和仇恨。

【原典】

处富贵之时，要知贫贱的痛痒；值少壮之日，须念衰老的辛酸；入安乐之场，当体患难人景况；居旁观之地，要谅局内人[①]苦心。

【注释】

①局内人：当事者。

【译文】

身处荣华富贵的时候，要知道贫贱人的痛楚；正值身强力壮的年龄时，要想到年迈衰老后的心酸；身处平安快乐的时候，应当体恤苦难人的情况；站在旁观者的立场上，一定要懂得局内人的苦衷。

【原典】

临事须替别人想，论人先将自己想。

【译文】

遇到事情必须多替他人着想，议论别人是非得失时先要想想自己。

【跟进解读】

生活中时常与人打交道，一定要学会全面考虑问题，处理事情也要尽量周到。自私自利之人遇事总是先为自己打算，推卸责任。如能遇事深谋远虑，考虑周详，先替他人着想，必会使人因自己大公无私的精神而感动。议论别人时能够先想想自己在这方面是否也有不足之处，如果存在同样的缺陷，就应先正己后正人。只有自己处事公正，才会令别人心悦诚服地接受我们的批评或教诲。

【原典】

欲胜人者先自胜，欲论人者先自论，欲知人者先自知。

【译文】

要想战胜别人必须要先战胜自己，要想评价他人需要先评价自己，要想了解别人需要先了解自己。

【跟进解读】

为人处世要从严格要求自己做起，只有努力修身养性，提高自己的修养，才会在世俗的惊涛骇浪中，镇定自如。无论追求成功的事业，还是寻求平凡的生活，道路上最大的敌人不是来自外部的恶劣环境或他人的阻隔，而是自己的意志和决心。不自信，不坚强，无论是心态过于紧张，还是情绪过于激动，都是不能战胜自己的表现。所以说，人最大的敌人不是别人而是自己，只有战胜自己，才能无敌于天下。同理，评论他人得失前要先客观公正地评价自己，了解他人前要先知道自己的性格如何。

【原典】

待人三自反①，处世两如何。

【注释】

①自反：反省自身。

【译文】

与人相处要时刻反省自我，处世时要反复体察自己的行为。

【跟进解读】

只有时常自我反省，才会感悟到生活真谛，明白得失之理，进退之机；

才会品味酸甜苦辣的人生滋味，懂得如何摆脱狂躁、迷惘与空虚，求得淡定、清醒与充实。自省心明后，便会有一泉沁心的溪水，为我们带来无尽的快乐。

【原典】

待富贵人，不难有礼而难有体[①]；待贫贱人，不难有恩而难有礼。

【注释】

①体：得体，不卑不亢。

【译文】

对待富贵的人做到有礼不难，但做到得体就比较困难了；对待贫贱人施恩惠容易，但做到以礼相待就比较困难了。

【原典】

对愁人勿乐，对哭人勿笑，对失意人勿矜[①]。

【注释】

①矜：骄矜，自大，自夸。

【译文】

面对愁苦之人不要表现出欢乐的样子，面对伤心哭泣之人不要表现出笑容，面对失意之人不要表现出骄傲得意的神态。

【跟进解读】

满脸忧愁的人一定有烦心事，如果在其面前尽显自己开心欢乐的神情，必会使对方愁上加愁，心里更不是滋味，如不能安慰，就应避而远之。痛哭流涕的人一定遇到了伤心事，此时他们最需要的是安慰，如果我们举止言谈间还带有几分欢喜的话，就可能会使对方产生误解，以为我们幸灾乐祸，甚至会记恨我们。

【原典】

见人背语[①]，勿倾耳窃听。入人之室，勿侧目旁观。到人案头，勿信手乱翻。

【注释】

①背语：指隐秘地说话。

【译文】

看到有人背着众人议论，不要侧耳偷听。进入别人的房间，不要东张西望到处窥探。来到他人的桌案前，不要随手乱动。

【跟进解读】

眼不见心不烦，耳不听心不乱。他人暗中的闲言碎语，多是诽谤诬陷的话，听其言对我们有害无益，所以最好远离那些背语之人，自己的耳根倒也清静。到他人的家中，要显得举止大方，彬彬有礼，如果目光游弋，左顾右盼，这鬼祟的行为易引起他人的顾忌与猜疑，甚至产生误解。他人的东西在未经许可的情况下不要随便翻动，这既是对他人的尊重，也有利于自己养成良好的生活习惯。

【原典】

不蹈[①]无人之室，不入有事之门，不处藏物之所。

【注释】

①蹈：进入，踏入。

【译文】

不踏进没有人的房间，不接近是非之地，不停驻于藏有宝物的地方。

【原典】

闻君子议论，如啜苦茗，森严之后，甘芳溢颊；闻小人言语，如嚼糖霜，爽美之后，寒冱[①]凝胸。

【注释】

①冱：冻结。

【译文】

听君子的议论，如同饮苦茶，虽然开始苦涩难耐，但是过后便会流溢出甜美的滋味；听小人的谄言非语，就如同嘴里吃了块糖一般，但事过之后，便会有冰冷寒霜之感袭击心头。

【跟进解读】

良药苦口利于病，忠言逆耳利于行。君子之言诚恳直爽，虽然有时让人难以接受，但确实可以有益于人生，提高人的道德修养，促使人进步。小人的阿谀奉承就如蜜桃糖果一般，虽然可以让我们得到精神上的兴奋和喜悦，但是对于道德修养没有任何益处。如果听惯了拍马溜须之言，便会对他人善意的批评熟视无睹，甚至导致我们是非不分，正邪难辨。

【原典】

凡为外所胜者，皆内不足；凡为邪所夺者，皆正不足。

【译文】

凡被外在的事物战胜的人，都是因自身修养不深厚导致的；凡被邪恶压倒的人，都是因自身正直不够导致的。

【原典】

存[①]乎天者，于我无与[②]也，穷通得丧，吾听之而已；存乎我者，于人无与也，毁誉是非，吾置之而已。

【注释】

①存：决定。

②与：干涉，参与。

【译文】

命由天定的事，自身无法参与干涉，穷困显达得失，我都听天由命；由自己决定的事，与别人没有什么关系，诋毁赞许，都是我自己该得的。

【原典】

小人乐闻君子之过，君子耻闻小人之恶。

【译文】

小人喜欢听说君子的过失，君子则耻于听到小人的罪恶。

【跟进解读】

君子追求的是高尚的品德，耻于有过，但不耻于改过。对于他人的过失，君子虽感到羞耻，但并不是置之不理，而是给予善意劝勉与积极指导。君子与小人的区别，由此可见一斑。

【原典】

慕人善者，勿问其所以善，恐拟议之念生，而效法之念微矣！济人穷者，勿问其所以穷，恐憎恶之心生，而恻隐之心泯矣！

【译文】

羡慕别人的善良品行，就不要问对方为什么善良，以免心生猜疑而使学习他人行善的想法减少。救济穷困潦倒的人，不要问其为什么贫困，以免产生厌恶之感而泯灭了恻隐之心。

【原典】

时穷势蹙[1]之人，当原其初心；功成名立之士，当观其末路。

【注释】

①蹙：紧迫，狼狈。

【译文】

对于穷困没有权势的人，应当理解他的初衷是好的；对于功成名就的人，要看他最后的结局。

【跟进解读】

有的人虽然生活贫苦，地位低下，却志向远大，总是梦想干一番惊天动地的事业。而有的人生活富裕，位居他人之上，胸中却充满阴谋诡计，总想伺机谋取个人利益。有不少事业有成之人，在身退后认为没有了约束与监督，便开始凭借关系或威望贪赃枉法，以身试法，结果受到应有的惩罚，使多半生的功业名望付之东流，毁于一旦。

【原典】

踪多历乱①，定有必不得已之私；言到支离②，才是无可奈何之处。

【注释】

①踪多历乱：有复杂坎坷的经历。

②支离：说话含糊不清，支支吾吾，吞吞吐吐。《梁书·吴均传》："先是，均表求撰《齐春秋》，书成奏之。高祖以其书不实，使中书舍人刘之遴诘问数条，竟支离无对。敕付省焚之。"

【译文】

经历了数不尽的苦难，一定有迫不得已的苦衷；话还没有说完便戛然而止，这才是最无可奈何的表现。

【原典】

惠不在大，在乎当厄；怨不在多，在乎伤心。

【译文】

恩惠不在大小，而在于它是否救济了处于困难中的人；怨恨不在多少，关键看它是否伤害到了别人的内心。

【跟进解读】

救人施恩要看对象、看时机，千万不可心血来潮、胡乱救济。明明对方不需要周济，我们却施以恩惠，这很可能会使对方产生误解，甚至伤了对方的自尊心，以为我们在炫富，把自己一片好心当成了别有用心。只有对身处

窘迫中的人施以恩惠，才会使我们的施恩起到作用，才会体会到助人的快乐。怨恨也是如此，无论是亲朋好友，还是素不相识之人，玩笑中的几句怨言是不会结下怨恨的，如果有意言及他人的忌讳，故意伤害别人的自尊，就会遭到他人的忌恨。

【原典】

毋以小嫌疏至戚①，毋以新怨忘旧恩。

【注释】

①至戚：最亲近的亲属。

【译文】

不要因为小小的嫌隙而疏远亲友，不要因为新近的怨恨而忘记了过去的恩情。

【跟进解读】

与人相处，好好修炼自己博大的胸怀，胸襟宽广，烦恼就少。干大事业者，不拘小节，因为要想成就大事业，遇事斤斤计较，就会裹足不前。庸俗之人常常因为一些无伤大雅的矛盾或过失便有意疏远怀恨他人，长此以往必会为自己狭隘的心胸付出代价，把自己推入孤立无援、孤家寡人的境地。有仇可以报仇，有恩也要报恩，但不能因为有仇恨便抹杀了恩情，而使自己背上不仁不义的恶名。

【原典】

两惠无不释之怨，两求无不合之交，两怒无不成之祸。

【译文】

双方都想到施以恩惠，即使再大的抱怨也能消除；双方都有所探求，便没有不能友好相处的朋友；双方都怒不可遏，便没有酿不成的祸害。

【原典】

古之名望相近则相得，今之名望①相近则相妒。

【注释】

①名望：声望威信。

【译文】

古时候名望差不多的人能够友好相处，而今天名望相当的人却相互嫉妒。

齐家类

——传承古代治家的智慧

“治国必先齐家”，齐家就是保持家庭的和顺。在儒家看来，齐家是一个人道德的体现，一个人能力的体现，一个人责任的体现，一个人理想与情怀的体现。因此，“齐家”是一个人走向社会、报效国家的基本要求。

本篇所选取的格言以通俗易懂、贴近生活的方式，为我们展现了如何才能“齐家”。通读全篇，我们可以领悟到齐家的几个关键词：第一，勤俭。勤俭是治家之本。第二，和顺。和顺是“齐家”的要义。要做到和顺，必须处理好家庭成员之间的关系，包括父母、兄弟、夫妻、婆媳、仆婢等。做到和谐相处，最重要的就是恪守个人的责任，恪守基本的伦理道德。第三，家风。诗书、忠孝传家是本篇格言中多处强调的，可见齐家必须要培养良好的家风，而培养良好的家风，家教是根本。

【原典】

勤俭，治家之本。忠孝，齐家[①]之本。谨慎，保家之本。诗书，起家[②]之本。积善，传家之本。

【注释】

①齐家：即整顿、协调家庭成员之间的关系，使得家族和睦划一，故称“齐家”。

②起家：使家族兴旺。

【译文】

治家的根本是勤劳节俭。齐家的根本是和顺忠孝。保家的根本是谨慎。兴家的根本是读诗书。传家的根本是积善。

【跟进解读】

勤劳节俭是劳动人民的美德，也是治家的基础。四体不勤则收获稀少，奢侈浪费则无以厚积丰家。所以人在生活中上要克服享乐主义和拜金主义，清心寡欲，做一个克勤克俭、教子有方的好家长。无论是持家、经营企业，还是治理国家，学会理财是成功的关键因素。因为事业的成功仅靠良好的人际关系、先进的管理方法和熟练的业务能力是不够的，理财是其中的基础环节，学会理财才能积累财富。

【原典】

天下无不是的父母，世间最难得者兄弟。

【译文】

天下没有不好的父母，世间最难得的是兄弟之情。

【跟进解读】

人人都说，父母之爱最无私、最伟大。无论贫穷的父母，还是富贵的父母，都会义无反顾地给子女无微不至的照顾。可怜天下父母心，因此父母的言行有时也许不合情理，但其用心绝对是为了使自己的子女幸福。只不过有

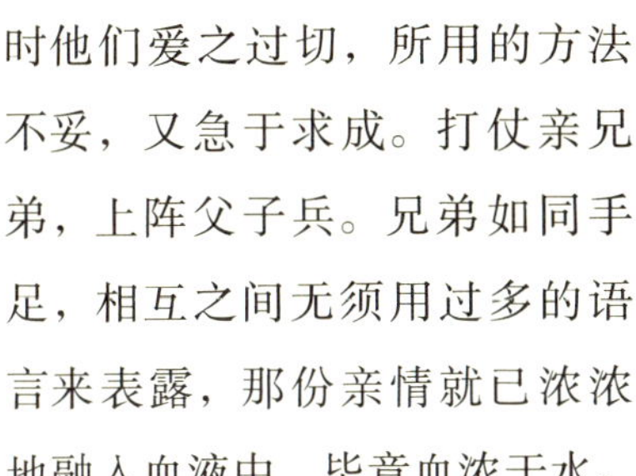

时他们爱之过切，所用的方法不妥，又急于求成。打仗亲兄弟，上阵父子兵。兄弟如同手足，相互之间无须用过多的语言来表露，那份亲情就已浓浓地融入血液中，毕竟血浓于水。

【原典】

以父母之心为心，天下无不友之兄弟。以祖宗之心为心，天下无不和之族人。以天地之心为心，天下无不爱之民物。

【译文】

以父母的爱子之心作为自己的心，天下便没有不可以友好相处的兄弟。以祖宗之心为自己的心，天下便没有不和睦的族人。以天地之心作为自己的本心，天下便没有不值得去关爱的百姓和事物。

【跟进解读】

父母的爱子之心最纯正真实，虽然儿女无法用言语尽情表达，但心灵的感受却永生难忘。有没有父母之爱，向来是衡量人们童年是否幸福的重要内容。这不仅是因为父母有养育之恩，更重要的是博大而深厚的父母之爱温暖了儿女的心，使其感到幸福甜蜜。不管自己的儿女是贫穷还是富贵，父母都会当成自己的心肝宝贝，不管儿女是在身边还是在外，父母都会时时刻刻挂念儿女。

【原典】

人君以天地之心为心，人子以父母之心为心，天下无不一之心矣。臣工以国家之事为事，奴仆以家主之事为事，天下无不一之事矣。

【译文】

作为君主以天地之心为己心，作为子女以父母之心为己心，如此天下就没有不一致的心了。臣子以朝廷之事为大事，奴仆以主人之事为大事，这样天下就没有不成功的事了。

【原典】

孝莫辞劳，转眼便为人父母；善毋望报，回头但看尔儿孙。子之孝，不如率妇以为孝，妇能养亲者也。公姑得一孝妇，胜如[1]得一孝子；妇之孝，不如导孙以为孝，孙能娱亲者也。祖父得一孝孙，又增一辈孝子。

【注释】

①胜如：胜过。

【译文】

孝敬不要怕辛劳而推却，转眼间自己便会为人父母了；做善事不要期望回报，回头间便看到了自己的儿孙。儿子孝敬不如引导媳妇孝敬，媳妇孝敬能够赡养双亲。公婆如能得到一个孝敬媳妇，胜过得到一个孝敬儿子；媳妇孝敬不如教导孙子孝敬，孙子能够使父母快乐，而祖父得到一个孝敬的孙子，便又增添了一辈孝子。

【跟进解读】

不养儿不知父母恩，不养女不知父母心。只有经过亲身体会，才会刻骨铭心。父母应该从小就开始培养孩子尊老爱幼、孝敬父母的美德，让孩子从小就明白自己的责任。一个有责任的人，做事情才会有担当，才会成为家族

的顶梁柱，才会成为国家的栋梁之才。

“万事孝为先”“父母在不远游”等古训，说明传统孝文化早就把孝敬父母放在优先的位置；现在又有了比尔·盖茨“天下最不能等待的事情”的说法，这表明不论古今中外，人同此心。“谁言寸草心，报得三春晖”，这是中华民族传统的美德。亲情是一个人善心、爱心和良心的综合表现。孝敬父母、尊老爱幼是做人的本分，是天经地义的美德，也是各种品德形成的前提，因而历来受到人们的称赞。

【原典】

父母所欲为者，我继述之；父母所重念者，我亲厚之。

【译文】

父母想要做的事，我继承并努力去做好；父母所尊重怀念的人，我视为亲人厚待他。

【跟进解读】

父母一心想做的有意义的事情，作为子女应该积极支持。凡是父母生前想要完成的事子孙后代应该继承遗志，努力完成。如果有年幼、不能自食其力的兄弟姊妹，父母临终前放心不下，身为兄长就要细心照顾关爱他们，以告慰父母在天亡灵。有年老体迈，不能劳作的叔伯、宗族，我们后辈应当周济他们，以使祖上泉下瞑目。有贫穷、窘迫的亲戚朋友，如果都是祖上力求周济之人，我们应当给予援助，以无愧于祖上遗训。

【原典】

婚而论财，究也夫妇之道丧；葬而求福，究也父子之恩绝。

【译文】

婚姻之事论钱财，毕竟丢掉了夫妻之道；丧葬讲求祈福，毕竟断绝了父子之间的恩情。

【跟进解读】

现代人的婚姻常常追求奢华，没有多少实际的好处。希望已达婚龄的人量力而行，切不可盲目攀比。道德比不上人家而追求衣饰的奢华，家道不能治理而竞相追求攀比。古人云："先有人而后有地，先有德而后有人。"总想通过找风水宝地乞求荫德，岂不知福分靠的是积善。

【原典】

君子有终身之丧，忌日是也；君子有百世之养，邱墓[①]是也。

【注释】

①邱墓：坟墓。

【译文】

君子应终身哀悼怀念亡故的父母，在忌日要祭奠亡灵；君子应世代侍奉供养父母，在墓前刻碑铭记。

【跟进解读】

孝悌是中国孝文化的基础，古人云："百善孝为先。"佛说："为父母者，皆深爱其子女，竭力教养，虽诸多苦难，乃至命亡，亦终不舍弃子女；故为子女者，应当孝顺父母，侍奉供养。父母即是家中活佛。若有不孝父母，已是大罪，若更违反父母诫教，则堕地狱无疑矣。"相反，奉行孝道，反而会给自己带来福报。

树欲静而风不止，子欲养而亲不在。还有这样几句歌谣："儿子一日长一日，爹妈一年老一年。劝人及时把孝尽，兄弟虽多不可攀。若待父母去世后，想着尽孝难上难。纵有猪羊灵前祭，爹妈何曾到嘴边。不如活着吃一口，粗茶淡饭也香甜。"说得实在是太有道理了，与其死后哭断肝肠，后悔曾经的许诺未曾兑现，不如生前善待老人，从些许小事做起，从点滴做起，从现在做起。有时间就常回家看看，帮父母做点事。他们不求你成为达官显贵，也不求你给他们多少金钱，你生活得幸福就是对他们最大的安慰。而当你能把对父母的那份爱真实地表达出来，就是对他们最大的回报。

【原典】

兄弟一块肉，妇人是刀锥；兄弟一釜羹，妇人是盐梅[①]。

【注释】

①盐梅：或咸或酸的调味品。

【译文】

兄弟好比是一块肉，妻子好比一把刀或一根锥，随心所欲剜割；兄弟好比一锅汤，妻子好比是调味品，随意调配。

【跟进解读】

封建社会妇女的地位很低，处于被歧视被虐待的地位，就连自己的亲生父母也是重男轻女。剜割也好，调配也罢，都是不当之举。那时人们多认为妇人的眼光见识短浅，男人才胸怀大略，因为他们是明义理之人，所以少有一家之主为女性的，她们的责任也只是局限在操持家务这一方面。明朝郑濂就曾对明太祖朱元璋说过如下一言：“治家之道，惟不听妇人言而已。”这也印证了中国封建社会女性地位的低下。

【原典】

兄弟和，其中自乐；子孙贤，此外何求？

【译文】

兄弟亲密无间，便会自得其乐；子孙贤良，还有其他的要求吗？

【跟进解读】

家和万事兴。家人亲密无间，和睦相处，其乐融融，是世人所追求的幸福。兄弟间的手足之情无法割舍，以亲情为基础的兄弟应和睦相处，只要团结起来，拧成一根绳，再大的困难也能克服。如果兄弟不睦，就可能家庭分裂、家道败落。子孙后代都能行孝悌之举，孝敬父母，兄弟姐妹能互相帮助关心，这便是对祖宗最大的慰藉和回报。

【原典】

心术不可得罪于天地，言行要留好样与儿孙。

【译文】

用心不能够违背天地之理义，言谈举止要给儿孙好榜样。

【跟进解读】

在一个家族里身为父兄，就要做好榜样，教育子弟要言传身教，以身作则。所谓有其父必有其子，如果父兄自己都做不到还要求子弟去做，能让子弟心服口服地去做吗？岂不可笑吗？如果父兄不能起到表率作用，在为人处世方面不守规则，也必会使子弟沾染上不良风气。

【原典】

现在之福，积自祖宗者，不可不惜；将来之福，贻于子孙者，不可不培。现在之福如点灯，随点则随竭；将来之福如添油，愈添则愈明。

【译文】

现在的福分是祖宗遗留下来的，不能不珍惜；将来的福分是留给子孙的，不能不培养。现在的福分就好像在点灯，随着燃烧将会渐渐枯竭；将来的福分就如同添加灯油，越多越明亮。

【原典】

问祖宗之泽，吾享者是，当念积累之难；问子孙之福，吾贻者是，要思倾覆之易。

【译文】

祖宗留下的恩泽在哪里呢？我们现在享受的就是，所以应当体会怀念当初祖宗积累的艰难；子孙享受的福泽在哪里呢？我们遗留下来的就是，所以要想尽办法保持长久。

【跟进解读】

幸福的生活来之不易，一定要珍惜。我们今天所享受的幸福生活，都是由祖上世世代代创造积累的，祖辈所付出的艰辛与磨难，是我们后人无法体会的，所以必须继承祖宗之遗志，弘扬家道之遗风，才能告慰祖宗在天之灵。子孙后代的幸福同样也离不开我们的积累，如想造福子孙后代，让后辈生活

轻松美满，我们不能只知享受祖上的财富，还要努力造福后代。

【原典】

要知前世因，今生受者是，吾谓昨日以前，尔祖尔父，皆前世也；要知后世果，今生作者是，吾谓今日以后，尔子尔孙，皆后世也。

【译文】

现在我们所享受的就是前世之因，我说从前祖父、父亲都是前世；如今我们所做的就是后世之果，从今往后，你的儿子、孙子都是后代。

【跟进解读】

生活本来就是舍与得的世界，我们在选择中走向成熟。做学问要有取舍，做生意要有取舍，爱情要有取舍，婚姻也要有取舍，实现人生价值更要有取舍……正如孟子所说："鱼，我所欲也；熊掌，亦我所欲也。二者不可兼得，舍鱼而取熊掌者也。"人生即是如此，有所舍而有所得，在舍与得之间蕴藏着不同的机会，就看你如何抉择。倘若因一时贪婪而不肯放手，结果只会被迫全部舍去，这无异于作茧自缚，而且错过的将是人生最美好的时光，即使最后能获得什么，那也是一种得不偿失，何苦来哉？

【原典】

祖宗富贵，自诗书中来，子孙享富贵，则弃诗书矣；祖宗家业，自勤俭中来，子孙享家业，则忘勤俭矣。

【译文】

祖宗的富贵，来自诗书，子孙享受富贵，便会遗弃诗书；祖宗的家业来自勤俭，而子孙在享受家业时，却常常忘记勤俭。

【跟进解读】

祖上留下的家产，我们要好好珍惜。积累财富艰辛，挥霍财富容易。挥霍和浪费是积累财富的大敌。祖上留给我们家产，这是我们的福分，一定要善加利用。祖上积累留下的富贵，如果我们只知享用，不懂得与后人分享，不懂得通过更多的途径去获取、去保持，总会有坐吃山空的一刻。

【原典】

近处不能感动，未有能及远者。小处不能调理，未有能治大者。亲者不能联属[①]，未有能格疏者。一家生理[②]不能全备，未有能安养百姓者；一家子弟不率规矩，未有能教诲他人者。

【注释】

①联属：关系亲近。

②生理：生计。

【译文】

连身边亲近的人都不能感化，更不会感化他人。小事都不能够处理好，更不会处理好大事。亲密的人都不能够和睦相处，就更不要说那些关系疏远的人了。自家的生活都打理不好，更不能安养百姓；自家子弟缺少规矩，更不能够教诲他人。

【原典】

至乐无如读书，至要莫如教子。

【译文】

天下最快乐的事莫过于读书，天下最重要的事莫过于教育好子女。

【原典】

子弟有才，制其爱毋弛其诲，故不以骄败；子弟不肖，严其诲毋薄其爱，故不以怨离。

【译文】

子弟有才能，要控制对他们的爱，不能放松对他们的教诲，以免因骄傲自大而失败；子弟不成才，要严加教诲，但也不能减少对他们的关爱，以免使他们因怨恨而远离。

【跟进解读】

娇贵之人容易养成颐指气使的坏习惯，如果没有严父贤师的共同勉励管束，将来难成大器。要让子女知晓贫贱的滋味，从而激励他们勤奋上进。看看自古以来的圣贤，哪一位不是从贫贱中来呢？历经贫贱才会想到自立，能自立才能成就大事。

【原典】

雨泽过润，万物之灾也；恩宠过礼，臣妾之灾也；情爱过义，子孙之灾也。

【译文】

雨下太多，不仅不能滋润万物，反而造成灾害。恩宠泛滥，超过礼仪，是臣妾的灾祸。溺爱多于原则，则成为子孙的灾难。

【跟进解读】

自古以来就有“慈母败子”的说法。所谓“慈母”给子女的爱，多是一种过分的母爱，也就是溺爱。从字面上看，溺爱的“溺”字兼有过分和淹没的意思，过分地疼爱孩子等于淹没他们。古人云：“虽曰爱之，其实害之；虽曰爱之，其实仇之。”这是对“溺爱”一词最好的注释。韩非子有句话：“人之情性莫爱于父母，皆见爱而未必治也。”这是说人与人之间的感情没有比得上父母爱子女之情的，但是只有宠爱，未必就能教育出好子女来。对子女过于溺爱，姑息迁就，就容易导致他们德行败坏。

【原典】

安详恭敬，是教小儿第一法；公正严明，是做家长第一法。

【译文】

安静祥和、恭敬慈爱是教育小孩的首要方法；公平正直、奖惩分明是做家长的首要准则。

【跟进解读】

判断子女能否成才，除了看他才华是否有过人之处外，关键还要看他有没有谦虚谨慎的作风和勤奋上进的精神。现实中有些家长在面对自己的子女时，爱多而义少，容易偏心而不容易公正，显然是不可取的。

【原典】

人一心先无主宰，如何整理得一身正当？人一身先无规矩，如何调剂得一家肃穆？融得性情上偏私，便是大学问；消得家庭中嫌隙，便是大经纶。

【译文】

人心中一开始时没有主见，又怎能够使自己行为刚正呢？人的言行如果没有规矩，又怎能把家治理得威严庄重呢？能消除性情上的偏私，便是大学问；能消除家庭中的嫌隙，就是治家的大学问。

【原典】

遇朋友交游之失，宜剀切①，不宜游移；处家庭骨肉之变，宜委曲，不宜激烈。

【注释】

①剀切：切实。

【译文】

看到朋友有过失，应切实地指出规劝，不要犹豫不决；遭遇家庭的变故，应当委婉平和处理，不要过于激烈。

【原典】

未有和气萃焉，而家不吉昌者；未有戾气结焉，而家不衰败者。

【译文】

从来没有家庭气氛和睦而家道不兴旺发达的；从来没有家庭暴恶聚集而家道不衰败的。

【跟进解读】

家庭和睦，是世人追求的目标。父慈子孝，兄友弟恭，夫义妇顺，拥有如此和睦的家庭是最可贵的。古人云：来到某人家中，如听到老人的感慨声、子弟的骄纵声、妇女的垢碎声、幼子的娇宠声、奴仆的哗笑声、婢媪的惨切声，但主人却是昏昏沉沉，显得兴奋不已，就像梦中呓语一般，这样的家庭必定不能长久兴盛。有的家庭狭窄简陋，但光洁可爱；供具粗浅，但朴素可观。主人举止厚道，子弟彬彬有礼，桌案摆放好书，屋内有纺织之声，夙兴夜寐，不失常态，蔬食菜羹，各有来源。虽然此时门寒族薄，但很快就会繁荣昌盛起来。入观庭户知勤惰，一出茶汤便见妻。父老奔驰无孝子，要知贤母看儿衣。走进他人家中，从以上几个方面就可以了解一个家庭的情况。

【原典】

闺门之内，不出戏言，则刑于之化①行矣；房帷②之中，不闻戏笑，则相敬之风著矣。

【注释】

①刑于之化：刑，通“型”，模范，楷模，形容夫妇和睦。语出《诗经·大雅·思齐》：“刑于寡妻，至于兄弟，以御于家邦。”

②房帷：指夫妻间的情爱。

【译文】

如果夫妻之间不说轻薄非礼之言，夫妻关系就会融洽和睦；如果家庭之中听不到嬉笑，相敬如宾的家风就会逐渐形成。

【跟进解读】

十年修得同船渡，百年修得共枕眠。夫妻的关系最亲近，在一起的时间最多，过日子“勺子没有碰不到锅沿的”，难免有些摩擦和矛盾。遇到这种情况，彼此应学会谦让、体谅、包容，否则就得吵嘴、闹别扭，两人都不顺心。夫妻既然有缘走到了一起，就当好好珍惜，相扶到老，短短几十年转眼就过去，别等失去了才懂得珍惜，那时后悔也晚了。亲情是博大的，友情是真挚的，而夫妻之情是纤细柔腻的，也是回味无穷的。夫妻一条心，黄土也能变成金，共抗患难，共享幸福，这才是恩爱夫妻。如果夫妻间整天怒目而视，找不到共同话语相互倾诉，又怎能执子之手，白头偕老？拥有时不觉得珍贵，失去了才懂得珍惜，这是一般人都容易犯的错误。夫妻之恩失去不可回，所以劝天下所有夫妻彼此相爱、互相尊重、共同珍惜。

【原典】

人之于嫡室也，宜防其蔽子之过；人之于继室也，宜防其诬子之过。

【译文】

对于结发的妻子，应该防止她庇护包容子女的过失；对于继室的妻妾，应该防止她们诬赖前室子女。

【跟进解读】

人世间最伟大的爱是母爱，也正因如此，许多母亲把对孩子的关爱变成了溺爱，甚至对孩子的过失包庇纵容，从而使他们一步步走向罪恶的深渊。千万不要把“母爱”变成“母害”，母亲经常溺爱孩子，会使母爱变成“母害”。母亲对孩子过度保护，就会使孩子失去自我保护、独立生存的能力，结果成了一种伤害。孩子的成长需要经历风吹日晒的磨炼，这样才能成长为坚强的栋梁之才。母亲要替孩子的未来着想，不要过度保护孩子。关爱孩子是必需的，但关爱中的教育才是最重要的，在呵护下让孩子健康茁壮地成长，

光明磊落地做人，才是父母爱孩子的最好方法。

【原典】

仆虽能，不可使与内事；妻虽贤，不可使与外事。

【译文】

仆人即使能干，也不能让他参与家庭内部的事；妻子即使贤惠，也不能让她干预家中以外的事。

【原典】

奴仆得罪于我者尚可恕，得罪于人者不可恕；子孙得罪于人者尚可恕，得罪于天者不可恕。

【译文】

如果我的仆人得罪了我，可以宽恕，但要是得罪了别人，就不能宽恕了；如果子孙得罪了外人，那么还可以宽恕，如果违背了天理，那么就不能包容了。

【原典】

奴之不祥，莫大于传主人之谤语；主之不祥，莫大于行仆婢之谮语[1]。

【注释】

①谮语：进谗言，说别人的坏话。

【译文】

奴仆品德不善，没有比得上向别人传说对主人的诽谤之语了；主人的品性不善，没有比得上按奴仆的谗言行事了。

【原典】

治家严，家乃和；居乡恕，乡乃睦。治家忌宽，而尤忌严；居家忌奢，而尤忌啬。

【译文】

治家严明，家庭才能和睦；在生活中能够做到宽恕，乡邻才能和睦。治家最忌讳太宽厚，更忌讳过于严厉；在生活中忌讳奢侈，更忌讳太吝啬。

【跟进解读】

“居乡恕，乡乃睦。”的确，有时候邻里间少不了为些小事闹出点误会，处理这些事的最好的办法就是付之一笑，大事化小，小事化了。只有互相忍让，宽以待人，才能化干戈为玉帛，因为平和的日子比吵闹更重要。有一个小故事：胡、李两家相邻，虽然各自有一个洗手间，却共用一个厨房，胡家为省水费，就把洗碗、洗衣服什么的都搬到厨房里来做。而李家认为分担了胡家的水费，心中自然不平衡，便把拖布也拿到厨房里冲洗，一时间厨房成了下水道，两家的关系也随之紧张起来。过了一段时间李家想开了，不再为这点小事与胡家较劲，主动在自己的洗手间里冲洗拖布，胡家也自知过分，不再在厨房里洗太多东西，自此两家的关系又趋正常。有些人喜欢占点小便宜，其实大可不必与他们怄气。占小便宜的邻居也并非不讲理，只要你首先做到公允，他们自然就知道纠正自己过分的行为。如果邻里间发生了矛盾，千万不要互不相让，需要讲清的事情，应平心静气地坐下来协商，在交换各自的意见后共同商讨如何解决。如果已经发生了争吵，伤了和气，也可以主动寻找机会向对方道歉，消除成见、化解矛盾，只要你先做了让步，邻居自然会有所反应，因为他也像你一样渴望和睦平静的生活。

邻里之间，低头不见抬头见，如果处理不好邻里关系，两家打来骂往，谁也过不了舒心的日子。所以，我们一定要正确处理邻里关系，彼此真诚相处，和和气气，这样你不但能拥有祥和的宁静的生活空间，而且遇到急难之时，邻居说不定还能助你一臂之力。

【原典】

无正经人交接，其人必是奸邪；无穷亲友往来，其家必然势利。

【译文】

没有正派人愿意与之交往，这样的人必定是个奸诈之徒；没有贫穷的亲友与之来往，这样的家庭必定势利。

【跟进解读】

在亲戚交往中，人情往来，礼节应酬发生的频率是比较高的。比如，新婚之喜、寿诞之庆、乔迁之贺等，走动一下，在礼节应酬上有所表示，这样可以达到相互沟通、交流思想、交换信息的目的。通过加强亲戚关系可以使大家感到亲切愉悦，其乐融融。

亲戚之间相隔很远，彼此不能经常见面，倘若遇到亲戚办一些大事时，就算不能亲身前往，也要备些礼品或书信前往，让亲戚感受到你的挂念，这样就算真的长时间无“人来人往”，但有“物来物往”或“信来信往”，也可

以起到联结亲戚关系的作用。如果连这样的往来也没有的话，亲戚之间的感情就会中断和淡薄。

俗话说，皇帝都有穷亲戚，何况其他人了，寻常的亲友故人，不可能都是名门望族，不管是贫穷的还是富贵的，最好都能以诚相待、以礼相待，切不可嫌贫爱富、趋贵附势。

所谓的正派人，乃是敦厚谦恭的君子。但在世俗人的眼里，这样的君子与众人没有什么区别。那些不与正人君子交往的人，与之来往的必定是些奸诈之辈或是市井小人。君子往往能“达则兼济天下，穷则独善其身”。我们应该学习这种品质。

【原典】

日光照天，群物皆作，人灵于物，寐而不觉，是谓天起人不起，必为天神所谴，如君上临朝，臣下高卧失误，不免罚责；夜漏三更，群物皆息，人灵于物，烟酒沉溺，是谓地眠人不眠，必为地祇所诃，如家主欲睡，仆婢喧闹不休，定遭鞭笞。

【译文】

阳光普照，万物生机勃勃，人为万物之灵，如果睡到天明还不醒，这就是天起人不起，必会遭受上天的遣怒。如同国君上早朝，臣子睡过头却迟到误事一样，必受到惩罚担当责任。三更半夜，万物都休息，如果还沉迷于酒色财气中，这就是地眠人不眠，必受到土地神的责骂，如同家中的主人要睡觉，但仆人却还在不停地吵闹，必会遭到主人的鞭打。

从政类

——造福黎庶的为官之道

从政是中国古代读书人的最高追求，也是人生价值实现的基本途径之一。读书、修身、养性、齐家，皆为做官做准备，这是中国古代士人的基本价值观。读书人为官从政，治理一方，教化百姓，须讲求为官之道，方可全己容身，造福黎庶。本篇所选格言，都是教化为官者须养民爱民，善体庶情，勤政宽仁，薄赋清廉，这些为官之道，即使到了今天也有其现实意义。当然，通篇所弥漫的忠君爱民、民之父母等思想观念，是君主专制之下的从政之道，我们在阅读时必须注意到其时代的局限性。

本篇对官员的一些惩戒、威吓并不是建立在监督基础上的，而是大谈“因果报应”，这些因果报应之说，在古代是有其积极意义的，对于防止官员贪腐起到了一定的作用。身处今天，我们当然不能继续去高谈因果报应，而应将权力关入笼中，以人民的监督来确保政风清正，拒腐防贪。

【原典】

眼前百姓即儿孙，莫谓百姓可欺，且留下儿孙地步[1]；堂上一官称父母，漫道[2]一官好做，须尽些父母恩情。

【注释】

①地步：余地，后路，回旋的余地。《红楼梦》第五十回："这正是会作诗的起法，不但好，而且留了写不尽的多少地步与后人。"

②漫道：不要说，别觉得。

【译文】

做官的对待百姓应该像呵护自己的子孙一样，不要认为百姓软弱好欺，而应想到多为自己的子孙留些阴德；坐在大堂上的官称为父母官，不要以为官好当，同时还要尽到父母的责任与恩情。

【原典】

善体黎庶情，此谓民之父母；广行阴骘[1]事，以能保我子孙。

【注释】

①阴骘：即"阴德"，古代指暗中有德于人的行为。

【译文】

能体恤百姓的疾苦，这才是百姓的父母官；多做积德行善的事，来保护子孙后代平安健康。

【跟进解读】

为官一方，治理管辖一方百姓，要眼光长远，管理百姓的时候应当多考虑家中子孙，把百姓当作自己的子孙，给予关爱。对待百姓，就要想到终有一天百姓会反过来对待其子孙。做官厚待百姓，百姓必会感恩戴德地回报其子孙，如果以权谋私，搜刮百姓，终有一天百姓也会从其子孙后代身上寻求报复。做事情一定要想到有因必有果，努力追求公正廉洁的官风。

【原典】

封赠父祖易得也，无使人唾骂父祖难得也；恩荫[1]子孙易得也，无使我毒害子孙难得也。

【注释】

①恩荫：中国上古时代世袭制的一种变相，指在封建制度下，由父辈的地位而使子孙后辈在入学、入仕等方面享受特殊待遇。

【译文】

为祖父、父亲求得封赏容易，要使别人不唾骂祖父、父亲就难得了；使子孙得到自己的庇护容易，但不使我毒害子孙就难得了。

【原典】

洁己方能不失己，爱民所重在亲民。

【译文】

廉洁才能不失自己的本色，爱护民众关键在于亲近民众。

【跟进解读】

做父母官，最重要的是爱护百姓。经常深入百姓之中了解百姓的真正疾苦，为百姓排忧解难，就会赢得百姓的拥护爱戴，官民一条心，才能创造繁荣昌盛的景象。官爱民在于能体恤百姓的苦衷，爱惜民力，能节约百姓的钱财，为百姓办实事，不摆官架子，不在百姓面前作威作福。做官的人爱护百姓，要从以下三方面做起：平息诉讼、减轻赋役、振兴教育。此外，还要通过勤学提高自身的道德修养，通过奖惩建立赏罚分明的制度。

【原典】

严以驭役而宽以恤民，极于扬善而勇于去奸，缓于催科[①]而勤于抚字[②]。

【注释】

①催科：指催收租税。

②抚字：对子女的爱护养育。古时也用来称颂官吏治理民政。

【译文】

做官对手下的差役要严厉，对百姓要宽容体恤。积极宣扬善行，勇敢地铲除邪恶，要缓和地催缴赋税，要勤于安抚百姓。

【跟进解读】

想成为好官，就要设身处地为民着想，为百姓办实事做好事，就会得到拥护爱戴。为官从政要为民做主，这是对官员的基本要求。但在处理政事的过程中，却出现了不少阳奉阴违的下司，上级官员是公正断案的，但在传达过程中便被一些势利之人动了手脚，或是置之不理，或是欺骗隐瞒。就像顺流而下的千里大堤，在下流出现了一个小小的决口，便会影响到全局的利益。所以，处理政事对各级官员都要严格要求，否则某一级出现差错，便会使上下多层官员都受到名誉的损害。

【原典】

刑罚当宽处即宽，黎庶皆上天儿女；财用可省时便省，丝毫皆下民脂膏。

【译文】

处以刑罚能宽大的地方就宽大处理，普通民众也是上天赋予的生命；财政的开销用度能节省时就尽量节省，一丝一毫都是民脂民膏。

【原典】

居家为妇女们爱怜，朋友必多怒色；做官为左右人欢喜，百姓定有怨声。

【译文】

在家中为了爱怜妻妾而疏远朋友，那么朋友大都不高兴；做官只为了让衙门中人喜欢而疏远百姓，那么百姓定会有所怨言。

【原典】

官不必尊显，期于无负君亲；道不必博施，要在有裨民物。禄岂须多，防满则追；年不待暮，有疾便辞。天非私富一人，托以众贫者之命；天非私贵一人，托以众贱者之身。

【译文】

做官不需要一定尊贵显达，期望的是不辜负国家父母；不必广施道义，要紧的是对百姓有益。为官不需要俸禄太多，够养老了就应及时退还；不需要等到年老，有疾病了就应辞官返乡。上天不会偏心只让一人富有，而是将贫贱百姓的命运托付给你；上天也不会偏心只让一个人显贵，而是将众多下层人的身家性命托付给你。

【跟进解读】

即使自己做官了，但一定要明白为官从政不是为了追求尊贵的身世与显达的权位，而是把做官从政当作自己毕生的事业，以为百姓做更多的贡献为荣；做官也要谨慎使用手中的权力，道义不必乱施，关键是有益于人民。有德而富贵的人，会凭借富贵之势造福更多的人；无德而富贵的人，则会凭借富贵之势危害更多的人。

【原典】

在世一日，要做一日好人；为官一日，要行一日好事。

【译文】

在这个世上活一天就要做一天好人，在朝廷当一天官就要做一天的好事。

【原典】

贫贱人栉风沐雨[1]，万苦千辛，自家血汗自家消受，天之鉴察犹恕；富贵人衣税食租，担爵受禄，万民血汗一人消受，天之督责更严。平日诚以治民，而民信之，则凡有事于民，无不应矣。平日诚以事天，而天信之，则凡有祷于天，无不应矣。

【注释】

①栉风沐雨：风梳头，雨洗头，形容旅途奔波的辛劳。

【译文】

贫贱之人经常在外不顾风雨地奔波，历经千辛万苦，自己食用以血汗钱换来的衣食，上天对他们比较宽容；而做官的富贵显达之人接受朝廷俸禄，衣食住行都是百姓用血汗钱供养的，因此上天对他们的监督更加严厉。平常以诚对待百姓，百姓就会信任你，如果有事有求于百姓，必会一呼百应。平常以诚对待上天，上天必会信任你，只要有事祈祷上天，上天必会满足你的要求。

【原典】

平民肯种德施惠，便是无位的卿相；士夫徒贪权希宠，竟成有爵的乞儿。

【译文】

平民若肯积德行善，他便是没官位的士大夫丞相；做官的只是一味贪图权势，希望得宠，就会成为有爵位的乞丐。

【跟进解读】

官位的高低不代表威望的高低，有的人官位显赫，但是尽做丧尽天良的恶事，在人民的心中这样的人活着是行尸走肉，死了也会遗臭万年。有的人虽然没有什么爵位，做的是日常生计的事情，但是品德高尚，能够尽自己的能力帮助需要帮助的人。这样的人，虽然没有顶戴花翎，但是人人爱戴。人生的爵位高低，也得靠运气，有时候即使强求也难以如愿。与其苦苦追求，不如停下匆忙的脚步另辟蹊径。是你的别人抢不走，不是你的自己留都留不住。有的人一生没有走上仕途，但却可以成就丞相之位所做的功业；有的人虽然拥有高官厚禄，但到头来也可能身败名裂，甚至丢掉性命。

【原典】

无功而食，雀鼠是已；肆害而食，虎狼是已。

【译文】

对百姓没有功劳，却食用俸禄，这样的当官者如同老鼠、麻雀；肆意残害百姓而食用俸禄，这样当官的人就如同残忍的虎狼。

【跟进解读】

做官要想建立丰功伟绩，就要励精图治，忧人民之忧，想人民之想。如果不能为民做出贡献，却食用着从百姓手中得来的俸禄，就是不劳而获，愧对君王的信任和父母的养育之恩，更愧对自己的天地良心。更甚者，一些贪官污吏不但空食俸禄，还变本加厉地搜刮民脂民膏，真可谓虎狼之辈。

【原典】

毋矜清而傲浊，毋慎大而忽小，毋勤始而怠终。

【译文】

不能孤芳自赏、傲视天下，不能只谨慎大事而疏忽小事，做事要有始有终，不能半途而废。

【跟进解读】

清廉正直是做官最高的境界，清心寡欲，谨慎勤恳，是做官的根本。依仗权势，欺压百姓，为恶官；搜刮民脂民膏，见利忘义，唯利是图，为贪官。

【原典】

勤能补拙，俭以养廉。

【译文】

勤劳能够弥补愚笨，勤俭节约能够培养廉洁的品行。

【跟进解读】

为官从政须谨记“廉关顶不住，不算好干部”的箴言，常修为政之德，常思贪欲之害，常怀律己之心，始终坚守廉政阵地，保持淡泊之心，抵御各种诱惑，做到两袖清风。

【原典】

居官廉，人以为百姓受福，予以为锡[①]福于子孙者不浅也，曾见有约己裕民者，后代不昌大耶？居官浊，人以为百姓受害，予以为贻害于子孙者不浅也，曾见有瘠[②]众肥家者，历世得久长耶？

【注释】

①锡：赐给。通“赐”。《楚辞·离骚》：“皇览揆余初度兮，肇锡余以嘉名。”

②瘠：动词，使贫瘠。

【译文】

做官廉洁，人们说百姓因此得福，我以为为子孙造福更是不浅，谁见过约束自己造福百姓的人，他的后代不发达的？做官污浊，人们说百姓深受其害，我以为他贻害子孙不浅，谁见过剥夺百姓养肥自家的人，他的子孙能长久富贵的？

【跟进解读】

如果有一个贪官，手下之人便都会转向贪婪恶毒，压榨、欺压百姓，结果遭殃的只能是老百姓。从古至今，朝代更替，大都是由于大小官员贪污腐败所致，所以给后人留下很深刻的教训。治理国家一定要反对腐败，提倡廉洁，从而树立爱民新风，造福百姓。在每个人的家庭生活中，持家要勤俭，节俭才会积累财富，节俭便会使家庭富裕起来，勤奋上进才能让生活变得越来越美好。

【原典】

以林皋[①]安乐懒散心做官，未有不荒怠者；以在家治生营产心做官，未有不贪鄙者。

【注释】

①林皋：山林水泽，借指退隐之地。

【译文】

以山林隐居的安逸懒散的心态来做官，政事没有不荒废懈怠的；以自家经营的理念去做官，没有不贪婪鄙诈的。

【跟进解读】

为官当勤政爱民，有归隐之心的人多厌倦世事看破官场沉浮，想寻求逍遥自在的生活方式，如果让这样的人做官，必会荒废政事。自家经营者的目的就是盈利，如果为官者把处理政事当作生产经营，必会以权谋私，一心只想谋利。俗话说，夜路走多了总会碰到鬼。回顾一下古往今来的贪官，他们钻营大半生换来的政治前途因贪腐全都毁于一旦。手莫伸，伸手必被捉。只有廉洁爱民，勤政为公，不盘剥百姓谋取私利，才是人民心中的父母官。

【原典】

念念用之君民，则为吉士①。念念用之套数②，则为俗吏。念念用之身家，则为贼臣。

【注释】

①吉士：贤人。

②套数：老一套的办法，相因袭的程式。《二刻拍案惊奇》卷十八："却自有这伙地方人等要报知官府，投递结状，相验尸伤许多套数。"

【译文】

一心只想为君王和百姓尽力，就是好官。一心只想循规蹈矩，就是庸官。一心只想着自己，就是奸臣。

【原典】

古之从仕①者养人，今之从仕者养己。古之居官也，在下民身上做工夫；今之居官也，在上官眼底做工夫。

【注释】

①从仕：从政，为官。陆游《老学庵笔记》："顾迫贫从仕，又十有二年，负神之教多矣。"

【译文】

古时候做官的人体恤百姓，现代做官的人却只知关心自己。古时候做官的人在百姓身上下功夫，现代做官的人则是在上司眼里做功夫。

【原典】

在家者不知有官，方能守分[①]；在官者不知有家，方能尽分。君子当官任职，不计难易，而志在济人，故动辄成功；小人苟禄营私，只任便安[②]，而意在利己，故动多败事。

【注释】

①分：本分。

②便安：便利安稳。

【译文】

在家的人不知道去求官，才能安分守己；做官的人不知道自己有家，才能尽职尽责。君子做官任职，不计较事情的难易，志在帮助贫困的百姓，所以常常能够取得好的功名；小人多无功受禄营私舞弊，只做容易的事，目的是图谋私利，因此常常身败名裂。

【跟进解读】

无论做什么，一定要尽到自己的职责，全心全意为自己的职责奋斗。无论是持家，还是为官，都要一心一意，只有珍视自己的地位和所从事的事业，忘掉一切私心杂念，才能做好自己的分内事，尽到自己的责任。为官从政，君子为的是帮助贫困的百姓，小人则是为了图谋私利。功名的成败和付出的努力有关系，只有尽自己最大的努力付出了方可成功。

【原典】

职业是当然的，每日做他不尽，莫要认作假；权势是偶然的，有日还他主者，莫要认作真。

【译文】

靠职业谋生是理所当然的，天天做都做不完的事，切不可认为它是假的；

权势是偶然的，终有换主的一天，切不可把权势看得太认真。

【原典】

一切人为恶，犹可言也，惟读书人不可为恶，读书人为恶，更无教化之人矣。一切人犯法，犹可言也，惟做官人不可犯法，做官人犯法，更无禁治之人矣。

【译文】

任何人做坏事都情有可原，只有读书人不可以作恶，如果读书人作恶，那么就没有可以教化百姓的人了。百姓犯法还说得过去，但是做官的人不可以犯法，如果做官的人犯法，那么就没有执法治世的人了。

【原典】

士大夫济人利物，宜居其实，不宜居其名，居其名则德损；士大夫忧国为民，当有其心，不当有其语[1]，有其语则毁来。

【注释】

①语：指空谈，高谈阔论。

【译文】

当官的人救世济民，应该看重实效，不能只图虚名，只图虚名就会损害德行；当官的人忧国为民，应该尽心尽责，不能到处夸耀，夸耀必会招来诋毁。

【跟进解读】

做官成功与否与在任时的业绩有莫大的关系，要想流芳百世，就要勤奋努力从政，为百姓造福。名位与业绩是两码事，有的官员爱追求显赫的名声与地位，有的官员则是勤政爱民，为国为民排忧解难，救助困难的人，创造实实在在的业绩。有的官员被业绩冲昏了头脑，忘乎所以，开始骄傲自满、不思进取，有的官员在业绩面前谦虚谨慎、积极进取，再接再厉。官员做的是对是错，最有评判资格的就是其治理下的老百姓了。

【原典】

以处女之自爱者爱身，以严父之教子者教士。执法如山，守身如玉，爱民如子，去蠹如仇。

【译文】

自爱如同处女洁身自爱，教人如同严父教子。执法严如山，守身犹如玉，爱民犹如子，去害犹如仇。

【原典】

陷一无辜，与操刀杀人者何别？释一大憝[1]，与纵虎伤人者无殊！

【注释】

①憝（duì）：坏，恶。

【译文】

诬陷无辜的人，与持刀杀人者又有什么区别？释放一个恶人，与纵虎伤人者又有什么区别？

【原典】

针芒刺手，茨棘[1]伤足，举体痛楚，刑惨百倍于此，可以喜怒施之乎！虎豹在前，坑阱在后，百般呼号，狱犴[2]何异于此，可使无辜坐之乎！

【注释】

①茨棘：蒺藜和荆棘，泛指有刺的植物。

②狱犴：牢狱。

【译文】

针尖刺手，荆棘扎足，都会全身疼痛不已，而酷刑又比这疼痛百倍了，怎能凭自己的喜怒就乱施刑罚呢？虎豹在前，陷阱在后，不停地呼叫，这与身处牢狱又有何区别呢？怎能使无辜的人坐牢呢？

【跟进解读】

断案不能徇私，否则就会错判冤判，害人害己，有损自己的名誉，伤害了百姓。断案如果徇私就会滥施刑罚。断案的时候切忌发怒，一定要保持头

脑冷静。如果判案不仔细分析案情，只凭主观臆断，或是依靠酷刑，就会造成无数屈打成招的冤假错案，这不但灾及自身，还会祸延子孙，一定要引以为戒。

【原典】

官虽至尊，决不可以人之生命，佐己之喜怒；官虽至卑，决不可以己之名节，佐人之喜怒。

【译文】

官位即使再高，也绝不能拿别人的性命成全自己的喜怒之情；官位即使再低，也绝不能拿自己的名誉气节去附和他人的喜怒情绪。

【跟进解读】

古时候，子张曾向孔子请教做官的方法。孔子回答说："多听，对有疑问的地方持保留态度，对没有疑问的，自己说话时也要谨慎，这样就可以少过错；多看，对不理解地方持保留态度，对理解的，自己做时也要谨慎，这样就可以少后悔。说话少过错，做事少后悔，当官吃俸禄也就水到渠成了。"一般人率性而为问题不大，要想当官则必须谨言慎行，约束自己。

【原典】

听断[①]之官，成心必不可有；任事之官，成算[②]必不可无。

【注释】

①听断：听讼断狱。

②成算：已定的计划。

【译文】

断案的官吏绝不可以有成见；担任大事的官吏一定不能没有打算。

【原典】

无关紧要之票[①]，概不标判[②]，则吏胥[③]无权；不相交涉之人，概不往来，则关防[④]自密。

【注释】

①票：政令，公文。

②标判：批示，签发。

③吏胥：小吏。

④关防：印信，这里指机密。

【译文】

无关紧要的公文，一律不签发，这样衙役就不会欺上瞒下；没有关系的人，一律不来往，这样官署内的防范体系就能严密。

【跟进解读】

古代有些官员，向外诉说无稽之谈，以迷惑他人的视听，在内泄露机密之语，以显示自己的交游能力。甚至以假当真，欺骗他人来获取个人利益。还有一些人以权术之变与仕宦相亲密，以溜须拍马的形式乘机谋求利益。为官从政应该忌讳这些！要经常提醒自己保持公正清明，避免被小人迷惑。经常深入实际明察暗访，就能避免小人的蒙蔽。

【原典】

无辜牵累难堪，非紧要，只[①]须两造[②]对质，保全多少身家！疑案转移甚大，无确据，便当末减从宽，休养几人性命。

【注释】

①只：仅仅。

②两造：案件双方当事人。《尚书·吕刑》：“两造具备，师听五辞。”

【译文】

连累无辜，造成难堪，这并不要紧，要紧的是双方对质，就可保全许多清白之人！疑案问题很多，没有确凿证据，就应当从轻论罪、从宽处理，这才可多保住几个人的性命。

【原典】

呆子之患，深于浪子，以其终无转智；昏官之害，甚于贪官，以其狼藉[①]及人。

【注释】

①狼藉：折磨，困厄。

【译文】

痴呆的人带来的祸患远远大于浪子，因为他毕竟没法变得聪明、理智；昏官所造成的危害远远大于贪官，因为他可使民不聊生。

【原典】

官肯著意[①]一分，民受十分之惠；上能吃苦一点，民沾万点之恩。

【注释】

①著意：用心，留意。李渔《蜃中楼》：“你也替我留心，我也替你著意。”

【译文】

做官的人肯关心百姓一分，百姓就会得到十分的恩惠；做官的人肯吃一点苦，百姓就会得到无穷的恩泽。

【跟进解读】

勤政为民的好官是百姓的福气。勤政为民是为政之要，是从政人员不可缺少的价值取向，是为官者的立身之本。自古以来，无论官员还是老百姓都把勤政为民的官员视为好官。做官的人疏于政务，就不能了解百姓的疾苦，不能做到为百姓排忧解难，反而会祸及百姓，这样的官员比贪官酷吏还可恶。懒惰的官员往往遇事推诿拖延，百姓遭遇横逆，却无处申冤；百姓即便告官，又迟迟得不到答复，这样的官员只会受到百姓的怨恨，何谈百姓的拥护与爱戴。

【原典】

礼繁则难行，卒成废阁[①]之书；法繁则易犯，益甚决裂之罪。

【注释】

①废阁：亦作“废格”，搁置而不实施。《史记·平准书》：“于是见知之法生，而废格沮诽穷治之狱用矣。”

【译文】

礼节过多就难以推行，最终将成为束之高阁的书籍；法律过繁，百姓就容易触犯，比严刑死罪还要残酷。

【原典】

善启迪人心者，当因其所明而渐通之，毋强开其所闭；善移易风俗者，当因其所易而渐反之，毋强矫其所难。

【译文】

善于启发人心的人，会用循序渐进的方法从他人知晓处因势利导，而不会强迫其接受自己的意见；善于改善风俗的人，会从容易处渐渐引导，而不会用强制手段使别人改变自己的风俗习惯。

【原典】

非甚不便于民，且莫妄更；非大有益于民，则莫轻举。

【译文】

不是非常不利于百姓的法令，不要轻易更改或废除。不是非常有益于百姓的法令，也不要轻易实施。

【跟进解读】

做官治理一方的时候，推行新的政策法规一定要深思熟虑，小心谨慎。身为地方父母官，必须深入实际，了解当地民情。所推行的政策法规，必须对症下药，才会收到良好的效果。根据地方民风习俗来施教治理，体察疏漏之处以防意外之灾，这才是从政施教的根本。认为有利于民，便不惜财力物力地推行，等事成之后才知得不偿失，为民所谋之利远比不上浩大的投入，所以要深谋远虑。认为某事对百姓有害，便立即制止废除，后来才知侵害的是更多人的利益，而维护的只是少部分人的权益。可见，为官从政只有高瞻远瞩，才能多为百姓办实事。

【原典】

为前人者，无干誉矫情，立一切不可常之法，以难后人；为后人者，无矜能露迹，为一朝即改革之政，以苦前人。

【译文】

作为前人，不要为了名誉而有矫揉造作的举动，制定许多不切实际的法规，使后人难以推行；作为后人，不要骄傲地炫耀自己的才能，去施行短时间就要改革的法令，去挖苦前人。

【跟进解读】

古代有的开国君王为了巩固自己的统治，制定了严刑峻法来统治天下，而不是采取休养生息的缓和政策，致使王朝迅速灭亡。纵观中国封建社会的短命王朝，秦朝、西晋、隋朝的灭亡，都与严酷的刑罚有着莫大的关系。后人在制定法规时也有不足之处，有的官员为了炫耀自己，竟借故推出一些规章制度来显示自己的高明之举，这不但束缚了人们的思想与行动，还辱没了先人的遗志，落个不肖的恶名。为官从政应该德法并重、严宽并重，太严了就会走向专横，太宽了就会被一些小人利用。

【原典】

事在当因，不为后人开无故之端；事在当革，毋使后人长不救之祸。

【译文】

事情应当沿袭古法的，不要轻易改变，以免为后人开了无故的事端；必须废除的腐朽制度，应当及时改革，不要给后人增添难以补救的祸患。

【原典】

利在一身勿谋也，利在天下者谋之；利在一时勿谋也，利在万世者谋之。

【译文】

如果所做的事情只是对自己有利就不要设法寻求，只有对天下苍生有利的事我们才去谋划；如果所做的事情只在短时间有利就不要设法去做，只有对千秋万世有利的事情我们才去谋划。

【跟进解读】

为官从政，要以国家社稷为大，要以天下苍生为重。自私自利之事少做，自私自利的事情多会损害众人的利益，甚至是在众目睽睽下谋夺人民大众的利益，这无异于以一己之力与天下为敌，其结果必然以失败告终。

【原典】

莫为婴儿之态，而有大人之器。莫为一身之谋，而有天下之志。莫为终身之计，而有后世之虑。

【译文】

不要耍小孩子脾气，而应有成年人的气度。不要只是为个人谋私利，而应该志在四方。不要只是为自己的一生谋划，同时也要为子孙后代的利益深谋远虑。

【原典】

用三代以前见识，而不失之迂；就三代以后家数，而不邻于俗。

【译文】

可以借用三代以前的知识，但不可迂腐守旧；可以借用三代以后的治家

之法，但不可落入俗套。

【跟进解读】

后人认为此处的“三代”有三种解释。第一种解释是：夏、商、周。《荀子·王制》中就有：“道不过三代，法不贰后王。”第二种解释是祖、父、子三辈人。第三种解释是曾祖、祖父、父亲三代长辈。学习圣贤前辈持家治国之道，不可因循守旧，更不可过于迂腐。我们无论向前辈学习还是向晚辈学习，都要本着一条原则，取其精华去其糟粕，取长补短。要用心理解，融会贯通，不能断章取义，根据实际情况随时易俗，除弊兴利，才能求得一番援古证今、变通官民的新道理来。

【原典】

大智兴邦，不过集众思；大愚误国，只为好自用。

【译文】

有大智慧的人能够兴邦立国，是因为能够集思广益；愚蠢之人治国必定祸国殃民，原因就是他们刚愎自用。

【跟进解读】

为官从政一定要明白“兼听则明，偏信则暗”这个道理，对实现自己公正廉洁的目标大有帮助。愚蠢之人多固守己见，容易感情用事，在任何事情上他们都可能挑起事端。如果把国家交给他们治理，就会祸国殃民。

【原典】

吾爵益高，吾志益下。吾官益大，吾心益小。吾禄益厚，吾施益博。

【译文】

我的官位越高志气就应越低，我的官位越大心念就应越少，我的俸禄越丰厚施舍就应越广泛。

【跟进解读】

知足常乐是一种难得的生活情趣。贪得无厌地追逐钱财名利的人，就是因为对所得到的永远不满足，所以胸中的欲望之火便无法熄灭，无法控制，最终会伤害自己甚至吞噬了自己。知足常乐的人，乐天知命，安于现状，与世无争，悠然自得。知足之人往往能轻松自在地享受生活，他们不会独自享用劳动成果，而是心甘情愿拿出来与人分享，他们想要的不是金钱，更不是名誉，而是简单快乐的生活。

【原典】

安民者何，无求于民，则民安矣。察吏者何，无求于吏，则吏察矣。

【译文】

怎样才能使百姓安居乐业呢？不向百姓搜刮财物，那么百姓便能享受平安了。怎样才能使官吏廉洁呢？不向官吏提出太多的要求，那么他们就可以廉洁了。

【原典】

不可假公法以报私仇，不可假公法以报私德。天德[1]只是个无我，王道[2]只是个爱人。

【注释】

①天德：上天的德性。董仲舒《春秋繁露·人副天数》：“天德施，地德化，人德义。”

②王道：儒家思想认为，圣人成了君王，其统治即是王道，常与“霸道”相对称。王道政治强调君主以仁义治天下，以德政安抚臣民。

【译文】

不能以国家法律来报私人的仇怨，也不能以国家法律来报答私人的恩德。公德在于无私，王道在于爱民。

【原典】

惟有主，则天地万物自我而立；必无私，斯上下四旁咸得其平。

【译文】

只要有主见，对待天地万物便会有自己遵循的原则；绝对没有私心，就能大公无私地对待周围一切事物。

【原典】

治道之要，在知人。君德之要，在体仁。御臣之要，在推诚。用人之要，在择言。理财之要，在经制。足用之要，在薄敛。除寇之要，在安民。

【译文】

治国的关键在于知人善任，君王的德行关键在于体恤和仁爱，驾驭臣子的关键在于以诚相待，用人的关键在于善于纳谏，理财的关键在于经理节制，丰衣足食的关键在于减轻徭役和降低赋税，消除盗贼的关键在于使人民安居乐业。

【原典】

未用兵时，全要虚心用人；既用兵时，全要实心活人。

【译文】

战争没有开始时，要虚心地任用人才；战争已经发生，要心存仁慈且不可滥杀无辜。

【原典】

天下不可一日无君，故夷齐①非汤武②，明臣道也。不然，则乱臣接踵而难为君；天下不可一日无民，故孔孟是汤武，明君道也。不然，则暴君接踵而难为民。

【注释】

①夷齐：夷、齐，商末孤竹君之子伯夷、叔齐，反对周武王讨伐商王朝，不食周粟而饿死。

②汤武：汤，商朝的建立者；武，周武王姬发，西周王朝的建立者。

【译文】

国家不可一日没有君王，所以夷齐等圣贤之士指责商汤和周武，以此来阐明为臣之道。不然，乱臣贼子就会接踵而来，使君主痛苦不堪。国家也不可一日没有百姓，所以孔孟等儒家名流肯定商汤和周武，以此来阐明为君之道，不然，暴君就会不断涌现，使百姓苦不堪言。

【跟进解读】

《史记·伯夷列传》："伯夷、叔齐，孤竹君之二子也。"夷齐，比喻有气节，不接受敌人施舍。为臣之道在于忠心耿耿，虽然在商汤、周武的治世年代也有奸臣出现，但不能凭此就否定太平盛世的明君贤臣。国以民为本，民以食为天。平民百姓是国家的根本，虽然在商汤和周武统治下的百姓也都经历了不少患难，但不能凭此就说商汤与周武王不是贤德爱民之君。

【原典】

庙堂之上，以养正气为先；海宇之内，以养元气为本。

【译文】

朝廷之上要以培养刚正的气节为先，一国之中要以培养人才为根本。

【原典】

人身之所重者元气，国家之所重者人才。

【译文】

人的身体最重要的是保持元气，国家最重要的是培养人才。

惠吉类

——明白修身行善的意义

惠吉，顾名思义，就是宣扬修身行善的积极意义。“积善之家，必有余庆；积不善之家，必有余殃。”本篇所述，正是积善得福、知足常乐之理。本章围绕“行善”与“知足”二事，教导人们行善则天降福报，善行比钱财更为可贵。行善不仅能够广结福缘，亦能惠及子孙。一个人保持良好的心态，就能够获得福报。什么是良好的心态呢？就是知足。人的欲望无穷无尽，若不知足，即使富贵，同样无法获得快乐。超脱了无谓的欲望，看似平常的小事也是上天的恩赐：平安是福，健康是福，读书是福，闲适是福。今天，我们当然不应当再以福报为目的去修德养身。但是，修德本身就可以让人快乐，多做好事，知足常乐，“福田”自种，快乐在己！

【原典】

圣人敛福，君子考[①]祥；作德日休[②]，为善最乐。

【注释】

①考：考察。

②休：美好。

【译文】

圣人积聚福气，君子考察事情是否吉祥。施恩积德，就会每天生活得坦荡安然，做好事是最快乐的事情。

【跟进解读】

要想真正地积德行善，就要努力做到“勿以恶小而为之，勿以善小而不为”。不要认为坏事小就去做，不要认为好事小就不去做。在日常生活中须要求自己弃恶扬善。弃恶扬善、惩恶扬善是中国传统的宝贵品德，在历史上起到了积极作用，今天我们要继续继承和弘扬它，同时要为之赋予新的时代精神。

【原典】

开卷有益，作善降祥。

【译文】

读书总是有好处，做好事上天就会赐予吉祥。

【跟进解读】

读书之于心灵，犹如锻炼之于身体。读好书，就像在同历史上最杰出的人交谈。从古至今，知识不仅改变着人类的命运，而且还让我们的人生变得富有。书籍是知识的一种载体，许多圣贤智者将自己的智慧融入书中，供无数后人借鉴，从无知与愚昧中走出来。书籍是获取知识的重要来源，可以开阔人的眼界。大家都知道读书的目的不仅仅是为了获取知识，更重要的是通过书中的知识来培养高尚的道德和优秀的品行，达到修身养性的效果，这样才会真正受益。要与时俱进，人贵有活到老学到老的精神。

【原典】

崇德效山，藏器①学海。群居守口，独坐防心。

【注释】

①藏器：收藏才能。《易经·系辞下》："君子藏器于身，待时而动，何不利之有。"器，引申为才能。

【译文】

修养自身的品德要效法高山，内心宽广要像海一般。与他人在一起要谨慎言行，自己独处要防止胡思乱想。

【跟进解读】

胸怀宽广指有气魄、有气度。而胸怀宽广需要不计较眼前得失慢慢修炼才能够得到。古人有"塞翁失马，焉知非福"之说，要知道，眼前的损失，可能就是将来的报酬。何况任何个人的状况总是比上不足，比下有余的。所以，遇事要换位思考，不能总从个人利益出发，也要多从他人立场考虑。想通了，自己宽心，大家宽松。所以，不计较包含了感恩的思想，助人的意识。俗话说得好，“宰相肚里能撑船”。对于微不足道的小事，大家各让一步就平安无事。没有必要小事化大事，大动干戈一场。做一个心胸开阔的人，努力修炼大海一样的胸怀。日常生活中发生误会甚至矛盾冲突是常有的事，关键是如何化解矛盾。宽容的人会主动原谅他人的过失，一笑而过；宽容的人能化敌为友，用宽容征服敌人。宽容有利于解决问题消除矛盾，使人们之间的关系变得融洽。

【原典】

知足常乐，能忍自安。

【译文】

知道满足的人就能够经常感到快乐，能够包容的人自然会平安。

【原典】

穷达有命，吉凶由人。

【译文】

一个人的一生是穷困潦倒还是富贵显达，都是由命运决定的，但是一生的吉凶祸福却是由个人造就的。

【原典】

以镜自照见形容，以心自照见吉凶。

【译文】

自己照镜子可以看到五官容貌，用心做镜子可预知吉凶祸福。

【跟进解读】

人说，最能看清自己的是镜子；镜子说，最难看清自己的是人。照镜子是为了看清自己的模样，如果没有镜子我们便永远无法看清自己的模样，照镜子可以打扮自己的容貌衣冠。有镜子，我们就可以穿戴得体，能使自己给别人留下良好的印象。每个人的眼睛都是一面小镜子，可惜这个镜子只能照

别人却不能照自己。心镜是用来明察、反省自己德行的。自己用心反省言行可以明白自己的得失，预测吉凶，从而及时地改正、完善自我，避免祸患。

【原典】

善为至宝，一生用之不尽；心作良田，百世耕之有余。世事让三分，天空地阔；心田培一点，子种孙收。

【译文】

善良是一个人最宝贵的品质，一辈子受用无穷；如以善心作良田，后代子孙绵延耕种不完。凡事能退让三分，这样就会使天地更宽广；心中培养一点善念，子孙就会收获不完享受不尽。

【原典】

要好儿孙，须方寸中放宽一步；欲成家业，宜凡事上吃亏三分。

【译文】

要想有贤能孝顺的子孙，做事时就需要宽宏大量；要想成家立业，凡事都要肯吃亏。

【跟进解读】

要想成就一番事业，首先就要懂得：肯吃亏，会吃亏，不怕吃亏！目光远大者能吃小亏，有勇气的人敢于吃小亏，有智慧的人懂得吃小亏。

【原典】

留福与儿孙，岂必尽黄金白镪；积德为产业，由来皆美宅良田。

【译文】

留福分给子孙后代，不一定尽是些黄金白银。把积德行善作为祖业，胜过给子孙后代良田美宅。

【跟进解读】

积德行善也不是件容易的事，它不仅要求我们多做好事，多帮助别人，少做损人利己的事，它还要求我们多爱自己的国家多关心社会，做自己力所能及的事以奉献社会!

【原典】

存一点天理心，不必责效于后，子孙赖之；说几句阴骘语，纵未尽施于人，鬼神鉴之。

【译文】

心存一点天理良心，不必苛责子孙学习效仿，到时子孙自会依靠其谋求福分。说几句积阴德的话，即使没有完全施恩于他人，上天也自会知道。

【跟进解读】

有些人对人过于苛刻，总是把原本芝麻大小的事说得比西瓜还要大，并以此来否定一切。他们的怨愤能把事情推向极端，有时候他们也确实是出于善良的本意，但因为鲁莽或是急于求成而造成过失。

【原典】

非读书不能入圣贤之域，非积德不能生聪慧之儿。

【译文】

除了读书，便没有什么能达到圣贤的境界；除了积德，便没有做什么养育出聪明的子女。

【跟进解读】

“玉不琢不成器，人不学不知道。”只有勤奋读书，才能获得渊博知识，才能得到真知灼见，才能明白事理，才能发挥自己的才干，为家、为国尽自己的薄力。不管家境如何困难，我们都不要忘记以书籍充实自己的生活，更不能剥夺孩子受教育的权利。

【原典】

事事培元气，其人必寿；念念存本心，其后必昌。

【译文】

凡事都能够培养元气，这样的人必能长寿；真心能够以善为本，后代便

能兴旺发达。

【原典】

勿谓一念可欺也，须知有天地鬼神之鉴察。勿谓一言可轻也，须知有前后左右之窃听。勿谓一事可忽也，须知有身家性命之关系。勿谓一时可逞也，须知有子孙祸福之报应。

【译文】

不要有一丝欺人的念头，要知道天地鬼神能明察秋毫。不要说一句轻狂之言，要知道左右之人会偷听到。不要疏忽了身边小事，要知道一些小事也会关系到一家人的性命。不要随便逞威风，要知道子孙后代会遭到祸福的报应。

【跟进解读】

他人指出我们的缺点，由于自尊心的驱使我们不愿意承认；意识到自己懒惰，却为自己寻找各种借口……都是自欺欺人的表现。自己欺骗自己，导致我们丧失自省能力，偏离人生方向，所以要避免这种情形的发生。

【原典】

人心一念之邪，而鬼在其中焉，因而欺侮之，播弄之，昼见于形像，夜见于梦魂，必酿其祸而后已。故邪心即是鬼，鬼与鬼相应，又何怪乎！人心一念之正，而神在其中焉，因而鉴察之，呵护之，上至于父母，下至于儿孙，必致其福而后已。故正心即是神，神与神相亲，又何疑焉！

【译文】

人心中如有一丝邪念，鬼怪就会在心中产生，因而去欺侮你，挑拨玩弄你，使你白天精神恍惚，晚上噩梦不断，一定酿成祸害后才会停止。所以邪恶之心就是魔鬼，魔鬼和魔鬼互相呼应，又有什么好奇怪的呢？人心中如有刚正之气，神仙就会在心中产生，因而有了神仙的体察和保护，上到父母，下到子孙，也都会受到神仙的恩赐。所以说心中有刚正之气就是神仙，神仙与神仙相亲相爱，又有什么可质疑的呢？

【跟进解读】

中国有句俗话："得人心者得天下。"我们应该对我们的朋友以诚相待，不管对方怎样对你，不要以害人开始害己告终。如今有些人不再追求良好的品行，他们担心自己的正直在别人眼中不名一文。其实，高尚的人不会因为别人的想法或行为而改变自己的正直，因为他们确信，光明正大是为人的美好品德之一。

【原典】

终日说善言，不如做了一件；终身行善事，须防错了一桩。物力艰难，要知吃饭穿衣，谈何容易。光阴迅速，即使读书行善，能有几时？

【译文】

每天只知说好听的话，不如做一件善事；做了一辈子善事，要时刻防备着做错一件事。人力、物力都十分艰难，所以吃饭、穿衣谈何容易。时光飞逝，即使读书、行善，又能做到多久呢？

【跟进解读】

纵观古今，伟人圣人大多办实事，而那些只会花言巧语者却不一定能成贤才，由此可见，做人不能纸上谈兵。在如今的社会上，能言善辩之人数不胜数。他们善于包装自己，善于用言语去说服别人。在竞争如此激烈的社会，懂得包装自己固然十分重要。但是，这些人往往很少能取得成功，甚至会一败涂地，这到底是为什么呢？原因就在于他们只会纸上谈兵，不愿意甚至不能办实事。这些人大多都只会夸夸其谈，缺乏实际经验。

【原典】

只字必惜，贵之根也；粒米必珍，富之源也；片言必谨，福之基也；微命必护，寿之本也。

【译文】

爱惜书本，是富贵显达的根本；珍惜每一粒米，是富裕的源泉；说话要小心谨慎，这就是获得福分的根基；对于小人生命都倍加爱护，这便是益寿的本源。

【跟进解读】

“书山有路勤为径，学海无涯苦作舟”，学习的道路上没有捷径可走，没有顺风船可驶，想要在广博的书山、学海中收获更多更广的知识，“勤奋”和“潜心”是两个必不可少的条件。只有勤奋读书，才能获得浩瀚如海的知识，才能丰富我们的精神生活。圣贤前辈没有不勤奋读书的，都把读书当作快乐的事情，因为书是人们的精神食粮。生活中没有它，如同失去了光明；智慧中没有它，如同失去了动力。快乐与幸福本是一种心灵的感受，读书可以将我们引入这种高尚的心灵境界。

【原典】

作践五谷，非有奇祸，必有奇穷；爱惜只字，不但显荣，亦当延寿。

【译文】

浪费粮食，虽然不会造成从天而降的大灾祸，但是也会导致极端贫穷；爱惜书本，不但能荣华富贵，而且能延年益寿。

【跟进解读】

“谁知盘中餐，粒粒皆辛苦。”其意是教育人们要珍惜节约粮食，所以我们要做到“一粥一饭，当思来之不易；半丝半缕，但念物力维艰”。勤俭节约是一种美德，节约粮食是每个人应该做的事情。浪费粮食是一种可耻的行为。只要心存节约粮食的意识，其实做起来很简单：能吃多少盛多少，就不用扔剩饭；在餐馆就餐时点菜要适量，吃不完的饭菜就打包带回家。

【原典】

茹素，非圣人教也；好生，非上天意乎。

【译文】

吃素的行为，不是圣人所教的，爱惜生命不是上天的意思吗?

【原典】

仁厚刻薄，是修短关。谦卑骄满，是祸福关。勤俭奢惰，是贫富关。保养纵欲，是人鬼关。

【译文】

仁厚或刻薄，关系到人长寿或短命。谦虚或骄傲，关系到人的福分或祸患。勤俭节约或奢侈懒惰，关系到生活的富裕或贫穷。保养或纵欲，关系到人的生存或死亡。

【跟进解读】

待人要仁慈宽厚，不要轻易愤怒，否则就会使自己和他人都处于难堪的境地。

【原典】

造物所忌，曰刻曰巧；万类相感，以诚以忠。做人无成心，便带福气；做事有结果，亦是寿征。

【译文】

上天忌讳的是苛刻与取巧，使万物相互感化，凭借的是诚实和忠厚。做

人没有成见和私心，便会带来福气，做事有好成果，便是长寿的征兆。

【原典】

执拗者福轻，而圆通之人其福必厚；急躁者寿夭，而宽宏之士其寿必长。

【译文】

固执任性的人福分浅薄，而处世融会贯通不偏执的人福分就会浑厚；性情急躁的人容易夭折，而宽宏大量的人一定会长寿。

【跟进解读】

固执之人多性格偏执、心胸狭窄、顽固不化，脾气暴躁，这不但会惹下祸患，还会危害身体甚至性命。明慎之人行事必明察秋毫、小心翼翼，做事都要有所防备，他们总是三思而后行，以避免过失。虽然命运之神有时会倍加爱护，但明慎之人知道冲动暴躁必然会导致过失。

【原典】

谦卦[①]六爻皆吉，恕字终身可行。

【注释】

①谦卦：六十四卦之一。艮下坤上。

【译文】

谦卦六爻都是吉祥的卦象，而“恕”字可以终身受益。

【跟进解读】

为人谦逊会给自己带来吉祥，消除烦恼，所以谦卦六爻都是吉祥的卦象。明察、谨慎、宽恕的人总是善于控制自己，由此表现出真正的人格和真正的心性修养。这是因为心胸宽广的人不会轻易被情绪左右。冲动会使情绪摇摆不定，人的判断力就会受到很大的影响。

【原典】

作本色人，说真心话，干近情事。

【译文】

做自然真实的人，说真心话，干符合情理的事。

【跟进解读】

认真做事，本分做人，这是为人处世的基本原则。诚实善良是人类最高尚的品德，虽然有时候我们会为此吃亏，但收获也许更丰厚。有理走遍天下，无理寸步难行。无论做任何事情，都要心存理解，处处为别人着想，遇到无理争三分者，也要做到以理服人。为人处世切记要做通情达理之人，行事要光明磊落，无愧于心，从而坦然地享受生活。

【原典】

一点慈爱，不但是积德种子，亦是积福根苗，试看哪有不慈爱的圣贤；一念容忍，不但是无量德器，亦是无量福田，试看哪有不容忍的君子。

【译文】

有一丝慈爱之心，不但是积累德行的种子，也是积累福气的根苗，看看哪有不慈爱的圣贤之士？有一点容忍的念头，不但有宽宏大量的气度，也有享不尽的福泽，看看哪有不容忍的君子？

【原典】

好恶之念，萌于夜气，息之于静也。恻隐之心，发于乍见，感之于动也。

【译文】

人的善恶的念头，萌芽于晚上静思所产生的良知善念，在心平气和中平息。同情之心，多在一瞬间萌发，从而使人有所感动。

【跟进解读】

常言道，善恶都是一念之差。你要一心向善，并付诸实践，就会走上向善的道路，坚持不懈，就会修炼出高尚的品德。

【原典】

塑像栖神，盍归奉亲；造院居僧，盍往救贫。

【译文】

塑造佛像，供奉神灵，何不去侍奉双亲？建造庙宇，施舍僧侣，何不去救济贫穷？

【跟进解读】

俗话说，世间第一好事，莫如救难怜贫。在家只知参神拜佛，好似在行善积德，但在实际行动上竟连双亲也不顾，这岂不是舍本逐末？积德行善，还是须从身边做起，从孝敬父母做起，并逐渐发扬光大。

【原典】

费千金而结纳势豪，孰若倾半瓢之粟，以济饥饿；构千楹而招徕宾客，何如茸数椽之屋，以庇孤寒。悯济人穷，虽分文升合，亦是福田；乐与人善，即只字片语，皆为良药。

【译文】

与其耗费大量金钱结交达官富豪，不如贡献半瓢的粮食，去周济饥饿的穷人；与其建筑大量房屋招揽宾客，不如修几间茅屋，去收容孤苦寒冷的人。救济穷人，即使一点点钱，也是积累福田；乐于助人，即使只言片语，也是上等良药。

【原典】

谋占田园，决生败子；尊崇师傅，定产贤郎。

【译文】

如果一心想着占领他人的田园，一定会产生败家之子；如能尊敬崇拜老师，一定会培养出贤良子孙。

【跟进解读】

古人云：一派青山景色幽，前人田土后人收。后人收得休欢喜，还有收人在后头。从古至今，创业容易守业难，“富不过三代”。祖宗辛辛苦苦创下的家业，为什么儿孙不但不能发展壮大反而挥霍一空，难道祖宗不想让自己的家业繁荣昌盛吗？一味地为子孙置办美宅良田，不如教会子孙贤能贤德。祖宗造福子孙要深谋远虑，要让子孙在根本上受益。如果只知为子孙积累财富，却不教他们勤俭持家之道，这样的人实际上却是贻害了子孙！

【原典】

平居寡欲养身，临大节则达生委命；治家量入为出，干好事则仗义轻财。

【译文】

平日清心寡欲来修身养性，面临大事时则通达生命寄托性命；治理家业需要勤俭节约量入为出，做好事时则仗义疏财。

【跟进解读】

俗话说，吃不穷，穿不穷，算计不到要受穷。不懂得理财，挣得再多都经不起挥霍。要学会理财，就应养成记账的习惯，只要认真计划开支，即使你收入不高，也可以让生活过得有滋有味，关键是你要懂得把钱花在该花的地方，不该花的地方坚决不花。

【原典】

善用力者就力，善用势者就势，善用智者就智，善用财者就财。

【译文】

善于用力的人就发挥力量，善于造势的人就去制造声势，善于运用智慧的人就要利用自己的机智，善于管理钱财的人创造财富。

【原典】

身世多险途，急需寻求安宅；光阴同过客，切莫汩没[①]主翁。

【注释】

①汩（gǔ）没：犹沉沦也。

【译文】

人生在世多遇险途，这就需要我们寻求平安的住所；光阴如同匆匆而去的过客，切不可浪费时间让此生沉沦下去。

要把握世界，先把握个人行动；要把握个人行动，先处理好内心的平衡。那个“旗动、风动、心动”的著名故事也说明了这个道理。人生中，我们须时刻保护自己那颗纯真之心。同时怀有一种应对各种挑战的戒心，不仅能让事业进展顺利，也能在身处逆境时，让我们的心灵得到慰藉。如果你对挫折早已有所准备，那么，当遭遇挫折时，你就会沉着冷静，应对自如。

莫忘祖父积阴功，须知文字无权，全凭阴骘。最怕生平坏心术，毕竟主司有眼，如见心田。

【译文】

不要忘记祖父先辈留下的阴德，要知道在考场里文字没有权力，靠的全是阴德。人最怕的是心术不正，毕竟主考官有明辨真伪的眼力，能看透每个人的心思。

【跟进解读】

俗话说，一命、二运、三风水、四积德、五读书。可见要想通过读书改变命运、飞黄腾达，首先要积德，修炼自己的品德，积极向善。文章写得再精妙，话语说得再动听，但落不到实际行动上，就是纸上谈兵，也只是徒劳。唯有把善言善语落实到实际生活中，才能得到他人的信任、尊重、敬仰，才算是真正的积德行善。善于用花言巧语伪装的人，总有露出破绽的时候。常言道，路遥知马力，日久见人心。只要我们认真观察，总能透过现象发现其虚伪的本质，因为再狡猾的狐狸也逃不过猎人深邃的目光。

【原典】

天下第一种可敬人，忠臣孝子；天下第一种可怜人，寡妇孤儿。孝子百世之宗，仁人天下之命。

【译文】

天下最值得尊敬的人是忠臣孝子，天下最值得同情的人是寡妇孤儿。孝子是百代宗师，而仁人则是天下之本。

【跟进解读】

百善孝当先，万恶淫为首。行孝之道必须是顺亲之意，恩情当先，隐忍体谅，心、行并重才可，这是我们每个人都必须时时提醒自己注意的问题，这也是一个很容易在世俗事务的纷纭杂乱之中被忽略的问题。人的天良本性只有从这个地方去寻找才可以回归善正，所以才说是“百善孝当先”。如果在这个地方做不好，善正之天良本性就会留下永难弥补的遗憾。这个孝道尊亲的首善，无论在任何境界皆不会变易其位置。恪尽职守，精忠报国，是我们心底不可缺少的行为准则，并须尽力而为。

【原典】

形若正，不求影之直而影自直。声若平，不求响之和而响自和。德若崇，不求名之远而名自远。

【译文】

形体倘若端正，不必去求影子正，影子自然会正。声音倘若平和，不必去求音律和谐，音律自然就会和谐。道德倘若崇高，不必去求名声远扬，名声自然就会远扬。

【跟进解读】

“蓬生麻中，不扶自直。”意思是说蓬长在大麻田里，不用扶持，自然挺

直。比喻人生活在好的环境里，利于健康成长。环境对一个人的影响很大，好的环境可以培养出好的品德，恶劣的环境往往容易使人变坏，所以在成长中，要学会营造好的环境，修炼自己高尚正直的品质，要努力克服不良环境对自己成长的负面影响，磨炼坚强的意志，抵御一切不良思想对自己的腐蚀。无论在什么样的环境中，都要坚持正直的做人原则。

【原典】

有阴德者，必有阳报；有隐行者，必有显名。

【译文】

积累阴德的人，一定有好的回报；暗中做好事的人，一定会使名声远扬。

【跟进解读】

常言道，付出永远比索取快乐，施恩比报答显得高贵。尽最大的力量帮助别人，会让你的人缘如虎添翼。主动及时地去帮助别人，会让受助的人心里更加感到温暖，更加感激你，也使你的善心得到了最大的发扬。就好比，最初是你在偿还债务，后来却是你在收债。这只适用于穷困而善良的人。对于那些穷困麻木的人来说，一味地施恩不是鼓励，反而是一种毒害，使他们逐渐丧失了独立生存能力。

【原典】

施必有报者，天地之定理，仁人述之以劝人；施不望报者，圣贤之盛心，君子存之以济世。

【译文】

施恩必有回报，这是天地间一成不变的定理，有仁心的人用此劝告他人；施恩不求回报的，具有圣贤之士的高尚胸怀，君子怀有此种胸怀来救济世人。

【原典】

面前的理路要放得宽，使人无不平之叹；身后的惠泽要流得远，令人有不匮之思。

【译文】

面对眼前的事要放得开手脚，不要使人有慨叹不公的怨言；留给后世的恩泽要源远流长，使人产生无尽的怀念。

【跟进解读】

人生就像惊涛骇浪中的一场帆船比赛，很多时候要懂得急流勇退。急流勇退是一种人生智慧！做官不要一心想着在位一生，应该有忧患意识，应时刻提防着离去之日的到来。做人不能总是想着长命百岁，而是要明白总有离开人世的一天，这是生命的自然规律，越早明白活得越洒脱。看透以上两点，便会倍加珍惜自己的官职和生命，就会提醒自己珍惜岁月，在有生之年多做有意义的事情，多给后代积几分阴德。

【原典】

不可不存时时可死之心，不可不行步步求生之事。作恶事，须防鬼神知；干好事，莫怕旁人笑。

【译文】

不能不想到时时会有丧生的可能，不能不时时想到谋生之计。做坏事时，要提防鬼神的发现，做好事时，不要怕旁人的讥笑。

【跟进解读】

常言道，人生一世，草木一秋。不要把人生看得太重了，人终究会死。如果人生过得轰轰烈烈，这样死又何妨？能够把生死看得开，就会感到身体很轻松，而头脑自然也会十分清醒。做事能够时时想到保全自己的性命，就会远离罪恶之源，使自己洁身自爱，保持高尚的情操。能够真心真意地追求善行，就不怕人耻笑。总之，对待生命，应该失之坦然，得之淡然，争其必然，顺其自然。

【原典】

吾本薄福人，宜行惜福事。吾本薄德人，宜行积德事。薄福者必刻薄，

刻薄则福愈薄矣。厚福者必宽厚，宽厚则福益厚矣。

【译文】

自己如果是天生薄福的人，就应该厚积福分。自己如果是德行浅薄的人，就应该多做些积德行善的事。薄福的人多尖酸刻薄，越是尖酸刻薄福分就越浅薄。多福之人必定心胸宽厚，越宽厚福气就越浑厚。

【原典】

有工夫读书，谓之福。有力量济人，谓之福。有明道济世著述，谓之福。有聪明浑厚姿质，谓之福。无是非到耳，谓之福。无疾病缠身，谓之福。无尘俗撄[1]心，谓之福。无兵凶荒歉之岁，谓之福。

【注释】

①撄：缠扰。

【译文】

有时间读书是福，有能力帮助别人是福，有著述传世的是福，有聪明浑厚的见识是福，不听是非之争是福，没有疾病缠身是福，没有烦心的俗事打扰身心是福，没有战争与灾荒是福。

【原典】

从热闹场中，出几句清冷言语，便扫除无限杀机。向寒微路上，用一点赤热心肠，自培植许多生意。

【译文】

在复杂的场合中说几句清淡冷静的话，便能化解无数的争端矛盾。面对穷困的人，付出一份热心肠，便能培植许多有用的人才。

【跟进解读】

良言一句三冬暖，恶语伤人六月寒。语言是一门艺术，利箭可以刺透人的身体，恶言恶语却能刺透人的心。让别人接受自己的言语需要很高的技巧，把握分寸，察言观色，晓之以理。现实生活中，摆脱困境不一定需要暴力，有的时候，几句好听的话就能够完成。花言巧语可以用来对付那些骄傲自大或不切实际的人。王者的言语具有独特的说服力。

【原典】

入瑶树琼林中皆宝，有谦德仁心者为祥。

【译文】

进入藏有奇珍异宝的山林中看到的都是珍宝，有谦虚品德、仁义心肠的人，一辈子会吉祥如意。

【原典】

谈经济外，宁谈艺术，可以给用。谈日用外，宁谈山水，可以息机。谈心性外，宁谈因果，可以劝善。

【译文】

除了谈论经济钱财之外，还应常谈艺术，以满足身心的享受。除了日常生活的俗事外，还应谈自然山水，以平息自己的心机。除谈性情外，还应谈些因果报应，以达到规劝行善的目的。

【跟进解读】

人既有物质需要，又有精神需求。钱财是物质上的追求，而音乐之类则是精神上的追求，是精神食粮，愉悦人的身心，陶冶人的性情。人只有物质文明与精神文明并举，才能营造健康、完美的生活。修身养性，培养身心，只知诵经念佛是不够的，还应宣扬一些善恶到头终有报的道理，来规劝走上邪路的浪子弃恶扬善。

【原典】

种蕉可以邀雨，藏书可以邀友，积德可以邀天。

【译文】

种植芭蕉可以倾听雨点敲打，收藏书籍可以招徕朋友，积德可以得到上天赐福。

【原典】

作德日休，是谓福地；居易俟命，是谓洞天。

【译文】

每天都能够修养德行，这就是造福，就会走入福地；顺应天命行事，这就是洞晓天理，就会进入美好的境界。

【跟进解读】

大千世界中，只要我们仔细观察，并综合分析，总结经验，就会发现任何事情都有其一定的规律和运行方式。所以做事要顺应天命，切不可逆天而为。一些固执己见的人往往感情用事，把自己的想法强加给别人，要求别人和自己保持一致，结果肯定会受挫。他们忽略了人与人相处，需要积极沟通，互相理解，如果不能理解就难有一致的看法、思想。因此，他们总是自寻烦恼。他们根本就不知道顺其自然的好处，所以行事的结果大多没有收获。他们的判断力和心灵都会因为他们的顽固不化而受到伤害，同时也会被苦恼和祸患缠绕。

【原典】

心地上无波涛，随在皆风恬浪静；性天中有化育，触处见鱼跃鸢飞。

【译文】

心平气和，所处之地都会风平浪静，天性得到教化，随处可见鱼在水里游，鹰在天上飞的景象。

【原典】

贫贱忧戚，是我分内事，当动心忍性，静以俟之，更行一切善，以斡转之；富贵福泽，是我分外事，当保泰持盈，慎以守之，更造一切福，以凝承之。

【译文】

贫贱忧虑是个人的分内事，要用容忍之心去静待机遇的来临，更应该尽自己最大的能力行善事，来改变自己的命运。富贵福气不是我们分内的事，应该保守成业，小心谨慎守护，更要尽自己最大的努力去造福，使荣华富贵长盛不衰。

【跟进解读】

贫穷卑贱忧愁是个人的事情，只要自己想抛弃这些包袱就可以凭借自己的努力实现，切不可心生怨恨，把这一切归于上天的不公。怪上天不公的人都是些庸人，都是庸人自扰，自己不懂得自力更生，自己没有把握住成功的机会，没有通过双手为自己创造幸福。追求荣华富贵并非是人生的全部，不能只为自己造福，应该为天下众生谋福利，才可保持家道永远昌盛。

【原典】

世网哪时跳出，但当忍性耐心，自安义命，即网罗中之安乐窝也；尘务不易尽捐，惟不起炉作灶，自取纠缠，即火坑中之清凉散也。

【译文】

人世如网，怎么能跳得出来？只要能够忍耐，并心安理得，这就是生活之网中的安乐窝。尘世间的事务，哪能全部置之不理？只要不另起炉灶，不自寻烦恼，这就是火坑中的清凉剂。

【原典】

热不可除，而热恼可除，秋在清凉台上；穷不可遣，而穷愁可遣，春生安乐窝中。

【译文】

无法避免炎热，但可以驱除心头的火气、烦恼，那么清凉的秋意便在清凉台上。无法消除贫穷，但可以排遣无穷的忧愁，那么保持安乐之心便能生机勃勃。

【跟进解读】

生活中人人都会碰到烦恼，要学会摆脱烦恼，学会寻找快乐。无事可做时不要独守空房，无事不要对着残花败柳空悲叹，这是自然规律。最好是出外散散心，看鱼翔浅底、鹰击长空，看广阔的天空、广袤的大海，听鸟鸣虫

叫。或是站在喧闹的街市上观赏熙熙攘攘的人群，商贩的叫卖，泥土的气息。这些都会给我们带来意想不到的喜悦。所以说，烦恼忧愁并不可怕，怕的是我们不知如何摆脱困境。

【原典】

富贵贫贱，总难称意，知足即为称意；山水花竹，无恒主人，得闲便是主人。

【译文】

富贵贫贱总是让人难以满足，能够知足便会感到称心如意；山水花竹等自然景物没有永恒不变的主人，有闲情逸致观赏的人便是它们的主人。

【原典】

要足何时足，知足便足；求闲不得闲，偷闲即闲。知足常足，终身不辱；知止常止，终身不耻。

【译文】

人什么时候才能得到满足呢？能知足便能得到满足；想悠闲但没有闲工夫，能忙中偷闲便能得闲。知足便能常常满足，知进退便能急流勇退，这样便会终身不受耻辱。

【原典】

急行缓行，前程总有许多路；逆取顺取，命中只有这般财。

【译文】

不管行走得是快还是慢，前方总有那么多路要走；无论是取之有道的钱财还是不义之财，命中注定了就有这么多的钱财。

【跟进解读】

现实生活中，保持一颗淡泊的心十分可贵。成功了不沾沾自喜，失败了不垂头丧气。俗话说，车到山前必有路，船到桥头自然直。天无绝人之路，当人遇到艰难困境时，可以失望，甚至可以号啕大哭，但绝对不可以绝望。困难还是要努力克服的，路还是要继续走的，生活还得继续，而绝望不但对于事情毫无益处，还给我们带来许多痛苦。金银钱财乃身外之物，沉浸在铜臭之中必会受其毒害，只有取之有道，用之有度，才会获得真正的幸福。

【原典】

理欲交争，肺腑成为吴越①；物我一体，参商②终是弟兄。

【注释】

①吴越：春秋时期的吴国和越国，因互有攻伐，后来以此比喻冤家对头。

②参商：参星与商星。参星在西，商星在东，此出彼没，彼出此没。比喻亲友隔绝不能相见。

【译文】

公理与私欲论辩争斗，最近的亲人朋友却成了仇家；外物与自我浑然一体，隔绝从不见面的也是手足兄弟。

【跟进解读】

参，星名，二十八宿之一。《吕氏春秋·孟春纪》：“孟春之月，日在营室，昏参中，旦尾中。”高诱注：“参，西方宿。”商，星宿名，二十八宿之心宿，又叫“辰”和“大火”。曹植《浮萍篇》：“何意今摧颓，旷若商与参。”参指西官白虎七宿中的参宿，商指东官苍龙七宿中的心宿，是心宿的别称。

参宿在西，心宿在东，二者在星空中此出彼没，彼出此没。辰星也叫商星，因此也叫“参辰”。以词语使用时喻彼此对立，不和睦、亲友隔绝，不能相见、有差别，有距离。太看重个人私利，过于斤斤计较得失，就会失去亲人和朋友，致使自己众叛亲离。拥有恢宏宽广的胸怀、超然物外的情趣，即使仇敌也能变成亲如手足的兄弟。

【原典】

以积货财之心积学问，以求功名之心求道德，以爱妻子之心爱父母，以保爵位之心保国家。

【译文】

用积累财物的心去求取学问积累知识，用求取功名的心去修养品德，用爱抚妻儿的心去关爱父母，用保护官位的心去保卫国家。

【原典】

移作无益之费以作有益，则事举；移乐宴乐之时以乐讲习，则智长；移信邪道之意以信圣贤，则道明；移好财色之心以好仁义，则德立；移计利害之私以计是非，则义精；移养小人之禄以养君子，则国治；移输和戎之赀以输军国，则兵足；移保身家之念以保百姓，则民安。

【译文】

把浪费的钱财用在有益的事情上，便能成就一番事业；把宴席上的乐趣用在追求学问上，便能增长自己的智慧；把信奉歪理邪说的热诚用在尊崇圣贤上，便能使事理更加明察；把追求金钱女色的心思用来行仁义之举，便能树立高尚的德行；把计较利害的私心改为明辨是非，就能明确义理了；用供养小人的俸禄来培养君子，国家就能够得以治理；把进献给异族求和的资财用在充实国防上，就会使军队兵精粮足；把保护自己身家性命的思想用在保护百姓身上，百姓就能够安居乐业。

【原典】

做大官的，是一样家教。做好人的，是一样家教。

【译文】

做大官有做大官的规矩风格，做好人有做好人的信条原则。

【跟进解读】

当官要从做人开始。从好人做起，将来才有可能做出大官的事业，做大官而又不失好人的本色，这便是最上乘的家教。人不可能一辈子当官，但却要一辈子为人，所以说做人是做官的基础。如果连做人都做不好，又怎么能做好官呢？在日常生活中首先要求自己做一个有原则的好人。

【原典】

潜居尽可以为善，何必显宦！躬行孝悌[①]，志在圣贤。纂辑先哲格言，刊刻广布，行见化行一时，泽流后世，事业之不朽，蔑以加焉；贫贱尽可以积德，何必富贵！存平等心，行方便事。效法前人懿行，训俗型方[②]，自然谊敦宗族，德被乡邻，利济之无穷，孰大于是。

【注释】

①孝悌：孝，孝顺父母；悌，尊敬兄长。

②训俗型方：训导教化世俗。

【译文】

过隐居的生活也可以行善，这不需要显赫的爵位，身体力行孝顺父母、关爱兄弟，志向在于努力向圣贤之士学习。编纂先贤的名言，出版传播流传，教化子孙后代，恩泽流芳百世，这才是不朽的事业，没有比这更崇高的了。即使身处贫穷卑贱的时候也可积德，没有必要等到荣华富贵的时候，只要内心保持正直为人的原则，做事为人多行方便。效法前人美好行为，去劝世化俗，便能促进宗族的和睦，德泽也会广布乡里，济世利人无穷无尽，还有什么事比这些事更宏大的呢？

【原典】

一时劝人以言，百世劝人以书。

【译文】

用言语规劝别人行善只能起一时的作用，用圣贤书籍教化世人则可影响百世。

【跟进解读】

古人读书，更重学养。诵诗读书以养心缮性，为古代读书人之共识。民国时期教育家钱基博先生继承了古代的读书精神。现代语言学家陈寅恪先生也特别重视学养，曾言：“学德不如人，此实吾之大耻。”先哲曾云：流通善书，贻泽最远。

【原典】

静以修身，俭以养福，入则笃行，出则友贤。

【译文】

静心可以修养身心，勤俭可以培养福气，在家中专心致志，出外广交圣贤之士。

【跟进解读】

古人曾慨叹：人生得一知己足矣，可见知己难觅，真正的友谊更是可遇而不可求。我们可以通过 个人的交友来判断其为人。有时候喜欢和某人在一起，并不表示他是自己的知己。有时我们不肯定一个人的才华，而是欣赏他的幽默感。怀有动机的友谊有时候也能让自己快乐，而真挚的友谊却有着更丰富的内涵。朋友的见识比众人的祝福更加可贵。所以，择友时要经过全面考察，而不能够随意结交。聪明的朋友能够为你排忧解难，愚蠢的朋友只会给你制造麻烦，所以交友需强己，至少是某方面的才能胜过自己的人。

【原典】

读书者不贱，力田者不饥，积德者不倾，择交者不败。

【译文】

读书之人不会品德卑贱，辛勤耕耘的人不会挨饿，积德行善的人不会扭曲自己的品格，谨慎选择朋友的人不会失败。

【跟进解读】

交际能力强有助于成功。善于交往能创造奇迹，尤其是在选择朋友这方面，能够扩大交友范围，增加觅到知己的机会。办事迅速的人应和容易犹豫的人结交；同样，其他性格的人应和相反性格的人结交。那么，你做事就会做得不愠不火、恰到好处。自我调节是有着相当技巧可循的。对立面的交替使宇宙平衡并使之不断运转，从而得以稳定发展。而这种交替在人们的交往中甚至造成了比在自然界中更大的一种和谐。所以，在选择朋友时不妨让自己遵循这一忠告，多交一些知心的好友。

【原典】

明镜止水以澄心，泰山乔岳以立身，青天白日以应事，霁月光风以待人。

【译文】

心地清澈透明得像明亮的镜子、平静的水面，人格犹如泰山般崇高，做事如青天白日光明磊落，待人如霁月光风般宽广高洁。

【原典】

省费医贫，弹琴医躁，独卧医淫，随缘医愁，读书医俗。

【译文】

节省花费可以救济贫困，弹琴可以消除枯燥，独自沉睡可以医治淫乱，一切随缘可以医治忧愁，读书则可摆脱庸俗。

【跟进解读】

做任何事情都要抓住事物的根本，然后才能采取有效的措施。有病就医，切不可乱投医乱用药，治病的关键是对症下药。同样道理，贫穷的人光靠别人的救济是不能除穷根的，摆脱贫困的最佳良药就是勤俭节约。贫困并不可怕，可怕的是明知贫困还乱花钱，这无异于雪上加霜，使处境更艰难。做事情如果明知其不可为，就应学会放弃。如果顽固地坚持，只会白白浪费时间和精力。

【原典】

以鲜花视美色，则孽障自消；以流水听弦歌，则性灵何害？

【译文】

如能知道美色就像鲜花一样终会凋零败落，不能保持长久，这样罪恶就会自然消除了；如能把流水的声音当作悦耳动听的音乐，还有什么会污染我们的心灵？

【跟进解读】

人人都有自己的爱好和兴趣。有人喜欢生机勃勃的春天，有人喜欢阳光灿烂的盛夏，有人喜欢硕果累累的金秋，有人喜欢万物沉睡的冬天。孩子喜欢热闹，老人喜欢宁静；男人容易冲动，女人容易唠叨……所有这一切，构成了丰富多彩的世界。但是有不少的人却沉迷于个人的嗜好，把个人的嗜好当成了生命的全部。世界充满五颜六色，多姿多彩，这些人偏偏只选择一种色调，于是才感到生活枯燥单调、没有乐趣。去留无意，漫随天边云卷云舒；宠辱不惊，闲看庭前花开花落。鲜花可爱过目不留，流水可听过耳不恋。人生难得如此洒脱。

【原典】

养德宜操琴，炼智宜弹棋，遣情宜赋诗，辅气宜酌酒，解事宜读史，得意宜临书，静坐宜焚香，醒睡宜嚼茗，体物宜展画，适境宜按歌，阅候宜灌花，保形宜课药，隐心宜调鹤，孤况宜闻蛩，涉趣宜观鱼，忘机宜饲雀，幽寻宜藉草，淡味宜掬泉，独立宜望山，闲吟宜倚楼，清淡宜剪烛，独啸宜登台，逸兴宜投壶，结想宜欹枕，息缘宜闭户，探景宜携囊，爽致宜临风，愁怀宜伫月，倦游宜听雨，玄悟宜对雪，辟寒宜映日，空累宜看云，谈道宜访友，福后宜积德。

【译文】

修养德行应弹琴，修炼智慧应下棋，排解情绪应赋诗，维系气氛应当饮酒，明白事理应该阅读史书，得意时最好临摹毛笔字帖，静坐时最好焚香祈祷，睡醒后最好品一品茶，体验物情最好观览一番画卷，在舒适的环境里适合轻声歌唱，观察天气应当亲手浇花，保养身体安康应当学习药学，有隐居之心应当逗鹤，孤单时应当听一听虫鸣，游玩逗趣时应当观赏游鱼，遗忘心机最好饲养雀鸟，寻找幽静最好在草丛中，品尝淡雅之味宜掬饮泉水，独自站立时最好登山望远，悠闲吟诗当倚楼而作，傍晚清淡应当点灯，狂啸应登上高台而喊，有闲情雅致时就应当嬉戏玩耍，聚精会神地思考时应当倚靠着枕头，不想交往就应当闭门不出，寻找美景应当携带食物，欲清爽兴致应当临风，满怀忧愁时应当伫望月亮，游玩疲倦时应当倾听雨声，悟透事情的玄机应当对雪，驱除寒冷应当晒太阳，劳累时应当看飘逸的白云，谈禅论道应当拜访好友，造福后代应当行善积德。

悖凶类

——了解趋利避害的哲理

“悖凶”就是悖谬、错误的言行所造成的各种凶险，以此来警示人们修身养性，连举手投足都要谨慎。本类格言主要阐述作恶必将招致祸患，文中屡次出现“阴德”“阴骘”“鬼神”等词语，用以教化人们多行善，勿作恶。行善可泽被后世，作恶会祸殃子孙，这正是古代“承负观”与因果报应说最朴素、最直接的体现。破除欲望、克服欲念本身就是一种善行。而破除欲望、克服欲念的途径则为“存天理”，这又体现了古人“天理人欲”的思想。趋利避害为人之天性，行善以积攒阴德，造福子孙，同样是趋利避害的体现。必须指出，这些观念具有明显的时代局限性。当然，这种观念在中国古代无疑起到了一定的教化作用，利用人们心中对鬼神的敬畏，引导人们去恶行善。

【原典】

富贵家不肯从宽，必遭横祸；聪明人不肯学厚，必夭[①]天年。

【注释】

①夭：夭亡。

【译文】

富贵人家不宽容，一定会遭灾受祸；聪明人不宽厚，必然会减少寿命。

【跟进解读】

有钱不是坏事，大部分人都希望自己有钱，并且越多越好。有时候，金钱就是奢华生活的象征，让无数的人眼红羡慕。“有钱能使鬼推磨”，有钱的人办起事来似乎也比穷困的人更为顺手。有了万贯家财撑腰，说起话来底气都很足，这就是所谓的“财大气粗”。但是有了钱就处处炫耀，事事张扬，在给自己挣足面子的同时，也为自己埋下了祸根。或遭人非议，空惹口舌是非；或招贼引盗，给自己带来不必要的麻烦；更有甚者，为此而得罪权贵，招来杀身之祸。

【原典】

倚势欺人，势尽而为人欺；恃财侮人，财散而受人侮。

【译文】

倚仗权势而欺凌别人，最终权势消夺，必被人欺；凭恃豪富而羞辱别人，最后家财倾荡，必受人侮。

【原典】

暗里算人者，算的是自家儿孙；空中[①]造谤者，造的是本身[②]罪孽。

【注释】

①空中：没有证据，凭空。

②本身：自己的，自身的。

【译文】

阴险恶毒，暗算别人的人，殊不知最后算计了自家的儿孙后代；造谣生事，诽谤别人的人，其实最终添加了自身的罪孽祸殃。

【原典】

饱肥甘[1]，衣轻暖，不知节者损福；广积聚，骄富贵，不知止者杀身。

【注释】

①肥甘：指肥美的、滋味醇厚的食物。《孟子·梁惠王上》：“为肥甘不足于口与?”

【译文】

肥甘饱腹，轻裘暖体，却不懂得节制奢欲的人，定有损福之灾；广积产业，富贵骄横，却不懂得履薄止步的人，终招致杀身之祸。

【跟进解读】

民以食为天，任何人都离不开食物。人生来就会吃，小孩子一生出来就会吃奶，无奶就哭起来，但吃了奶后就不再喊，也不叫了。不错，这是与生俱来的。世人不仅需要食物，更会喜欢鸡鸭鱼肉，美味佳肴，很多人看到山珍海味就垂涎

三尺，遇到粗茶淡饭就毫无胃口。“肥甘饱腹，轻裘暖体，却不懂得节制奢欲的人，定有损福之灾。”所以，人不能想吃什么就吃什么，要克制口欲。

近一世纪以来，素食的人口剧增，除了宗教因素外，素食有益于健康，早已获得医学实验的证明。吃素可有效降低血液胆固醇及饱和脂肪酸，减少心血管疾病发生率；由于纤维含量较高，能减少结肠、直肠等癌症的发生；也具有使人神清气爽与心平气和、增强病体复原力、培养优化体质等优点。常见的百岁老人，多以素食为主。

【原典】

文艺自多[1]，浮薄之心也；富贵自雄，卑陋[2]之见也。

【注释】

①自多：自夸，自满，自恃。《韩非子·说难》：“彼自多其力，则毋以其难概之也。”

②卑陋：浅薄，平庸，格调不高。

【译文】

自负文才超群而睥睨一切，这是轻浮浅薄的思想作祟；自恃豪富显贵而傲视一切，这是卑陋人品的体现。

【原典】

位尊身危，财多命殆。

【译文】

地位尊显的高官，处境危难；金银盈门的富翁，生命危险。

【跟进解读】

人常说“树大招风”，便是说人特征鲜明，太过惹眼，不是遭到别人的嫉妒，就会受到他人的怨恨。如果人命中注定就是站在人前比较显眼的位置上，其人就得低调为人，不骄横跋扈，那样还能够赢得好的名声。倘若一再显示自己的了不起，自己的高人一等，最后必定会一败涂地。与人打交道，最忌讳的就是高高在上，不可一世，只有不张狂自傲才能受人尊敬，默默耕耘才

能坐收利益。

【原典】

机[①]者，祸患所由伏，人生于机，即死于机也；巧者，鬼神所最忌，人有大巧，必有大拙也。

【注释】

①机：机智灵活，过分机智就是诡诈。

【译文】

所谓“机”，是祸和福都潜伏其中的东西，人要生于“机”，必将为“机”所死。所谓“巧”，鬼神最为忌讳，人若有大的“巧”，就一定有与之相反的大拙。

【原典】

出薄言，做薄事，存薄心，种种皆薄，未免灾及其身；设阴谋，积阴私[①]，伤阴骘，事事皆阴，自然殃流后代。

【注释】

①阴私：隐秘不可告人的事，一般指阴谋与坏事。《汉书》：“太子疑齐以己阴私告王。”

【译文】

说刻薄话，做刻薄事，存刻薄心，凡此种种是都刻薄，免不了使自身受害；搞阴谋，做不可告人的坏事，损害上天的旨意胡作非为，做任何事都不光明正大，自然使子孙后代遭殃。

【跟进解读】

一般来讲，刻薄人的心田都比较贫瘠，一时之间也生长不出好的作物，只要给他养分，自然就会变得宽容、厚道。人们常说：“以眼还眼，以牙还牙。”这句话听起来仿佛挺有道理，但不仅不能解决问题，反而会使问题更严重。因此，只有打开胸怀，宽心包容，才能化育有情。

生活中，我们应以慈悲对待恼恨。通常，那些恼恨之心太重的人，仿佛身上带着有毒的火焰，每个人都害怕受到恼恨之火的焚烧。但既然恼恨之心已经发作，若还遇不到善人来引导，这个人则会变本加厉，一路残酷下去，那样，受害的人就会增多。因此，我们应以慈悲柔软的心怀，为那些有病的心灵拔除痛苦的病根。

慈爱之心犹如春天的太阳，不仅能够给他人以欢乐和光明，还能滋润他人的心田。人生在世，应该以宽厚仁慈的心来待人接物，爱人又爱己，可谓是安心立命之根本。

【原典】

积德于人所不知，是谓阴德，阴德之报，较阳德倍多；造恶于人所不知，是谓阴恶，阴恶之报，较阳恶加①惨。

【注释】

①加：更加，加倍。

【译文】

在无人知晓的时候做善事叫积阴德，其得到的回报和阳德相比要多出一倍；在无人知晓的时候做坏事叫阴恶，其报应和阳恶相比更为惨重。

【跟进解读】

在中华民族的数千年历史中，“行善积德”作为做人应遵循的传统美德一直延续至今。古人说：“积德终昌盛，欺心越困穷。”多做好事多积德，家道终归会昌盛起来；做违背良心的事，只会越来越穷困。所以，古人说：“与人为善，为己积福。”。

俗话说：“做一件好事不难，难的是做一辈子好事。”一时心血来潮去做善事，只能够做一时，不能够长久；想通过行善获取名誉和回报，这是伪装善人，是假善。把“善”字常挂心头，长久行善，才是真正的善人，才会受到别人的尊敬和景仰。

【原典】

家运有盛衰，久暂虽殊，消长循环如昼夜；人谋分巧拙，智愚各别，鬼神彰瘅[①]最严明。

【注释】

①彰瘅（dàn）：褒扬与惩罚。《尚书·毕命》：“彰善瘅恶，树之风声。”

【译文】

家道的兴衰，长短虽不一样，但是轮流替换如日夜。人的智谋有聪明愚笨的不同，但上天扬善罚恶却最为严厉分明。

【原典】

天堂无路则已，有则君子登；地狱无门则已，有则小人入。

【译文】

天堂没路就罢了，如果有路的话，只有君子才能登上去；地狱无门就罢了，如果有门的话，只有小人才进得去。

【原典】

为恶畏人知，恶中尚有转念[①]；为善欲人知，善处即是恶根。

【注释】

①转念：转机，回旋的余地。

【译文】

做坏事怕人知道，虽坏却有转

好的希望；做善事希望他人知道，虽好却潜伏恶的根源。

【原典】

谓鬼神之无知，不应祈福；谓鬼神之有知，不当为非。

【译文】

如果鬼神不知人间善恶，就不应祈求赐福；若鬼神能知人间善恶，就不应当做坏事。

【跟进解读】

凡是正义之人，必然是爱憎分明之人。他们对善行、善事会赞赏、效仿；而对恶行、恶事则是憎恨，不姑息迁就。在现实生活中，真正地做到爱憎分明是不容易的，因为有时要承受巨大的压力，在做善事的时候，可能遇到许多的障碍。当然，越是艰难，越是能够显示一个人的道德修养和个人修为。

仁爱之心如一盏明亮的灯，它可以照亮我们的人生。古语云："人生一善念，善虽未为，而吉神已随之。"意思是说一个人只要心存善心，即使还没有去付诸实践，吉祥之神已在陪伴着他了。

【原典】

势可为恶而不为，即是善；力可行善而不行，即是恶。

【译文】

有机会做坏事而不做，就是善；有能力做善事而不做，就是恶。

【原典】

于福作罪，其罪非轻；于苦作福[1]，其福最大。

【注释】

①作福：做善事，行善。《春秋繁露·保位权》："所好多则作福，所恶多则作威。"

【译文】

生活幸福反而为非作歹，则罪恶深重；在贫苦之中仍尽力行善，则所获福祉最大。

【原典】

行善如春园之草，不见其长，日有所增；行恶如磨刀之石，不见其消，日有所损。

【译文】

做好事就好像春园中的草，看不出它的成长，其实每天都在成长。做坏事则像磨刀石，看不出它的磨损，其实每天都有损失。

【原典】

使为善而父母怒之，兄弟怨之，子孙羞之，宗族乡党[①]贱恶之，如此而不为善，可也；为善则父母爱之，兄弟悦之，子孙荣之，宗族乡党敬信之，何苦而不为善？使为恶而父母爱之，兄弟悦之，子孙荣之，宗族乡党敬信之，如此而为恶，可也；为恶则父母怒之，兄弟怨之，子孙羞之，宗族乡党贱恶之，何苦而必为恶？

【注释】

①乡党：同乡，乡亲。

【译文】

如果做善事令父母、兄弟、子孙及亲友不悦，则可以不做；如果他们高兴又为何不做呢？假使做坏事令父母、兄弟、子孙及亲友敬重、信任，则可以做；否则又何必做坏事呢？

【原典】

为善之人，非独其宗族亲戚爱之，朋友乡党敬之，虽鬼神亦阴相[①]之；为恶之人，非独其宗族亲戚叛之，朋友乡党怨之，虽鬼神亦阴殛[②]之。

【注释】

①相：辅佐，庇护。

②殛：杀死，惩罚。

【译文】

做善事不仅亲友敬重，鬼神亦在庇护。做坏事则亲友反感、埋怨，鬼神也会施以惩罚。

【跟进解读】

老子在《道德经》中曾说："我有三宝，持而保之：一曰慈，二曰俭，三曰不敢为天下先。"老子将"慈"尊为三宝之首，足以证明"慈"对于处世者的重要性。老子认为，宽厚仁慈是安心立命之本。天慈万物，道是"善利万物而不争"，人也应当效法天道不寄责于人，而要善待众生。孟子说："老吾老以及人之老，幼吾幼以及人之幼。"孔子也说："己所不欲，勿施于人。"这些均在证明人们应该做到以宽厚仁慈的心态来待人接物，若要成人之美，就要与人为善。宽厚仁慈，既是爱人，也是爱己，可谓是安心立命之本。

善行，是幸福的敲门砖。善良可以换得人生的幸福。佛家总是劝人为善，其实，这就是在引导人们走向幸福之路。你有多大的善，就会有多大的福气。

【原典】

为一善而此心快惬[①]，不必自言，而乡党称誉之，君子敬礼[②]之，鬼神福祚之，身后传诵之；为一恶而此心愧怍，虽欲掩护，而乡党传笑之，王法刑辱[③]之，鬼神灾祸之，身后指说之。

【注释】

①快惬：指心情舒适愉快。

②敬礼：尊敬并以礼相待。《吕氏春秋·怀宠》："求其孤寡而振恤之，见其长老而敬礼之。"

③刑辱：用刑罚侮辱，指遭受刑罚。《汉书·五行志》："时楚王戊暴逆无道，刑辱申公。"

【译文】

做善事心中愉悦，不必自己说而乡亲会赞誉，君子亦有所称道，上天也会赐福，死后也会留下好的声名。做坏事心中惭愧，虽想要隐藏，但终究为乡里传为笑谈，不仅要受法律的惩罚，上天也会降灾，死后也被人唾骂。

【原典】

一命之士[①]，苟存心于爱物，于人必有所济；无用之人，苟存心于利己，于人必有所害。

【注释】

①一命之士：指身处低微职务的为官者，出自周代官阶制度。周代官职分为九个等级，伯为上公九命，周天子的三公八命，侯伯七命，周天子的卿六命，子男五命，周天子的大夫及公的孤四命，公、侯、伯卿三命，公、侯、伯的大夫及子男的卿再命（即二命）公、侯、伯的士及子男的大夫一命。《周礼·地官·党正》："一命齿于乡里。"贾公彦疏："一命，谓下士。"

【译文】

做官的人若有爱心，则百姓受惠。无用的人心存利己，则对社会有害。

【跟进解读】

作为一个官吏，应在对外交涉过程中极力为国民着想，这是天经地义之职责所在。曾国藩说："是就小民生计与之切实理论，自有颠扑不破之道。"可见，为官为国民着想才是最有意义的事。

【原典】

膏粱[①]积于家，而剥削人之糠秕[②]，终必自亡其膏粱；文绣充于室，而攘取[③]人之敝裘，终必自丧其文绣。

【注释】

①膏粱：肥美而精致的食物。《国语·晋语七》："夫膏粱之性难正也。"韦昭注："膏，肉之肥者；粱，食之精者。"

②糠秕：指粗陋廉价的食物。

③攘取：窃取，夺取。

【译文】

家中摆满美味佳肴，却搜刮占有别人的粗劣饭食，最终必然是丧失了原有的美味佳肴；室内挂满锦绣美服，却抢夺占有别人的破衣烂衫，最后必定是丧失了原有的锦绣美服。

【原典】

天下无穷大好事，皆由于轻利之一念，利一轻，则事事悉属天理，为圣为贤，从此进基；天下无穷不肖事，皆由于重利之一念，利一重，则念念皆违人心，为盗为跖，从此直入。

【译文】

天下无数令人景仰赞叹的好事，都是由轻视自身利益所成的；如果对私利看得很轻，在处理各种事务时，都会与天道公理相吻合，培养成圣贤君子，就要从小事做起。天下无数使人憎恶切齿的坏事，都由看重自身利益所导致；如果把私利看得重，在考虑各种问题时，就会与常人之心相违背，堕落成强盗恶棍，都是从小事开端。

【跟进解读】

自私的人一旦在自己的利益与别人的利益发生冲突时，一定会通过各种方式来满足自己的利益，甚至不惜牺牲别人的利益。此外，自私的人即使察觉到了自己的行为可能会损害别人的利益，也仍然会为自己的利益不择手段。这些人也许会得到一时的满足，但最终的结果都并非是他们想要的。

人生有太多的东西需要分享，只有分享才能获得更多，只有分享才会有快乐。自私的人很难与别人建立一种亲密的关系，自私心只会把他们领进失败者的队伍中。特别是在当今社会，没有合作很难成就一番事业，更谈不上有较大的成功。

【原典】

清欲人知，人情之常，今吾见有贪欲人知者矣，朵其颐，垂其涎，惟恐人误视为灵龟而不饱其欲也；善不自伐[①]，盛德之事，今吾见有自伐其恶者矣，张其牙，露其爪，惟恐人不识为猛虎而不畏其威也。

【注释】

①伐：夸耀。

【译文】

清廉公正，想要人们知道，这是常情常理，现在我看到有一种人，自己贪婪无忌，却想让人们知道，鼓动腮颊，垂涎三尺，唯恐别人误认为他是灵龟神物，不食烟火，而不能满足他的贪欲；善良纯正，却不张扬夸耀，这是盛德高品，现在我看到有一种人，自己凶恶奸邪，却竭力自吹自擂，露出爪牙，面目狰狞，唯恐别人不知道他是猛虎恶狼，虐人害物，而不去畏惧他的威势。

【原典】

世之愚人，每以奢为有福，以杀为有禄[①]，以淫为有缘，以诈为有谋，以贪为有为，以吝为有守，以争为有气，以嗔[②]为有威，以赌为有技，以讼为有才，可不哀哉。

【注释】

①有禄：指有地位、官职的人。

②嗔：发怒。

【译文】

世上愚钝的人把奢侈豪华看成是洪福齐天，把黩武看成是俸禄丰厚，把淫乱秽行看成是艳福缘分，把欺诈伪骗看成是足智多谋，把贪婪攫取看成是大有作为，把吝啬成性看成是守财有方，把争夺财利看成是气势如虹，把狂暴嗔怒看成是威风凛凛，把赌博恶习看成是技艺卓异，把诉讼辩争看成是才能出众，很是悲哀。

【跟进解读】

一个人的是非观，不仅能表现他的道德水准和做人原则，也表现其智慧。社会的发展永远伴随复杂的矛盾，正确与错误的斗争始终推动着一个人的不断进步。是是非非面前，人们思想品行，衬映出各自做人的气度和品位，有意无意地表现出一个人的道德标准。

凡成就大事的人，一定是非分明，绝不混淆正确与错误界限，更不“以其昏昏，使人昭昭”。我们在生存和追求自我价值实现过程中，扮演着不同的角色，在这个过程中，一定要有正确的是非观。有正确是非观的人，办事公道，威信高，有人格魅力；有正确是非观的人具有促人向上、催人奋进的动力。正确的是非观是一种凝聚人心，助人成功的巨大正能量。

【原典】

谋馆[①]如鼠，得馆如虎，鄙主人而薄弟子者，塾师之无耻也；卖药如仙，用药如颠，贼人命而诿天数者，医师之无耻也；觅地如瞽[②]，谈地如舞，矜异传而谤同道者，地师[③]之无耻也。

【注释】

①馆：古代教书的场所，多指私塾，这里借指教职。

②瞽：盲人。

③地师：指风水师，风水方术之士。

【译文】

谋教职时，像老鼠，狡诈窥探，获教席后，像老虎，猖狂骄横，鄙夷傲视主人，又敷衍糊弄学生，这是设馆授徒的塾师的无耻行径啊！卖药吹嘘，如神仙，包治百病，下剂用药，如疯子，轻举妄动，伤害病人性命，又推诿天命使然，这是救死扶伤的医师的无耻行径啊！觅风水时，像瞎子，胡指乱点，谈风水时，充内行，手舞足蹈，矜夸神异传言，又诽谤贬损同行，这是察看风水的地师的无耻行径啊！

【跟进解读】

每种职业都有各自的特性，不同的人对职业意义的认识，对职业好坏的判断有不同的评价和取向，这就是职业价值观。职业价值观决定了人的职业期望，影响着人对职业方向和职业目标的选择，决定着人就业后的工作态度和劳动绩效水平，从而决定了人的职业发展情况。哪个职业好？哪个岗位适合自己？从事某一项具体工作的目的是什么？这些问题都是职业价值观的具体表现。

不同的价值观，决定着不同的职业定位与择业方式。有一个正确积极的职业观，你才能从容地选择职业，不管你从事什么样的工作，都要尽可能地从工作中发现其中的价值和乐趣，用有利于成功的职业观来指导自己的行动。

【原典】

不可信之师，勿以私情荐之，使人托以子弟；不可信之医，勿以私情荐之，使人托以生命；不可信之堪舆[①]，勿以私情荐之，使人托以先骸[②]；不可信之女子，勿以私情媒之，使人托以宗嗣。

【注释】

①堪舆：风水，这里代指风水术士，风水师。

②先骸：先人的遗体骨骸。

【译文】

对不可信任的塾师，不要凭着个人情感去推荐，让别人把子弟托付给他；对不可信任的医师，不要凭着个人情感去推荐，让别人把性命托付给他；对不可信任的风水先生，不要凭着个人情感去推荐，让别人把先辈遗骸托付给他；对不可信任的女子，不要凭着个人情感去说媒，让别人把传宗接代之重任托付给她。

【原典】

肆傲者纳侮[①]，讳过者长恶，贪利者害己，纵欲者戕生。

【注释】

①纳侮：招致轻侮、羞辱。

【译文】

肆意傲慢的人招致侮辱，忌讳过错的人助长恶习，贪图私利的人有害自己，放纵欲望的人戕害生命。

【跟进解读】

社会是个复杂的载体，处世为人不可太过张扬，当兢兢业业，克己守仁，与人为善。心高气傲不是智者所为，特别是在强权者说了算的时代，不适当低头反而会引来灾难，甚至杀身之祸。明哲保身虽不是上上之策，但也不失为权宜之计。为人太过傲气，必定会失去人心与朋友，受到世人的孤立，这样反而不可能完成自己想要去做的事情，更不用说其他。反过来，与人为善

才能得以生存，进而才有可能实现自己的梦想。

【原典】

鱼吞饵，蛾扑火，未得而先丧其身；猩醉醴[1]，蚊饱血，已得而随亡其躯；鹚[2]食鱼，蜂酿蜜，虽得而不享其利。欲不除，似蛾扑灯，焚身乃止；贪不了，如猩嗜酒，鞭血方休。

【注释】

①醴（lǐ）：美酒。

②鹚（cí）：为渔夫捕鱼的水鸟。

【译文】

游鱼吃饵，飞蛾扑火，未得到利益却先送了性命。猩猩喝醉酒，蚊子吸饱人血，虽然得到利益，但却随即丧生。鸬鹚吃鱼，蜜蜂酿蜜，虽然得到利益但却得不到享受。不消除欲望，就如同飞蛾扑火，烧毁自己才罢休。贪心不除，就如同猩猩贪酒一样，被鞭打流血才肯罢休。

【跟进解读】

曾经有人问弘一大师："世上最可怕的是什么？"

弘一大师回答说："欲望！"

人的欲望是无止境的，而且永远无法满足，这也是人性最大的弱点。和贪欲斗争，其实就是和自己的本能做斗争。因此，要想赢得这个斗争实在不容易，如果不能够获得这个斗争的胜利，那么我们就会成为贪欲的奴隶，终生要被它左右。如此看来，贪欲真是一件很可怕的东西。所以，远离贪婪这块乌云，还自己内心一方纯净的天空。

【原典】

明星朗月，何处不可翱翔，而飞蛾独趋灯焰；嘉卉[1]清泉，何物不可饮啄，而蝇蚋争嗜腥膻。

【注释】

①嘉卉：美好的花草树木。《诗经·小雅·四月》："山有嘉卉，侯栗

俟悔。”

【译文】

星月明朗的夜晚，什么地方不可以自由飞翔？可飞蛾偏偏要扑向灯火；青草清泉，什么东西不可吃喝？可苍蝇蚊子却偏偏要追腥逐臭。

【原典】

飞蛾死于明火，故有奇智者，必有奇殃；游鱼死于芳纶[1]，故有酷嗜者，必有酷毒。

【注释】

①芳纶：有诱惑力的鱼饵与钓鱼线。

【译文】

飞蛾死于明亮的火光，所以特别聪明的人必然有特别的灾殃；水中的鱼死于芳香的鱼饵，所以偏好美味的人必遭美味的毒害。

【跟进解读】

不要被突如其来的实惠或好运迷惑，其实天上是不会掉馅饼的。然而，生活中的陷阱太多了，金钱、名誉、地位、美女、机遇…… 其实，所有陷阱都有一个共同的特点，就是抓住人心中最脆弱的那根弦，使人像中了魔似的不能脱身，毫不犹豫地掉进陷阱里。

在物欲横流的现代社会，如何控制好自己的欲望，不仅关系到漫长的人生，更关系到我们每日的心情。生命属于个人，因此每个人自然有权设计自己的生活和人生道路。所有的心愿，只要符合法律和道德的要求，都应该受到尊重。但是我们必须明白：生命过程中，一切物质都是不可靠的奴仆，想让自己的人生得以升华，就必须放下这些本性之外的东西，而追求生活本身的淳朴，这样才能活得惬意。

【原典】

慨夏畦[1]之劳劳，秋毫无补；悯冬烘[2]之贸贸[3]，春梦方回。

【注释】

①夏畦：夏日劳作之人。《孟子·滕文公下》：“胁肩谄笑，病于夏畦。”朱熹注：“夏畦，夏月治畦之人也。”

②冬烘：拘泥食古，思想迂腐浅陋的读书人。《因话录》：“主司头脑太冬烘，错认颜标作鲁公。”

③贸贸：昏庸糊涂。

【译文】

感慨夏日种田的劳苦，像秋天的毫芒般没有益处；笑那迂腐之人眼光短浅，如春梦般醒后才能回到现实。

【原典】

吉人无论处世平和，即梦寐神魂，无非生意[1]；凶人不但作事乖戾，即声音笑貌，浑是杀机。

【注释】

①生意：生机。

【译文】

吉祥的人处世平和，即使梦中也充满着生机。凶恶的人做事暴戾狠毒，其音容笑貌都充满杀机。

【原典】

仁人心地宽舒，事事有宽舒气象，故福集而庆长。鄙夫胸怀苛刻，事事以苛刻为能，故禄薄而泽短。

【译文】

有仁心的人，心胸宽广，凡事都有宽舒平和的气象，所以福气聚集而仁泽广泛。鄙俗的人心胸狭窄，斤斤计较，所以福薄而恩泽短暂。

【跟进解读】

宽容是人类生活中至高无尚的美德。因为宽容包含着人的心灵，因为宽容可以超越一切，因为宽容需要一颗博大的心。因为宽容是人类情感中最重要的一部分，这种情感能融化心头的冰霜。而缺乏宽容，将使人的个性从伟大堕落到连平凡都不如。人与人相处时，用一颗宽容的心去对待周围的人，这样才会使人生之路越走越宽。

【原典】

充一个公己公人心，便是吴越一家；任一个自私自利心，便是父子仇雠。

【译文】

有一颗公正的心，即使相隔很远也亲如一家；有一颗自私的心，父子亲情也成了仇敌。

【原典】

理以心为用，心死于欲则理灭，如根株斩而本亦坏也；心以理为本，理被欲害则心亡，如水泉竭而河亦干也。

【译文】

天理以心为基础，心死于欲望而天理灭绝，像植物一样枝叶枯黄而根已腐败；心以天理为根本，天理被欲念所害而心死，像泉水枯竭而河流也干了。

【原典】

鱼与水相合，不可离也，离水则鱼槁矣；形与气相合，不可离也，离气则形坏矣；心与理相合，不可离也，离理则心死矣。

【译文】

鱼不能离水，离水则鱼死；人与气不能分离，没有气则形体败坏；心与天理不能分离，没有天理则心死亡。

【原典】

天理是清虚[①]之物，清虚则灵，灵则活。人欲是渣滓之物，渣滓则蠢，蠢则死。

【注释】

①清虚：清净虚无。《汉书·艺文志》："然后知秉要执本，清虚以自守，卑弱以自持，此君人南面之术也。"

【译文】

天理是清虚的东西，清虚主灵，灵了就长存。而人欲是渣滓秽物，渣滓秽物会堵塞伤身，所以会死亡。

【跟进解读】

人在走向成功的道路上，都会遇到形形色色的诱惑，而显现出本能的贪欲。如想消除贪欲之心，免去贪欲之害，必须做到克制、忍耐。"人毁于欲，福于寡。"生活中，只有学会忍耐，以律己之心克制自己，常思贪欲之害，才能抵制欲望的侵扰，心胸坦荡地走好人生之路。

克制自己，才能完善自己，成就自己。若不克制，放纵自己被激情和欲望的魔力牵制，莫说难以成就事业，甚至会自取灭亡，走向可悲境地。

大千世界之中，抽象的自由与克制这两者之间，克制总是更为光荣。所以，唯有克制，才能体现高等动物的特性，才能改善下等动物；上自天使的工作，下至昆虫的劳动——从行星的均衡到一粒尘土在万有引力下的趋向，一切生物、一切事物的力量与光辉，都存在于它们的服从之中，而不在于它们的自由。

【原典】

毋以嗜欲杀身，毋以货财杀子孙，毋以政事杀百姓，毋以学术杀天下后世。

【译文】

不为嗜好伤身体，不为钱财害子孙，不因政事害百姓，不假学术之名而遗祸后世。

【原典】

毋执去来[1]之势而为权，毋固得丧之位而为宠，毋恃聚散之财而为利，毋认离合之形而为我。

【注释】

①去来：有来有去。下文“得丧”“聚散”“离合”皆类此。

【译文】

不要着迷于来去不定的势力而追逐权力，不要着迷于官位的得失而争宠，不可依恃聚散不定的财货而谋利益，不要着迷于肉体上的享乐而为自己筹措。

【跟进解读】

世间事，不是一味执着就能进步。留一点空间，给自己转身；余一些时间，给自己思考。不急不缓，不紧不松，那就是入道之门了。尘世间的一切妄念不过是生命中的烟云。心乱只因心在尘世，心静是因心在禅中。决定人生的不是别的什么，而是心境。

【原典】

贪了世味[1]的滋益，必招性分的损；讨了人事的便宜，必吃天道的亏。

【注释】

①世味：指功名宦情，俗世中的名利。

【译文】

贪图物质的享受，心性必有所损伤。占了人家的便宜，必遭天理的惩罚。

【跟进解读】

世界上的事，无论看起来多么复杂神秘，其实道理都很简单，关键在于是否看得透。生活本身是很简单的，快乐也很简单，是自己把它们想得复杂了，或者人自己太复杂了，所以往往感受不到简单的快乐，弄不懂生活的意味。

自古以来，一切贤哲都主张过一种简朴的生活，以便不为物役，保持精神的自由。事实上，一个人为维持生存和健康所需要的物品并不多，超乎此的属于奢侈品。它们固然能提供享受，但更强求服务，反而成了一种奴役。有一句歌词说“平平淡淡、从从容容是最真”。其实，真正的幸福生活不是天天山珍海味，而是粗茶淡饭，一杯清茶，闲坐月下。

【原典】

精工言语，于行事毫不相干；照管皮毛，与性灵有何关涉！

【译文】

满嘴油腔滑调，和成就大业毫无相干；只管皮毛表面，和陶冶性情有何关系？

【跟进解读】

“修养自身以保持内心的清静最为重要，经历世事应该把说话谨慎放在第一位。”也就是说，人进行内修时，应该以清静的心情去修炼，修养自然会提升；人进行外修时，说话要谨慎，才会少受挫折。

人在实际生活中，要明白说话谨慎的重要性。其实，有许多人并不懂得这个道理，经常随意说话，不经思考，脱口而出，这样做往往会得罪人，而自己却还不知道，等到察觉过来，后悔都来不及了。所以，我们在日常生活中，应该养成说话谨慎的习惯，要做到能够不说的就坚决不说，非说不可的一定要想好了再说，以免祸从口出。

【原典】

荆棘满野，而望收嘉禾者愚；私念满胸，而欲求福应者悖。

【译文】

面对荆棘丛生的荒野，却期待五谷丰登的人愚不可及；胸中充满卑劣的私欲，却祈求吉福降临的人悖谬不通。

【原典】

庄敬非但日强也，凝心静气，觉分阴寸晷，倍自舒长；安肆非但日偷也，意纵神驰，虽累月经年，亦形迅驶。自家过恶自家省，待祸败时省已迟矣；自家病痛自家医，待死亡时医已晚矣。

【译文】

端庄恭谨地面对人生，不仅每天都精神壮健，充满朝气，心平气和地思考问题，即使是片刻寸阴，也觉得倍加绵长；安逸放纵地打发日子，不仅每天都苟且怠惰，萎靡不振，心浮气躁而思想混乱，即便是累月经年，也感到飞驰而过。对自己的过失错误，要及时反省检查，等到酿成大祸时，再省察已经悔之晚矣；对自身的疾病伤痛，要抓紧医治疗养，等到病入膏肓时，再医疗已经来不及了。

【原典】

多事为读书第一病，多欲为养生第一病，多言为涉世第一病，多智为立心第一病，多费为作家[1]第一病。

【注释】

①作家：操持家事，主理中馈。

【译文】

闲事太多，是读书求学最大的毛病；情欲过多，是保养身体最大的毛病；说话太多，是社会交往最大的毛病；心眼太多，是培养道德最大的毛病；浪费太多，是理财管家最大的毛病。

【原典】

今之用人，只怕无去处，不知其病根在来处；今之理财，只怕无来处，不知其病根在去处。

【译文】

现在使用人才，只怕无法安排合适的位置，其实，毛病在于当初选拔时是否合宜；现在管理财务，唯恐没有日进斗金的财源，其实，关键在于钱财耗费得是否合理。

【跟进解读】

许多人把积聚金钱当成人生最重要的事情去做，结果却劳而无功，不仅没有得到金钱，而且还丢掉了比金钱更宝贵的东西。金钱有时同样是可遇而不可求的，倘若你为了得到金钱，不惜败坏或舍弃自己的人格，那么你得到了金钱又能如何？

金钱固然重要，但是金钱不是最重要的。人应在生活中小心控制自己对金钱的欲望，要时刻提醒自己，金钱只是维持合理生活的一个工具，除此之外，我们还需要亲情、友情、爱情，工作和事业，一切美好的情绪等。当你不把积聚金钱当作人生最重要的事时，你的健康、家庭和朋友，才是快乐生活的保障。

【原典】

贫不足羞，可羞是贫而无志；贱不足恶，可恶是贱而无能；老不足叹，可叹是老而无成；死不足悲，可悲是死而无补。

【译文】

贫穷并不值得羞愧，可羞的是贫穷却胸无大志浑浑噩噩；卑贱并不值得憎恶，可憎的是卑贱却缺乏才干，庸庸碌碌；年老并不值得嗟叹，可叹的是年老却一事无成，碌碌无为；死亡并不值得悲伤，可悲的是死亡却毫无价值，窝窝囊囊。

【跟进解读】

在现实生活中，很多人都会对那些天才和成功人物羡慕不已，并且会颇为遗憾地想：为什么自己不能像他们一样成功呢？而那些成功者，他们拥有你也曾经拥有过的梦想，却过着你没有过上的美好生活。究其原因，我们会发现：我们和成功者的最大区别就是他们拥有我们所不具备的强大正能量。正是这种能量将他们一路带向常人无法企及的辉煌巅峰。所以，不要自卑地认为自己只是一个微不足道的普通人，要相信他们做到的你也一样可以做到，他们拥有的你同样可以拥有，事情的关键在于发现他们的秘密，找出属于自己的魔力正能量，学会像他们一样去重新开始自己的生活和事业，掌控自己生命中的一切。

【原典】

事到全美处，怨我者难开指摘之端。行到至污处，爱我者莫施掩护之法。

【译文】

事情做到完美的境界，即便对我有怨恨的人，也难以抓住指责我的把柄。行为到了污秽不堪的地步，即便是爱护我的人，也无法施展为我掩护的办法。

【原典】

衣垢不湔[①]，器缺不补，对人犹有惭色；行垢不湔，德缺不补，对天岂无愧心？

【注释】

①湔（jiān）：洗。

【译文】

衣服脏了不洗，器具有缺损而不去修补，面对别人尚有羞愧之色；行为污秽不去洗刷，道德败坏而不思补过，面对上天，难道能不惭愧吗？

【跟进解读】

佛典上有一偈："身是菩提树，心如明镜台，时时勤拂拭，莫使惹尘埃。"意思是人心就好比一面镜子，只有拭去镜面上的灰尘，镜子才能光亮，才能照清人的本来面目。所以，一个人只有常常拭去心灵上的尘埃，方能露出其纯真、快乐的本性来。

【原典】

供人欣赏，侪[①]风月于烟花，是曰亵天；逞我机锋，借诗书以戏谑，是名侮圣。

【注释】

①侪：等类。

【译文】

靠写风花雪月之类的文字供人欣赏，这叫亵渎神灵；凭作诗词书画戏谑调情来显露才华，这叫侮辱圣贤。

【原典】

罪莫大于亵天，恶莫大于无耻，过莫大于多言。

【译文】

最大的罪恶在于亵渎上天，最大的恶行在于无廉耻，最大的过错在于多嘴多舌。

【原典】

言语之恶，莫大于造诬。行事之恶，莫大于苛刻。心术之恶，莫大于深险。

【译文】

言语的大害在于造谣，待人处事的大害在于苛刻，心术的大害在于阴险叵测。

【跟进解读】

弘一大师说："心不妄念，身不妄动，口不妄言，君子所以存诚。"老子说："多言数穷，不如守中。"孔子说："君子当讷于言而敏于行。"这些话的意思相近，意思就是告诫我们：在日常的生活中，要少说话，管住自己的舌头。其实，这个道理大家都懂，然而就是很难做到。很多人说起话来滔滔不绝，口如悬河，信马由缰，一点也不知道小心谨慎，直到招来灾祸时才知道后悔，这又有什么用呢？

所以，我们一定要管住自己的舌头，少说话，牢记"言多必失，话多危险大"。

【原典】

谈人之善，泽于膏沐[①]；暴[②]人之恶，痛于戈矛。

【注释】

①膏沐：古代妇女润发的油脂，借喻德政或恩泽。《楚辞·悯上》：“思灵泽兮一膏沐，怀兰英兮把琼若。”

②暴：显露，暴露。

【译文】

称赞别人的善行，对方所受的恩泽有如沐浴般舒适。暴露他人的恶行，对方所受的痛苦甚于刀枪。

【跟进解读】

在日常生活中，有的人常常犯这样的毛病：在评论别人的时候，总是站在自己的立场看问题，从来不愿意换位思考，总想找出别人的毛病。找出别人的毛病之后，又极力夸大这个毛病，把小毛病说成大毛病，把大毛病说成一无是处。这就是不厚道的表现。

在评论别人的时候，我们要厚道，别总是把别人的缺点夸大，没有看到其优点。如果你这样做了，那么你的毛病其实比他人的还要大。

当然，人无完人，每个人都有自己的缺点，或多或少有些这样或那样的不足，但是，我们应该一分为二地看问题，应该实事求是地看问题，既要看到别人身上的错误和缺点，也要看到别人身上的优点，这样才能正确客观地评价一个人。这种做法才有利于建立良好的人际关系。

【原典】

当厄[①]之施，甘于时雨；伤心之语，毒于阴冰。

【注释】

①当厄：处在厄运、困难之中。

【译文】

当他人有急难而得到帮助，有如及时雨。伤人的言语，狠毒比冰还要冷。

【原典】

阴岩积雨之险奇，可以想为文境，不可设为心境。华林映日之绮丽，可

以假为文情，不可依为世情。

【译文】

风景的险要可作为文章的意境，但心境却不可如此。山林的景致可作为文章的修饰，但不可作为人情世故。

【原典】

许由洗耳[①]以鸣高，予以为耳其窦也，其言已入于心矣，当剖心而浣之；陈仲出哇[②]以示洁，予以为哇其滓也，其味已入于肠矣，当刲肠而涤之。

【注释】

①许由洗耳：传说尧欲禅位于许由，许由以为是耻辱，至颍水洗耳。而巢父更进一步，甚至认为许由洗过耳的水都脏了，不让自己的小牛去饮水。

②陈仲出哇：传说陈仲是齐国人，因为误食了别人送给他哥哥的鹅，就将鹅肉吐出。常用来比喻人的高洁。

【译文】

许由洗耳以示清高，但耳朵只是一个洞，听到的话已进入心中，应剖心才能洗净。陈仲吐出

秽物以示洁净，但那只是废物，味道已入心中，应剖肠才能洗清。

【原典】

诋缁黄[1]之背本宗，或衿带[2]坏圣贤名教；詈青紫[3]之忘故友，乃衡茅[4]伤骨肉天伦。

【注释】

①缁黄：僧人与道士。僧人衣缁服，道士冠黄冠，故有此谓。

②衿带：文人，读书人。

③青紫：古时公卿绶带之色，因借指高官显爵。《汉书·眭两夏侯京翼李列传》："胜每讲授，常谓诸生曰：'士病不明经术，经术苟明，其取青紫如俯拾地芥耳。学经不明，不如归耕。'"

④衡茅：简陋的房屋，指隐居。陶潜《辛丑岁七月赴假还江陵夜行涂口》："养真衡茅下，庶以善自名。"

【译文】

诋毁出家人背信宗族，这是文人先败坏圣贤的教诲造成的；辱骂发达的朋友忘记故旧，这是隐居的人先伤害手足之情造成的。

【原典】

炎凉之态，富贵甚于贫贱；嫉妒之心，骨肉甚于外人。

【译文】

人情的冷暖，富贵人较贫困人体会深刻；感受嫉妒的心，手足骨肉比外人还严重。

【跟进解读】

一个人发现自己不如别人时，不是去努力提高自己，而是贬低别人，这种行为便是嫉妒。嫉妒是心灵的牢狱。德国有一句谚语："好嫉妒的人会因为邻居的身体发福而越发焦虑。"嫉妒来了，痛苦也来了。喜欢嫉妒的人，别人年轻貌美他嫉妒，别人有房有车他嫉妒，别人才华出众他嫉妒，别人工资高他嫉妒，别人的孩子聪明能干他嫉妒，别人的妻子漂亮他嫉妒，别人出国留学了他嫉妒……于是，这样的人总是活在愤愤不平之中，人生的快乐又从何谈起？

法国作家巴尔扎克说：“嫉妒者遭受的痛苦比任何人的痛苦都大，他自己的不幸和别人的幸福都使他痛苦万分。”所以，我们必须告别嫉妒，偶尔心中有一丝嫉妒的火苗，都应及时将其扑灭，绝不让嫉妒这一星星之火点燃，进而毁灭我们的灵魂。只有告别嫉妒，才能重塑一个更完美、更幸福快乐的自我。

【原典】

兄弟争财，父遗不尽不止；妻妾争宠，夫命不死不休。受连城而代死，贪者不为，然死于利者何须连城？携倾国以告殂[1]，淫者不敢，然死于色者何须倾国？

【注释】

①告殂（cú）：死亡。

【译文】

兄弟争夺父亲的遗产，不到财尽不会停止；妻妾相互争宠，不到丈夫死亡不会罢休。接受价值连城的宝物替人受死，贪心的人不做这种事，但为了利而死，何须价值连城呢？携带美人一同赴死，好色者不敢，但死于美色的人，何须倾国的美人呢？

【原典】

乌获[1]病危，虽童子制梃[2]可挞；王嫱[3]臭腐，惟狐狸钻穴相窥。

【注释】

①乌获：战国时的大力士，据说能举千钧之重，后泛指力士。《战国策·燕策一》：“今夫乌获举千钧之重，行年八十而求扶持。”

②梃：木棍。

③王嫱：王昭君，名嫱，字昭君，中国古代四大美女之一。

【译文】

大力士乌获病危，连小孩子都能拿棍子打他；美人王昭君死了，只有狐狸能钻到墓中偷看。

【原典】

圣人悲时悯俗，贤人痛世疾俗，众人混世逐俗，小人败常乱俗。

【译文】

圣人悲怜世俗，贤人痛伐世俗，一般人追逐世俗，小人则扰乱世俗。

【原典】

读书为身上之用，而人以为纸上之用；做官乃造福之地，而人以为享福之地；壮年正勤学之日，而人以为养安之日；科第本消退之根，而人以为长进之根。

【译文】

读书的目的是修身养性，做一好人，而人们却以为是舞文弄墨；做官的宗旨是造福百姓，做一清官，而人们却误以为是得利享福的美差。壮盛之年，正应是勤奋苦读、增长才干的好岁月，可是人们却认为是安逸保养的时候；科举中第，正应是谨慎退让、急流勇退的好时机，可是人们却认为是进取腾达的契机。

【原典】

盛者衰之始，福者祸之基。福莫大于无祸，祸莫大于邀福。

【译文】

兴盛，往往是衰退的开端；吉福，常常是祸殃的根源。最大的幸福，就是终生远祸；最大的灾祸，就是刻意求福。

参考文献

[1]（清）金缨，张英华．国学经典丛书：格言联璧[M]．郑州：中州古籍出版社，2010.

[2]（清）金缨，王超．格言联璧[M]．北京：北京联合出版公司，2015.

[3]（清）金缨．格言联璧[M]．武汉：崇文书局，2015.

[4] 钱理群．我爱学国学：格言联璧[M]．天津：天津教育出版社，2011.

[5] 张少华．儒释道经典之：格言联璧[M]．沈阳：万卷出版公司，2011.

[6] 何燕．国学书院典藏：格言联璧（青少版）[M]．武汉：湖北美术出版社，2012.

[7]（清）金缨，洪镇涛．国学精粹：格言联璧[M]．上海：上海大学出版社，2012.